dumont taschenbücher

07/15

Horst Beisl, Dr. phil., geb. 1940 in Wien, Elektroinstallateurlehre; Volksschullehrer, Promotion an der Universität zu Köln; 1974–1978 Wissenschaftlicher Assistent an der Pädagogischen Hochschule Rheinland, Abt. Köln, davon ab 1976 Lehrbeauftragter an der Abteilung für Kunsterzieher in Münster der Staatlichen Kunstakademie Düsseldorf; seit 1978 Referent für Ästhetische Erziehung im Elementarbereich am Staatsinstitut für Frühpädagogik, München, und Lehrbeauftragter an der Akademie der Bildenden Künste, München.

Martin Schuster, Dr. phil., geb. 1946 in Bonn, Studium der Psychologie; Wissenschaftlicher Assistent, später Akademischer Rat im Fach Psychologie; Unterrichtsauftrag für Kunstpsychologie.

»Kunstwerke üben eine starke Wirkung auf mich aus. Ich bin so veranlaßt worden, bei den entsprechenden Gelegenheiten lange vor ihnen zu verweilen, und wollte sie auf meine Weise erfassen, d. h. mir begreiflich machen, wodurch sie wirken …

Ich bin dabei auf die anscheinend paradoxe Tatsache aufmerksam geworden, daß gerade einige der großartigsten und überwältigendsten Kunstschöpfungen unserem Verständnis dunkel geblieben sind. Man bewundert sie, man fühlt sich von ihnen bezwungen, aber man weiß nicht zu sagen, was sie vorstellen …

… Was uns so mächtig packt, kann nach meiner Auffassung doch nur die Absicht des Künstlers sein, insofern es ihm gelungen ist, sie in dem Werke auszudrücken und von uns erfassen zu lassen. Ich weiß, daß es sich um kein bloß verständnismäßiges Erfassen handeln kann; es soll die Affektlage, die psychische Konstellation, welche beim Künstler die Triebkraft zur Schöpfung abgab, bei uns wieder hervorgerufen werden. Aber warum soll die Absicht des Künstlers nicht angebbar und in Worte zu fassen sein wie irgendeine andere Tatsache des seelischen Lebens? Vielleicht daß dies bei den großen Kunstwerken nicht ohne Anwendung der Analyse gelingen wird. Das Werk selbst muß doch diese Analyse ermöglichen, wenn es der auf uns wirksame Ausdruck der Absichten und Regungen des Künstlers ist. Und um diese Absicht zu erraten, muß ich doch vorerst den Sinn und Inhalt des im Kunstwerk Dargestellten herausfinden, also es deuten können. Es ist also möglich, daß ein solches Kunstwerk der Deutung bedarf und daß ich erst nach Vollziehung derselben erfahren kann, warum ich einem so gewaltigen Eindruck unterlegen bin. Ich hege selbst die Hoffnung, daß dieser Eindruck keine Abschwächung erleiden wird, wenn uns eine solche Analyse geglückt ist.«   Sigmund Freud

Martin Schuster/Horst Beisl

Kunst-Psychologie

»Wodurch Kunstwerke wirken«

Mit einem Beitrag von Manfred Hahn

DuMont Buchverlag Köln

Umschlagabbildung Vorder- und Rückseite: Bernard P. Woschek, Bonn

CIP-Kurztitelaufnahme der Deutschen Bibliothek

Schuster, Martin
Kunst-Psychologie : Wodurch Kunstwerke wirken /
Martin Schuster ; Horst Beisl. – Erstveröff. –
Köln : DuMont, 1978.
  (DuMont-Taschenbücher ; 61)
  ISBN 3-7701-0953-8
NE: Beisl, Horst :

Erstveröffentlichung
© 1978 DuMont Buchverlag, Köln
Alle Rechte vorbehalten
Satz und Druck: Rasch, Bramsche
Buchbinderische Verarbeitung: Boss-Druck, Kleve

Printed in Germany   ISBN 3-7701-0953-8

Inhalt

Aufbau und Ziele des Buches

In einem ersten theoretischen Teil sollen die Beiträge der Psychologie, die Kunst, Kunstauffassung und Kunstherstellung betreffen, dargelegt werden. Die Darstellung erfolgt lehrbuchartig, das heißt, daß nicht einzelne Theorien oder Gesichtspunkte favorisiert werden oder die Autoren sich einer bestimmten Lehrmeinung anschließen. Die relevanten Ergebnisse werden gleichberechtigt und im Überblick referiert. So soll erreicht werden, daß das Buch von ›Nichtpsychologen‹ benutzt werden kann.

In einem zweiten Teil stehen Aspekte der Anwendung der psychologischen Ergebnisse zum Kunstgestalten im Vordergrund. Anwender, z. B. Kunstpädagogen, Kunststudenten, Künstler, erhalten Anregungen, Kunstgestaltung nicht nur als entspannende Luxusbeschäftigung zu sehen, sondern in der Beschäftigung mit der Kunst die Persönlichkeit zu fördern und zu entwickeln.

Während in Amerika bereits einige Bücher über Kunstpsychologie erhältlich sind, besteht hierzulande eine Lücke, was besonders erstaunlich ist, da Deutschland als wissenschaftliches Mutterland wichtiger wahrnehmungspsychologischer Ergebnisse betrachtet werden muß. Dieses Buch beschränkt sich allerdings nicht darauf, einen Querschnitt der bereits vorliegenden Werke anzubieten, sondern wählt zum Teil Themen aus, die im angesprochenen Zusammenhang bis heute nicht die ihnen zukommende Würdigung erfahren haben (z. B. Beiträge der vergleichenden Verhaltensforschung). Es richtet sich an Künstler, Kunstlehrer, Kunststudenten, Psychologen, Psychologiestudenten und alle, die sich in ihrer Freizeit mit Kunst beschäftigen.

Teil I
Ergebnisse der
Grundlagenforschung

1 Bedürfnis Kunst

Die wissenschaftliche Psychologie beschäftigt sich besonders mit solchen menschlichen Verhaltensweisen, die problematisch sind. Menschliches Verhalten und Erleben wird nicht erforscht, wenn es nicht auffällt, wenn es natürlich ist, daß alle Menschen sich gleich verhalten, wenn Mängel im individuellen Lebensvollzug nicht zum gesellschaftlichen Problem werden. So zeichnet die wissenschaftliche Psychologie ein recht eigenartiges Bild vom Menschen: In den Lehrbüchern steht eine ganze Menge vom Lernen, das Stichwort ›Liebe‹ fehlt jedoch in den meisten. Man findet allerlei über optische Täuschungen, aber ein so selbstverständliches Verhalten wie das Ernährungsverhalten wird mit wenigen Worten abgetan, und das, obwohl, was Liebe und Ernährung anbelangt, ganze Industrien damit beschäftigt sind, entsprechende menschliche Bedürfnisse zu befriedigen. Ebenso verhält es sich mit den ästhetischen Bedürfnissen. Sie ›stören‹ in der Regel nicht so stark, daß eine wissenschaftliche Erforschung eingeleitet würde, andererseits sind sie so allgegenwärtig, daß das Bild der Psychologie vom Menschen verzerrt wäre, würde man solche Bedürfnisse und solches Verhalten nicht auf das genaueste erforschen. Daher ist eine solide Grundlagenforschung gerade in solchen Bereichen vonnöten, die zunächst nicht vielversprechend für anwendungsrelevante Kenntnisse zu sein scheinen. So weisen Forschungsergebnisse darauf hin, daß Lernen eine ganze Menge mit bildlicher Verarbeitung zu tun hat (PAIVIO, 1970; ARNHEIM, 1974²; PIAGET, 1974, 1975). Vielleicht versteht man das Lernen etwas besser, wenn man einmal versucht, eine

Psychologie bildlicher Darstellung zu entwickeln. Ein ähnliches Desiderat liegt vor, wenn es um Gegenstände der Kunst geht. Sie werden meistens als Luxus angesehen, den sich eine Kultur leistet, die die Grundbedürfnisse befriedigen kann. Man bezeichnet künstlerische Gestaltungen gern als ›höhere Bedürfnisse‹ des Menschen, um sie von den ›niedrigen‹ Triebbedürfnissen abzuheben.

Möglicherweise wird man damit jedoch der Bedeutung des Ästhetischen nicht gerecht. Für Schönheit und schöne Dinge haben Menschen zu allen Zeiten viel getan. Bedenkt man allein die Preise für gut gearbeitetes Kunsthandwerk, so muß man feststellen, daß sie meist den Etat des Durchschnittsverdieners überschreiten. Die Besucherzahlen der Museen sind hoch. Um schöne Dinge und schöne Frauen wurden Kriege geführt. Auch im Alltagsleben spielt der ästhetische Eindruck eine außerordentlich wichtige Rolle. Alle Menschen unserer heutigen Kultur bemühen sich, ihre Umgebung, sei es das Büro oder die Wohnung, schön zu gestalten. Ein großer Teil der Gespräche dreht sich darum, welche Dinge als schön und welche als nicht schön zu bezeichnen sind.

Die Werbung lebt davon, daß Menschen schöne Verpackungen und schöne Bilder lieben und daher geneigter sind, Produkte zu kaufen, die mit derartigen Attributen ausgestattet sind. Es verkaufen sich z. B. oft solche Autos gut, die schön aussehen, weniger solche, die technisch viel zu bieten haben.

Angesichts der Bedeutung des ästhetischen Empfindens im menschlichen Leben hat die psychologische Forschung diesem Bereich bis jetzt eine verhältnismäßig geringe Bedeutung beigemessen. Richten wir daher unser Augenmerk noch einmal allgemein darauf, welche Beweggründe unserem Verhalten zugrundeliegen.

Ein erheblicher Teil des Verhaltens ist darauf ausgerichtet, Mittel bereitzustellen, mit denen Wünsche erfüllt werden können. Eines dieser Mittel ist Geld, ein anderes kann soziale Anerkennung oder Macht sein. Je mehr Macht ein Individuum hat, um so eher kann es das tun, was es will. Es wäre ein Fehler zu glauben, daß Macht oder Geld an sich erstrebenswert seien, sondern erstrebenswert sind die Dinge, die man tun kann, wenn man eins von beiden oder beides hat. Die angestrebten Ziele sind also eintauschbar in Dinge, die Spaß machen, die einen befriedigenden Zustand hervorrufen. Um den Antrieben auf die Spur zu kommen, muß man nun betrachten, was denn mit dem verdienten Geld angefangen wird. Zuerst mag der Eindruck entstehen, daß ein gemeinsames Motivsystem hier nicht bestehen könne: Auf hohem Abstraktionsniveau gibt es jedoch eine Kategorie von Dingen, für die die meisten Menschen eines Kulturkreises ihr Geld ausgeben. Die Herstellung von Sicherheit, Speicherung von Nahrung, Verfügbarkeit von Wohnung sind Bedürfnisse, die sich wiederum als Mittelbedürfnisse einordnen lassen. Möglicherweise ist das Bedürfnis nach sozialer Zustimmung das Ergebnis eines lebenslangen Lernprozesses, denn alles, was man möchte, ist stark von der Zuneigung der sozialen Umwelt abhängig. Also ist auch bei dem konstatierten Bedürfnis nach sozialer Zustimmung noch nicht sicher, ob es sich letztlich um ein Mittelbedürfnis handelt. Wie kann man nun zwischen Mitteln zur späteren Bedürfnisbefriedigung und eigentlichen Endbedürfnissen unterscheiden? Möglicherweise, indem man untersucht, wie Menschen sich verhalten, bei denen optimale Mittel zur Bedürfnisbefriedigung gegeben sind. Dies trifft z. B. bei Despoten zu, wie wir sie aus der Geschichte kennen. Was haben sie mit ihrer Macht angefangen? Sie umgaben sich mit schönen Frauen, Palästen, Nahrungs- und Genußmitteln. Weiter setzten sie Werte und Normen, die sie für wünschenswert hielten, rigoros durch. Bei den hier aufgeführten Verhaltensweisen würde man auf die Frage, warum Despoten sich so verhalten haben, sagen, daß diese Dinge Spaß machen. Die Frage, was ein Despot tut, ist deshalb interessant, weil er tatsächlich das machen kann, was er möchte, und nicht in dauernden Mittelhandlungen begriffen ist.

Sicher gilt die Beobachtung nicht für alle Fälle. Im allgemeinen aber waren Menschen, denen alle nur möglichen Mittel zur Verfügung standen, besonders an einer ›schönen‹ Umgebung, an Musik und körperlichen Genüssen interessiert. Wir alle versuchen im Grunde das gleiche zu erreichen, wenngleich mit geringerem Erfolg als die Mächtigen der Geschichte.

Hier soll nicht behauptet werden, all das, was die Geschichte an Kunst, an Palästen und Statuen überliefert, sei nach unserem Geschmack ›schön‹. Wahrscheinlich ist das, was in einer Kultur als schön geschätzt wird, vielmehr jeweils Ergebnis eines Lernprozesses. Fest steht jedenfalls, daß Menschen für die Schaffung einer von ihnen subjektiv als schön erlebten Umgebung erstaunlich hohen Aufwand getrieben haben. Ein Beispiel: Monolithische Marmorsäulen, deren Transport nicht einmal heute leichtfallen würde, wurden schon in der Antike über Tausende von Kilometern transportiert, z. B. der Obelisk auf dem Petersplatz in Rom.

Neben der Frage nach den finanziellen Investitionen kann auch die Frage nach der ›freien‹ Zeit, die nicht der Erreichung eines Zieles dient, sondern die gemeinhin selbst das Ziel ist, Aufklärung über menschliche Motive bringen. Manches bestätigt das oben Erwähnte. Die Zeit wird oft mit musischen Tätigkeiten, dem Betrachten von Bildern oder dem Hören von Musik verbracht, andererseits dient auch ein nicht zu kleiner Teil der Freizeit dazu, Informationen aufzunehmen, zu diskutieren, Ideen zu entwikkeln, Normen zu vertreten oder von anderen (Kirchen, Parteien, Vereine) vertretene Normen anzuhören.

Vielleicht entspricht die Suche nach angenehmen, ästhetisch positiven Empfindungen im äußeren Bereich einer Suche nach innerer Einheit, nach Verständnis und nach Vollkommenheit (einigen östlichen Kulturkreisen war die innere Vollkommenheit schon seit eh und je wichtiger als die äußere). Das Befolgen von ›guten‹ Normen ist bemerkenswert aktivierend, z. B. kann das Vertreten einer bestimmten Idee, wie man sagt, ›Berge‹ versetzen.

Da wir aus vielerlei Gründen alle keine Despoten sein können, steht die ›Mittelbeschaffung‹ für uns stets im Zentrum unserer Anstrengungen. Es mag jedoch ein Trost sein, daß es ein ganz wesentliches Bedürfnis des Menschen ist, in der Auseinandersetzung mit der jeweiligen Umwelt aktiv zu sein.

Kunst unter psychologischer Betrachtung

Diese Überlegungen geben Anlaß, das Phänomen Kunst psychologisch zu betrachten. Als erstes gilt es zu versuchen, bezüglich der Bedeutung verschiedener Begriffe einen Konsens herzustellen.

Die Kunstpsychologie wird hier als ein angewandtes Fach der Psychologie verstanden, das heißt, daß Methoden und Theorien der Psychologie auf die Probleme der Kunst angewandt werden, auf die Probleme der Kunst natürlich nur insofern, als sie mit menschlichen Verhaltensweisen zu tun haben. Wir schließen uns der Definition von THOMAE an, der die Psychologie als die Wissenschaft vom menschlichen Verhalten und seiner inneren Begründung bezeichnet. Kunst wird also als Ausschnitt des menschlichen Verhaltens aufgefaßt, der mit den Mitteln der wissenschaftlichen Psychologie erhellt werden soll. Bildende Kunst ist daher im strengen Sinn des Wortes ein Objektbereich, ist ›geronnene Spur‹ von Verhalten, kann selbst aber mit dem Begriff Verhalten, nicht bezeichnet werden. Wenn wir überlegen, welches Verhalten – nicht welche Objekte – untersucht werden soll, wird die Fragestellung den Methoden der Psychologie zugänglicher.

Man kann erstaunt über einen so verstandenen Kunstbegriff sein. Wir behaupten nicht, daß er der einzig mögliche und dem Phänomen Kunst einzig adäquate Begriff von Kunst ist. Wir meinen aber, daß dies ein Verständnis von Kunst ist, das zu Recht neben anderen stehen kann. Unsere Ausgangsposition ist, um dies nochmals zu sagen: Kunstobjekte sind die ›geronnene Spur‹ menschlicher Verhaltensweisen. Diese Verhaltensweisen und ihre inneren Begründungen festzustellen, ist Aufgabe einer Kunstpsychologie. Die Psychologie, vertreten von unterschiedlichen Schulen, wird dieser Aufgabe in vielerlei Hinsicht gerecht. Allerdings in einer Beschränkung der Fragestellung. Moralische, philosophische Analyseversuche weichen eher naturwissenschaftlich orientierten experimentellen Forschungsmethoden.

Wenn wir festgestellt haben, daß Kunst keine theoretische Disziplin der Psychologie ist, sondern eine angewandte, so ist damit gleichzeitig versichert, daß hier keine neue Psychologie konzipiert werden soll, sondern daß die bestehenden Ansätze der Psychologie in den Ausschnitten wiedergegeben werden, die für das Verständnis der kreativen und rezeptiven Verhaltensweisen wesentlich sind.

Die Psychologie als junge Wissenschaft stellt kein einheitliches Lehrgebäude vor, sondern eine Gruppe von theoretischen Ansätzen, deren jeder eine bestimmte Anzahl von Verhaltensweisen in den Fokus der Betrachtung nimmt und andere Phänomene unbeachtet läßt. Viele Theorien beschäftigen sich mit jeweils anderen Phänomen kunstbezogenen Verhaltens. Ohne den Rückbezug der jeweiligen Aussagen auf ihren theoretischen Rahmen würden sie schwer verständlich oder gar sinnlos sein.

Daher soll dieser erste, theoretische Teil des Buches jeweils über die Ergebnisse und Thesen verschiedener Schulen und Forscher im System einer Richtung berichten: Es handelt sich dabei im wesentlichen um die Ansätze der Gestaltpsychologie, der Psychoanalyse und der vergleichenden Verhaltensforschung. Die Annahmen dieser Schulen werden in den folgenden Kapiteln relativ unabhängig voneinander vorgestellt. Es galt bei der Darstellung der Grundsatz, so wenig theoretischen Ballast wie nötig mitzunehmen und soviel Kunstbezug wie möglich herzustellen. Trotzdem bleibt eine kurze Einführung in die jeweilige psychologische Schule nicht erspart, die aber der vorgebildete Leser überschlagen kann, da die verkürzte Darstellung ihm keine zusätzlichen Informationen geben könnte.

Nachdem der Gegenstandsbereich somit umrissen ist, muß eine wichtige Frage beantwortet werden. Ist es überhaupt möglich, bei ästhetischen Bevorzugungen, bei kreativen Verhaltensweisen, bei Gefühlen, die im Zusammenhang mit Kunstwerken hervorgerufen werden, Gesetzmäßigkeiten zu finden? Oder ist es nicht vielmehr so, daß jeder individuell etwas anderes bevorzugt, daß der persönliche Geschmack eines Menschen in keinem Punkt mit dem Geschmack eines anderen Menschen übereinstimmt? Die Redensart (PRATT, 1961) ›Über Geschmack läßt sich nicht streiten‹ legt nahe, daß es keinen ›richtigen‹ Geschmack gibt, keine ästhetische Bewertung, in der alle Menschen übereinstimmen müßten. Ähnliches hat auch THURSTONE (1959) vermutet, als er formulierte, daß der ästhetische Wert eines Gegenstandes davo abhängt, was im Betrachter vor sich geht, und nicht allgeme und generell bestimmt werden kann.

Trifft diese Einschätzung zu, so kann eine Kunstpsychologie nicht sinnvoll geschrieben werden, weil sie für jeden Menschen anders ausfallen müßte. Die Tatsache, daß wir es dennoch versuchen, legt nahe, daß die Autoren der Überzeugung sind, daß ästhetische Bevorzugungen doch nicht so willkürlich und unberechenbar sind, wie manchmal angenommen wird. Diese Überzeugung wird durch viele wissenschaftliche Ergebnisse gestützt. Aus der Fülle der Kunstwerke heben sich deutlich Rangreihen heraus, und man kann zwischen Bildern unterscheiden, die von der Mehrheit der Betrachter geschätzt werden, und anderen, die weniger Anerkennung finden. Es gibt viele Menschen, die bereit sind, für ein Kunstwerk, das sie schätzen, sehr viel Geld auszugeben. Wäre es jeweils nur ein einzelnes Individuum, das dieses Kunstwerk begehrte, würde der Preis niemals – ›angeheizt‹ durch die hohe Nachfrage – eine beachtliche Höhe erreichen, wie es aber tatsächlich der Fall ist.

Solche Beobachtungen haben jedoch keine Beweiskraft. Wie jeder Experte weiß, haben psychologische Untersuchungen aus verschiedenen Gründen (Stichprobe, Meßvorgänge, statistische Auswertung) im strengen Sinne ebenfalls keine Beweiskraft. Dennoch dürfen wir bei einer Vielzahl von Ergebnissen, die in die gleiche Richtung weisen, annehmen, daß ein wirklicher Tatbestand aufgedeckt wurde. Und es lassen sich zahlreiche Untersuchungen finden, die belegen, daß ästhetische Objekte von verschiedenen Menschen, ja sogar von Menschen, die unterschiedlichen Kulturkreisen angehören, ähnlich beurteilt werden. MORRIS (1957) ließ moderne Gemälde von amerikanischen, chinesischen und indischen Studenten einschätzen. Die Studenten hatten die Aufgabe, bei jedem Bild anzugeben, wie sehr es ihnen gefällt. Trotz gewisser Unterschiede zeigte sich über die verschiedenen Kulturen hinweg große Übereinstimmung der Einschätzungen.

PRATT (1961) zitiert eine Untersuchung von SADACCA, der eine große Zahl von abstrakten Bildern vergleichen ließ. Die ästhetischen Gegenstände wurden jeweils paarweise vorgelegt, und die Versuchsperson wurde gefragt, welchen Gegenstand des Paares sie bevorzuge. SADACCA fand, daß die Urteile der Versuchspersonen transitiv waren, das heißt, daß ein Gegenstand, der angenehmer als A eingeschätzt wurde, auch gleichzeitig angenehmer als ein Gegenstand B eingeschätzt wurde, der bereits in einem vorherigen Durchlauf als weniger gefällig als A empfunden worden war. Daraus kann man schließen, daß ästhetische Bevorzugungen stabil von den Eigenschaften der ästhetischen Objekte und nicht nur von zufälligen, momentan und spontan vorhandenen subjektiven Stimmungen abhängen.

Das gleiche Phänomen der Regelhaftigkeit zeigt sich in der Kinderzeichnung, obwohl jedes Kind in einer anderen Familie und daher in einem anderen sozialen Umfeld aufwächst. Zwar sehen die Zeichnungen vom Inhalt her unterschiedlich aus, bezüglich des Formenrepertoires sind sie sich jedoch weitgehend ähnlich (vgl. Kap. 8 – *Kinder zeichnen*).

Ein Kapitel, das sich mit Kunsttherapie befaßt, läßt dagegen individuelle Problem-Umwelt-Beziehungen erwarten. Begründet kann nur deshalb von Therapie gesprochen werden, weil psychoanalytische Theorien zugrundegelegt werden. Die Zeichnung als Gradmesser der Anmutungsqualität (KRÜGER) eines Gegenstandes erlaubt Rückschlüsse auf den psychischen Zustand des jeweiligen Zeichners. Insofern ist das einzelne Bild zwar Ausdruck der individuell rezipierten Umwelt des Probanden/Künstlers, wird aber einer Deutung aufgrund der – generellen – Theorie zugänglich.

In den zur ›geronnenen Spur‹ gewordenen Verhaltensweisen sind häufig auch Farben wesentlich. Industrien nutzen aus, was man unter ›farbpsychologischen Gesetzen‹ versteht. Mit Ausnahme der psychologischen Wirkungen von Farben kann die Psychologie aber nicht von allgemeingültigen Farbgesetzen sprechen, denn es zeigt sich, daß der Mensch Farben nicht unabhängig vom Gegenstand wahrnimmt und wertet. Farben spielen gemessen am Gegenstand offenbar eine sekundäre Rolle. Auch dies ist wiederum eine Regel.

Nachdem wir soviel Gewicht auf die Möglichkeit von Regelmäßigkeiten gelegt haben, soll nun die ›Freiheit‹ von Künstlern und Kunst erklärt werden. Determination der Wirkung von Kunst oder Determination des Effektes von Symbolen würde nicht bedeuten, wenigstens nach unserem heutigen Kenntnisstand nicht, daß das Kunstwerk konstruierbar, sozusagen mit naturwissenschaftlichen Methoden herstellbar wäre. Wie im folgenden ausgeführt wird, ist es z. B. gerade die Überraschung, die originelle Lösung, die wesentlich an der Wirkung des Kunstwerkes beteiligt ist, das heißt, daß die mögliche Erkenntnis und Berechnung einiger Determinanten ästhetischer Wirkung eben doch nicht hinreicht, Kunst sozusagen ›künstlich‹ herzustellen. Schließlich ist die künstlerische Gestaltung immer auch Kommunikation mit spezifischen Inhalten, die von der besonderen Umwelt-Individuum-Konstellation getragen ist: ein Thema, das wir im Bereich der Kunstpsychologie (vgl. Kap. 8 – *Kinder zeichnen*) behandeln wollen.

In den folgenden Kapiteln wird entsprechend den vorgenommenen Ausgrenzungen der Objektbereich Bildende Kunst behandelt.

Die Erinnerung an eigene Erfahrungen beim Lesen von Sachbüchern ist den Autoren nicht ganz verlorengegangen. Deshalb ein ›entlastender‹ Hinweis: Alle Kapitel dieses Buches sind so konzipiert, daß sie einzeln, ohne Kenntnis der vorherigen Kapitel gelesen werden können. Wenn also aus einer bestimmten Interessenlage bestimmte Themen dem Leser wichtiger erscheinen als andere, so können Kapitel ohne Schaden ausgelassen werden; der Leser kann seinen ›Leseplan‹ selbst zusammenstellen.

Bei einer experimentell-naturwissenschaftlich orientierten Darstellung, die bei Kunstfreunden auf Skepsis stoßen mag, soll nicht erreicht werden, daß sie dem Kunstliebhaber ›die Maske vom Gesicht reißt‹, unter der wenig wünschenswerte Motive auftauchen, es soll vielmehr nüchtern und ohne Bewertung untersucht werden, warum Kunstwerke wirken. Dabei entstand dieses Buch aus einer großen Hochachtung vor den Werken der Künstler, vor den Schätzen der Kunstgeschichte. Die künstlerische Leistung, die manchen Philosophen als eigentliche Bestimmung des Menschen gilt, ist der Gegenstand unseres innehaltenden Erstaunens. Leider ist es oft so, daß wir andere Leistungen menschlichen

Daseins deutlich geringer schätzen. Wenn wir nun die menschlichen Verhaltensweisen, die sich mit der Kunst verbinden, in einen begrifflichen Rahmen mit anderen allgemein menschlichen Verhaltensweisen stellen, so mag es so wirken, als wollten wir den Gegenstand unserer Verehrung und Hochachtung, nämlich die Werke der Künstler, auf Triviales, auf wenig Verehrungswürdiges zurückführen. Vielleicht kann man hier eine Unterscheidung im Bilde einführen: Manche Objekte der Kinetik sind aus Schrotteilen gebildet. Trotzdem würde kein Betrachter zu dem Schluß kommen, sie seien nur Schrott, denn aus den Einzelteilen des Schrotts ist ein qualitativ neues Ganzes entstanden, ein Kunstwerk. Unter diesem Gesichtspunkt ist die Gruppierung von seelischen Vorgängen zu betrachten, die zum Kunstwerk führen. Das Werk selbst ist im Endzustand nicht die Summe seiner Motivationen, sondern stellt in seiner Gesamtheit etwas Neues, qualitativ anderes dar: ›geronnene Spur‹ menschlichen Verhaltens.

2 Künstler als Manipulatoren der Wahrnehmung – Beiträge der Gestaltpsychologie

Die Erforschung der psychologischen und der physiologischen Voraussetzungen des Sehens erbrachte schon sehr früh das Ergebnis, daß die menschliche Wahrnehmung keine fotografische Abbildung der Umweltgegebenheiten ist, sondern daß verschiedene Verarbeitungsvorgänge die aufgenommene Information umsetzen und verändern.

Wir wollen zwei Beobachtungen anstellen:

– Oft fotografiert man bei nebligem oder bei regnerischem Wetter in einer Stadt oder auch in einer Landschaft, die sich dem Auge gut konturiert und gegliedert darbietet, und muß später, bei Betrachtung des fertigen (Schwarzweiß-)Bildes, feststellen, daß überhaupt keine Kontraste vorhanden sind, daß alles Grau in Grau verschwimmt. Was bedeutet das nun für den Vorgang des Sehens? Man kann vermuten, daß das Auge auch bei relativ schwach abgesetzten Helligkeiten noch Konturen sieht, eventuell sogar die Konturen verstärkt.

– Eine zweite Beobachtung läßt sich sofort an Abb. 1 (vgl. Bildteil) anstellen. Es handelt sich um eine Fotografie sowie um eine Strichzeichnung, in der sozusagen die ›Höhenlinien der Helligkeit‹, das heißt alle Umrisse und Konturen, nachgezeichnet sind. (Die Konturen decken sich nicht vollständig mit den starken Helligkeitssprüngen: Die Wahrnehmung reduziert nicht nur die im Bild gegebene Information, sondern konstruiert auch die sinnvollen Figureinheiten aus dem Sehfeld heraus.) Obwohl von der übermittelten Information nach der Verwandlung des Bildes in eine Strichzeichnung nur noch ein Bruchteil übrigbleibt (zum Informationsbegriff vgl. Kap. 3 – *Informationsästhetik*), ist der Inhalt der Fotografie, der Sinn der Abbildung noch deutlich zu erkennen, ja für den Betrachter spielt es fast keine Rolle, ob die gesamten Flächen mit allen Hell-Dunkel-Schattierungen wiedergegeben werden oder ob nur die Umrißlinien vorhanden sind, Linien, an denen hohe Helligkeitsveränderungen gefunden werden.

Die Untersuchung der Nervenbahnen, von denen die elektrischen Impulse der Rezeptoren des Auges in das Gehirn weitergeleitet werden, kann die beiden geschilderten Phänomene – unsere beiden Beobachtungen – erklären.

Entsprechende Untersuchungen sind an einem Krebs (Limulus-Krebs) durchgeführt worden, weil die Sehzellen und Nervenbahnen bei diesem Krebs besonders groß sind, so daß sie die Möglichkeit bieten, winzig kleine Elektroden einzustechen, um die elektrischen Impulse zu messen, die durch die entsprechende Nervenleitung fließen. Auf diese Art kann man nicht nur feststellen, wann durch eine bestimmte Leitung elektrische Impulse passieren, sondern durch raffinierte Anordnungen der Elektroden auch ermitteln, wie die Nervenbahnen verschaltet sind. Man kann einen ›Schaltplan‹ für die Nervenbahnen zeichnen, wie man auch einen Schaltplan für den Fernsehapparat und andere elektronische Geräte kennt (zusammenfassend BEKESY, 1967).

Von den Rezeptorzellen des Auges (den ›Fotozellen‹), die Impulse abgeben, wenn Licht auf sie trifft, gehen Leitungen zu einer Sammelstelle, die bei einer gewissen Menge von Gesamtimpulsen einen Impuls an eine weiter hinten liegende Zelle abgibt. Von dort wird die Information über den Sehstrang in das Gehirn weitergeleitet. Bei der Untersuchung dieser Zellgruppen stellte sich heraus, daß die Zellen nicht unabhängig voneinander funktionieren, sondern daß sie gegenseitig verbunden sind. Wenn über eine Bahn ein Impuls fließt, so wird an die Bahnen der benachbarten Rezeptoren jeweils ein negativer Impuls abgegeben, das heißt, die benachbarten Bahnen werden ›gehemmt‹. Das führt dazu, daß an den Grenzen einer Helligkeitsreizung ungehemmte, hohe Ströme auftreten können, im Felde der gleichen Helligkeitsreizung aber die Hemmungen die Erregungen (die positiven Ströme) fast auslöschen, so daß von dort keine Information weitergegeben wird. Eine Rezeptorleitung, die in einem Helligkeitsfeld liegt, wird von zwei Seiten gehemmt, während die Rezeptorleitung, die am Rande des Helligkeitsfeldes liegt, nur von einer Seite gehemmt wird. Textabbildung 1 erläutert diesen Zusammenhang: Sie zeigt die Verschaltung einer Gruppe von benachbarten Nervenbahnen. Die Rechtecke symbolisieren die Sinneszellen, während die Linien die Leitungen darstellen, die man sich hier zwar vereinfachend, aber doch zutreffend als elektrische Leitungen vorstellen kann. Jede direkt weiterführende Leitung (in die entsprechenden Felder des Gehirns) ist mit den beiden benachbarten Rezeptorleitungen verbunden, also mit den Leitungen, die von den benachbarten lichtempfindlichen Stellen der Netzhaut des Auges kommen. Nehmen wir an, ein Teil der Rezeptoren wird durch einfallendes Licht gereizt. In der Abbildung sieht man oben den Lichteinfall ins Auge, der zu einem Bild auf der Netzhaut führt. Die Stelle der Netzhaut, auf die der Lichtpunkt fällt, ist darunter, stark vergrößert, mit der schematischen Zeichnung der Nervenbahnen wiedergegeben. Es fließen Impulse durch die direkten Leitungen, die aber gleichzeitig bewirken, daß an die Nachbarleitungen negative, also hemmende, den Stromfluß verringernde Impulse weitergegeben werden. In den mittleren Bahnen addieren sich die hemmenden Impulse und die eigentlichen positiven Impulse zu einem geringen Gesamtwert auf, in den Grenzfeldern, in denen hemmende Impulse nur von einer Seite auftreten, bleibt der weitergemeldete Impuls dagegen relativ stark. Unter der schematischen Darstellung der Nervenbahnen sieht man in Textabbildung 1 ein Diagramm der Impulsstärke, die sich aus der Summe der positiven Impulse von den Rezeptorzellen (bei Lichteinfall $= + 1$) und der hemmenden Impulse der Nachbarzellen (bei Lichteinfall jeweils $= - 1/2$) zusammensetzt. Mit dieser Art der Verschaltung der Nervenbahnen werden also die Kontraste, die Helligkeitssprünge, die Konturlinien stärker an die weiterverarbeitenden Stellen im Gehirn weiter-

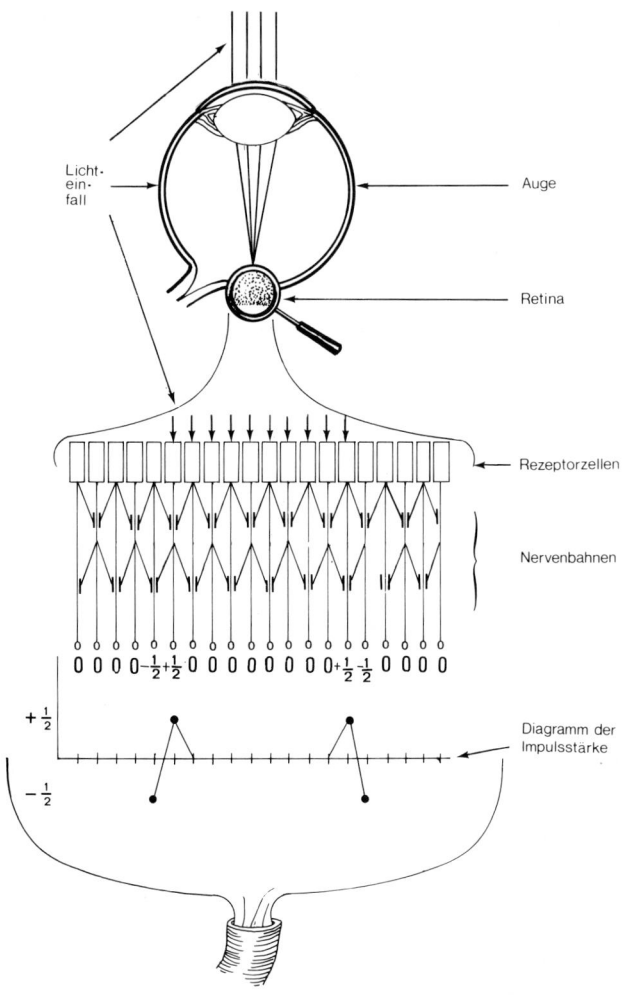

1 Verschaltung von Nervenbahnen und ihre Auswirkung auf die Erregungsfortleitung

gemeldet als die Helligkeitsschattierung größerer Flächen. Nun können wir die beiden oben berichteten Beobachtungen auf physiologischem Hintergrund verstehen. Die Verschaltung der Nervenbahnen hinter dem Auge führt dazu, daß verstärkt die Konturen eines Bildes wahrgenommen werden, und gleichzeitig dazu, daß die Information, die durch die Helligkeit der Flächen zur Verfügung gestellt wird, weniger Beachtung findet, so daß eine Karikatur, eine Strichzeichnung gut erkannt wird: sie bietet die wesentlichen Elemente, die auch das Auge aus dem Gesamtbild extrahiert hätte.

Man kann also sagen, daß die wahrgenommene Umwelt nicht so gesehen wird, wie sie ist, sondern daß der Kontrast herausgearbeitet wird, daß sie verdeutlicht wird, indem besonders die Konturen, die Helligkeitssprünge hervorgehoben werden (eine Verdeutlichung, die man auch bei biologischen Präparaten anwendet, wenn man die oft unscharfe Struktur des Mikroschnittes in einer Zeichnung wiedergibt).

Organisation des Wahrnehmungsfeldes

Schon im Auge beginnen, wie gezeigt wurde, die Aktivitäten der Wahrnehmung. Die Konturverschärfung ist ein Phänomen, das auch in seiner Physiologie, das heißt in der Verschaltung der Nervenbahnen gut erforscht ist. Es wurde klar, daß das Auge weniger einem Fotoapparat als vielmehr einer Datenverarbeitungsanlage gleicht. Komplexere Ordnungsvorgänge der Wahrnehmung können heute nur vom Phänomen her beschrieben werden. Prinzipiell ist klar, daß auch den komplexeren, im folgenden aufgeführten Organisationen des Wahrnehmungsfeldes Nervenschaltungen zugrundeliegen, noch ist aber der Aufbau des Gehirns zu wenig erforscht, um die relevanten Strukturen zu isolieren (vgl. GREGORY, 1970).

Die Phänomene selbst aber, die Wahrnehmungsgruppierungen, sind schon längere Zeit beschrieben, ja sie nehmen in der Geschichte der wissenschaftlichen Psychologie einen wichtigen Platz ein.

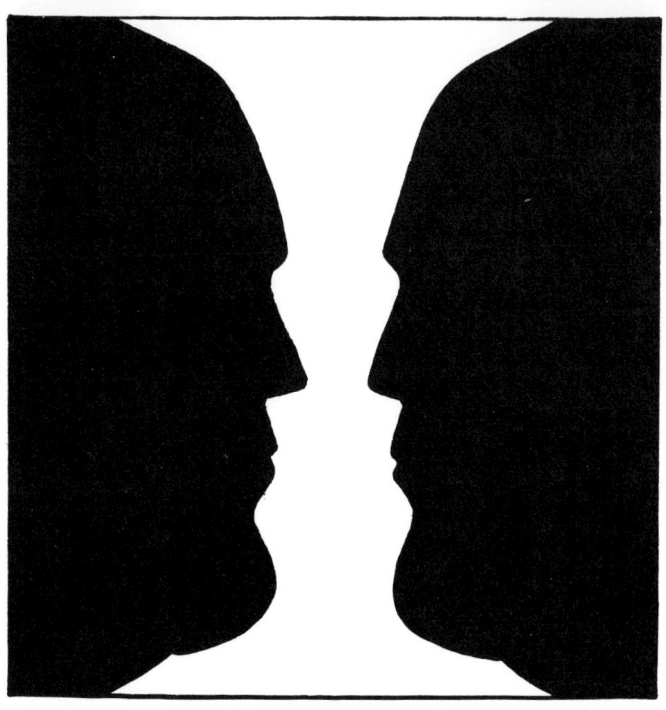

2 Rubinscher Becher. Je nach Einstellung kann der Betrachter einen Pokal oder zwei Profile sehen

Auf Textabbildung 2 kann man einen Pokal sehen (weiße Fläche) oder zwei Gesichter, zwei gegeneinander gerichtete Profile (schwarze Fläche). Es fällt schwer, beides gleichzeitig zu sehen. Ohne daß sich auf dem Bild etwas ändert, kann man willkürlich bestimmen, ob man den Pokal oder die Gesichter sieht. Dieses Bild war Anlaß für die Gestaltpsychologie anzunehmen, daß Wahrnehmung nicht passive Abbildung, sondern aktive Bearbeitung bedeutet. Kurz zur Bezeichnung ›Gestaltpsychologie‹: Der Psychologe EHRENFELS (1890) wies darauf hin, daß eine Melodie nicht allein durch ihre Töne (Elemente) zu erklären sei: bei einer

Transposition der Töne bleibe die Melodie gleich und es sei vielmehr die ›Gestalt‹, die typische Struktur der Tonreihe, die die Musik ausmache. Die Melodie diente ihm als Beispiel für seelische Prozesse, z. B. Prozesse der Wahrnehmung und des Lernens, die auch nicht durch die Einzelelemente, durch die Summe von Empfindungen und Vorstellungen erklärbar seien, sondern durch die Struktur der Empfindungen, ihre ›Gestalt‹, verstanden werden müßten. Es soll hier jedoch nicht weiter diskutiert werden, wieweit sich der Gestaltbegriff doch auf unterschiedlich verrechnete Einzelelemente zurückführen läßt. Die Schule der Psychologie, die sich der Erforschung der an dieser Stelle zu besprechenden Wahrnehmungsphänomene widmete, zeigte eine deutliche Vorliebe für den ›Gestaltbegriff‹.

Gestaltgesetze

Das Vexierbild demonstriert ein erstes ›Gestaltgesetz‹ der Wahrnehmung: das *Gesetz von Figur und Grund*. Es besagt, daß man das gesehene Bild immer in zwei Komponenten aufteilt, in eine Figur, die scharf und durchgliedert im Vordergrund gesehen wird, und in einen Grund, der eher diffus im Hintergrund angenommen wird. Die Kontur, die Form gehört zur herausgegliederten Figur, der Hintergrund ist formlos. Es ist nicht so, daß die Dinge um uns herum von selbst scharfe Figuren und diffuse Hintergründe anbieten. Der Wahrnehmende selbst gliedert aus der Menge der wahrgenommenen Elemente eine Figur aus, während der Rest des Bildes relativ unscharf wahrgenommen wird. Das zweideutige Laborbild, das heißt das konstruierte Bild, läßt diese Aktivität deutlich werden. Das Bild verändert sich nicht, dagegen ändert sich die Aktivität des Betrachters. Es kann noch deutlicher werden, daß ein Bild in betrachtete Figur und diffusen Hintergrund aufgegliedert wird: Ist der Pokal (die Zwischenfigur) weiß, hat er also die gleiche Farbe wie die Buchseite, so sieht man spontan eher die beiden Profile, die sich deutlich auf dem gesamtweißen Hintergrund abheben. Ist dagegen die Zwischenfigur schwarz und sind die Profile weiß, so sieht man auf

3 Rubinscher Becher. Variation der Helligkeit von Figur und Grund

Anhieb den Pokal, der sich jetzt schwarz von dem weißen Hintergrund abhebt (Textabb. 3).

Im Bildteil befinden sich einige Abbildungen (ESCHER, Abb. 2; DALI, Farbtafel 1; MAGRITTE, Farbtafel 7), auf denen eine künstlerische Anwendung dieses Wahrnehmungsprinzipes gegeben ist. Bei den ›8 Köpfen‹ sind alle verschiedenen Kopfzeichnungen etwa gleich groß und gleich scharf gezeichnet. Der Betrachter kann jedoch jeweils nur eine Sorte Köpfe gleichzeitig erkennen. Er ist darauf angewiesen, einen Teil als Figur hervorzuheben und gleichzeitig eine Mehrheit von wahrnehmbaren Dingen im Hintergrund verschwinden zu lassen. ARNHEIM (1972) ist der Auffassung, daß das Sehfeld stets derartig viele Angebote gleichzeitig macht, daß es eine Frage der Verarbeitungsökonomie ist, immer nur einen Teil des Wahrnehmungsangebotes aufmerksam als Figur herauszuheben, während der Rest nicht in gleicher Weise durchstrukturiert wird. Kunstbetrachtung heißt nach ARNHEIM, z. B. in einem Landschaftsbild die Organisation zu finden und nachzuerleben, die der Künstler seinem Werk gab. Dieses Nacherleben ist ein Prozeß aktiven Suchens.

Die Untergliederung des Sehfeldes in Figur und Grund hat auch etwas mit Aufmerksamkeit zu tun, mit dem täglichen ›selektiven‹ Betrachten der Dinge. Bei kritischer Beobachtung des eigenen Sehvorganges fällt auf, daß man eigentlich immer nur einen kleinen Ausschnitt, genauer: einen gut umgrenzten kleineren Teil des gesamten Sehfeldes erkennend betrachtet – die Bilder an der Wand oder die Flusen auf dem Teppichboden. Dabei sind die tatsächlichen Dinge oft nicht mehrdeutig, das heißt, wenn wir uns nicht mehr auf die Bilder konzentrieren, werden deren Konturen nicht plötzlich zur Umrißlinie einer neuen Gestalt, sondern es gibt nur eine begrenzte Menge von sehbaren Figuren auf einem uninteressanten, tatsächlich nicht weiter strukturierten Hintergrund, so daß die Organisation uns normalerweise nicht irreführt, sondern die genaue Durchforstung der Sehdinge erst ermöglicht. Tatsächlich sind die Dinge nicht die ›eindeutigen‹ Figuren, als die sie wahrgenommen werden. Der Stuhl, den wir betrachten, muß im eigentlichen Sinne erst konstruiert werden, weil ein Teil verdeckt ist. Dabei ist es wesentlich, die verdeckenden, deutlichen Linien zu vernachlässigen, um die wirkliche Gestalt des Stuhles zu erleben.

DALI und MAGRITTE (vgl. Farbtafel 1 und 7) schufen Bilder, die ihre Wirkung durch das Prinzip von Figur und Grund gewinnen. Der Vogel hat die Textur des Himmels, die zwei Mönche sind Elemente des Gesichtes, die vertraute Struktur der Sehwelt mit ihrer Gliederung in Figur und Hintergrund wird absichtlich gestört. Der Betrachter hält inne und wird sich der Aktivität der Wahrnehmung und der Entfernung von den ›wirklichen‹ Dingen zumindest wohl andeutungsweise bewußt.

Das grundlegende Gesetz von Figur und Grund wird durch andere ›Gestaltgesetze‹ über die Organisation des Sehfeldes ergänzt.

Gesetz der Nähe: Benachbarte Punkte oder Linien werden eher zu einer gemeinsamen Figur zusammengefaßt als entfernte. Ein Beispiel ist das doppelte Balkenkreuz. Unmittelbar neigt man dazu, ein Kreuz mit schmalen Balken zu sehen, obwohl das Kreuz mit breiten Balken gleichberechtigt vorhanden ist (Textabb. 4).

Gesetz der Umschlossenheit: Verändert man Textabbildung 4 ein wenig, so daß die vorher schmalen Balken nicht mehr begrenzt sind, so heben sich nun deutlich die breiten Balken hervor. Umschlossene Dinge bilden leicht eine Figur (vgl. Textabb. 5).

Gesetz der Ähnlichkeit: Ähnliche Elemente werden zu einer Figur zusammengefaßt. Dinge, die aufgrund der Nähe bereits eine Figur bilden, können durch entferntere ähnliche Dinge eine neue Wahrnehmungsstruktur eingehen (vgl. Textabb. 6).

Gesetz der Erfahrung: Jeder hat schon einmal erfahren, daß man in fremde Dinge, in zufällige Strukturen bekannte Dinge hineinsieht. Solche Wahrnehmungsgestalten, die man schon oft

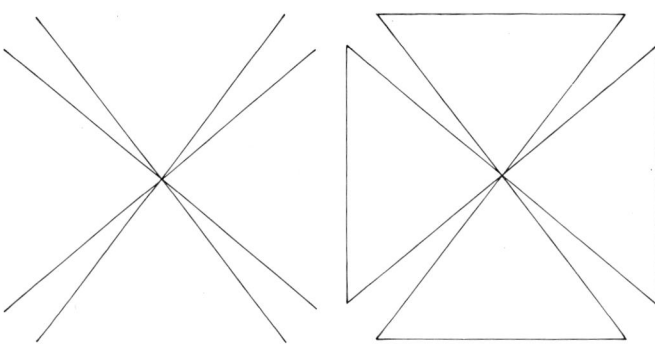

4 Gesetz der Nähe. Die näher   5 Gesetz der Umschlossenheit
   zusammenliegenden Linien
   bestimmen den Umriß des
   Balkenkreuzes

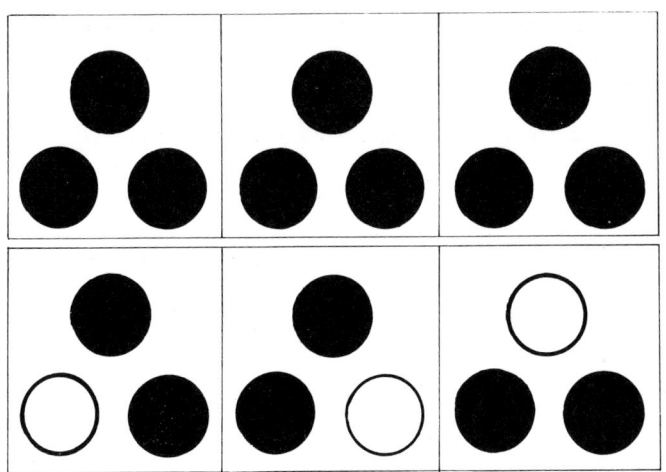

6   Gesetz von Ähnlichkeit und Nähe in Konkurrenz

gesehen und mit denen man einige Erfahrung hat, werden besonders leicht als Figur aus dem gesamten Sehfeld herausgegliedert. Die Bereitschaft des Betrachters, auch in abstrakte Farbgruppierungen Bedeutungen hineinzusehen, basiert sicher auf der Fähigkeit des Nervensystems, auch aus zusammenhanglosen Formgebilden eine Figur herauszugliedern, die irgendeiner bekannten Form noch hinreichend ähnlich ist. In manchen Testverfahren (RORSCHACH-Test) macht man sich solche Tendenzen zunutze. LEONARDO DA VINCI ließ sich inspirieren, indem er in Wolken blickte und wartete, welche Formen der Erfahrung sich herausbildeten (›Der autokorrelative Effekt‹, SCHETTY, 1974).
Gesetz der Prägnanz: Prägnante, besonders abgehobene, unschwer erkennbare Gestalten werden leichter als Figur wahrgenommen.

Die hier genannten Ergänzungen des Gesetzes von Figur und Hintergrund spielen für die Gestaltung von Kunstwerken wie auch für die Gestaltung von Uniformen und Moden eine wichtige, wenn auch oft unbemerkte Rolle: Zusammengehörigkeit wird durch Uniformen gleicher Farbe und gleichen Schnittes deutlich; auf den Bildern aller Maler werden nahe benachbarte Personen als zusammengehörig, als Gruppe erlebt. Gleiche Farben zeigen die gleiche Ebene oder auch sachliche Zusammengehörigkeit an.

Eine Anwendung

Im Bereich der Op Art oder auch der Perceptual Art werden die Ergebnisse der modernen Wahrnehmungspsychologie umgesetzt, so daß die Künstler hier in gewissem Sinn Wissenschaftler sind, nämlich Wissenschaftler, die angewandte Psychologie und Physiologie betreiben. Einer der ersten bekannt gewordenen Künstler, dessen Werk als ›angewandte Gestaltpsychologie‹ angesehen werden kann, ist der holländische Maler M. C. ESCHER (vgl. TEUBER, 1975). In vielen seiner Arbeiten setzt er die Beziehung von Figur und Grund ins Bild. Während der Betrachter eine Gruppierung als Figur hervorhebt, wird die andere gleichwertige Figur zum Grund. In Abbildung 2 z. B. kann man immer nur eine Gruppe von Köpfen gleichzeitig betrachten, die restlichen, eigentlich genau so scharf akzentuierten Kopfabbildungen werden zum Hintergrund ›degradiert‹.

Angeregt durch KOFFKAs Werk ›Die Prinzipien der Gestalt-Psychologie‹ schildert ESCHER die Schwierigkeit, eine Kontur zu zeichnen, die zu zwei Figuren gleichzeitig gehört. In der Wahrnehmung bildet die Kontur jeweils eine Grenze nach einer Seite hin und nicht nach zwei Seiten. Der Maler muß in der Wahrnehmung immer von der einen Figur zur anderen wechseln, um den richtigen Strich zu finden.

Während die Gestaltpsychologen ihre Prinzipien an möglichst sinnfreien geometrischen Gebilden demonstrierten, haben ESCHERS Bilder auch inhaltliche, besser: symbolische Gesichtspunkte, so z. B. in dem bekannten Bild ›Himmel und Wasser‹, in dem unten Fische als Figur zu sehen sind, die sich im Himmel auflösen und den Hintergrund für Vögel abgeben.

Später wendet sich der Maler den Problemen der dreidimensionalen Abbildung zu. Er folgt den Anregungen KOFFKAS, wenn er zweidimensionale Gebilde mit wenigen Veränderungen in dreidimensionale, räumliche Abbildungen übergehen läßt, die er in diesem Zustand als individueller erlebt. In einem Kreislauf tauchen die dreidimensionalen Figuren wieder in die zweidimensionale Fläche ein. Das Bild ›Reptilien‹ kann als Beispiel hierfür angesehen werden.

Besondere Faszination üben auch jene Werke aus, in denen ESCHER gegenständliche Umkippbilder verwirklicht. Allgemein bekannt ist das Prinzip des NECKER-Würfels, der je nach Betrachtung und Einstellung von links oben oder von rechts unten abgebildet erscheint. Geübten Lesern wird es leicht gelingen, die Figur von der einen Perspektive in die andere kippen zu lassen. Der Titel des ESCHER-Bildes ›Konkav und konvex‹ zeigt an, daß auch hier zwei Sichtweisen möglich sind.

Das Gesetz der ›guten Gestalt‹

Dieses Gesetz besagt, daß Formen, besonders wenn sie nicht ganz genau wahrgenommen werden können, verbessert, prägnant gemacht werden. Werden beispielsweise einfache Figuren (Kreis, Dreieck, Quadrat), die in der Strichführung alle eine kleine Lücke aufweisen, sehr kurzzeitig dargeboten, dann schließt der Betrachter diese Lücken, das heißt, die Lücken fallen ihm nicht auf.

Zur Verdeutlichung soll der Versuchsaufbau, der zur Postulierung des Gesetzes der ›guten Gestalt‹ führte, beschrieben werden:

Einer Gruppe von Versuchspersonen wurden Dias von nicht ganz kompletten, ›normalerweise‹ geschlossenen Figuren gezeigt. Vor dem Dia-Projektor befand sich der Verschluß eines Fotoapparates, so daß die Darbietungszeit eingestellt werden konnte (Tachistoskop). Wurden sehr kurze Darbietungszeiten gewählt ($^1/_{10}$ bis $^2/_{10}$ sec.), so nahmen die Versuchspersonen die Unvollkommenheit der abgebildeten Figuren nicht mehr wahr, sondern ergänzten sie in ihren Zeichnungen so, daß sie vollständig waren. Daraus wurde geschlossen, daß bei Menschen die Tendenz besteht, vollständige ›gute‹ Gestalten zu sehen, die sich besonders dann durchsetzt, wenn die Darbietung undeutlich ist.

Unsymmetrische Formen, die wenig vom Hintergrund abgehoben sind, werden, wenn sie nur kurzzeitig dargeboten werden oder sehr klein sind, symmetrischer wiedergegeben. Allgemein gesprochen (METZGER, 1953) läßt sich diese Verbesserung der dargebotenen Form immer dann beobachten, wenn die ›Reizbindung‹ gelockert ist. Ist die Form dagegen deutlich und genügend lange zu sehen, so wird sie richtig in ihrer unvollkommenen Form erblickt.

Verbesserung der Gestalt heißt: Ausfüllung von Lücken, Symmetrisierung, Annäherung der Form an einen bekannten Gegenstand, Herstellung einer größeren Regelmäßigkeit, Abkehr von einer zufälligen Verteilung der Figurelemente.

Die Tendenz zur Verbesserung der Wahrnehmungsgestalt kann sich besonders bei einer undeutlichen, schwach erkennbaren Reizvorlage auswirken. Trotzdem ist diese Verbesserungstendenz nicht nur in Situationen vorhanden, in denen eine Figur nicht recht zu erkennen ist. WERTHEIMER (1927) berichtet eine interessante Beobachtung, die er bei Kindern anstellte. Er gab ihnen einfache, symmetrische Figuren vor, aus denen ein Teil ausgeschnitten war. Versuchte nun der Erwachsene, die aus der einen Figur (z. B. Quadrat) ausgeschnittenen Teile zur anderen Figur (z. B. Kreis) zu legen (vgl. Textabbildung 7 a), so protestierten die Kinder. Sie empfanden dies als nicht richtig und suchten die Anordnung entsprechend Textabbildung 7 b zu verändern. Dabei kam es zu emotionalen Reaktionen, die Kinder wurden ärgerlich, sobald die Ausschnitte bei der falschen Figur lagen. Man könnte dies so auffassen, daß sich Spannungen entwickeln, weil eine Vorlage von einer ›guten‹, geordneten Gestalt abweicht, und daß eine Tendenz besteht, diese Spannungen durch Verbesserung der Reizvorlage abzubauen, wenn diese das irgendwie zuläßt.

Dabei ist es nicht unbedingt die einfachste Figur, die als gute Gestalt gelten muß, sondern vielmehr ». . . eine Struktur, in der sich der größtmögliche Reichtum an Formerfindung mit der größtmöglichen Einfachheit der kompositionellen Organisation verbindet« (ARNHEIM, 1972, S. 280).

7 a/b Tendenz zur Vervollständigung von Formen in Richtung auf eine gute Gestalt

Es geht also nicht so sehr um eine Vereinfachung von Figuren, sondern darum, bei einer gegebenen Vorlage die höchste Ordnung, die beste Durchorganisation zu finden. Mit dem Wahrnehmungsgesetz der ›guten Gestalt‹ erklärt SANDER (1931) die ästhetische Bevorzugung von Rechtecken des Goldenen Schnittes. Einschätzungen ergaben, daß das Quadrat und das Rechteck, dessen Seitenlängen im Verhältnis von 1 zu 1,63 stehen, als ästhetisch besonders befriedigend erlebt werden. SANDER nimmt an, daß kleine Abweichungen vom Quadrat als schlechtes, nicht ganz gelungenes Quadrat wirken, während größere Abweichungen als schlechtes Rechteck betrachtet werden, bis beim Rechteck mit den Seitenlängen des Goldenen Schnittes das ideale, das stabilste Rechteck erreicht ist. Das Rechteck, dessen Seitenlängen in der Proportion des Goldenen Schnittes stehen, ist das Rechteck, das am stabilsten kein Quadrat und auch kein Balken ist (vgl. auch Textabb. 8).

Solche Prinzipien führen zu fruchtbaren Erklärungen der unterschiedlichen Wirkungen verschiedener Kunststile.

Barock und Renaissance: unterschiedlich ›gute‹ Gestalten? Anknüpfend an die Dissertation von WÖLFFLIN versucht SANDER (1931) den empfindungsmäßigen Unterschied zwischen Barock und Renaissance auf unterschiedliche architektonische Konstruktionsweisen zurückzuführen, die das Gesetz der ›guten Gestalt‹

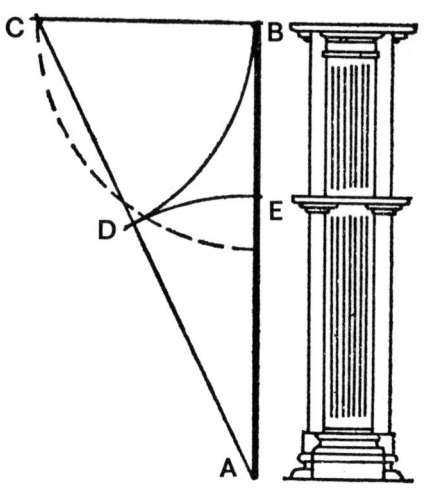

8 Illustration des
Goldenen Schnitts
AE : EB = AB : AE
BC = $\frac{1}{2}$ AB = CD
AE = AD

ohne Kenntnis anwenden. Wenn von ›guten‹, organisierten Gestalten, von der Symmetrie und der gleichmäßigen Reihung kleine Abweichungen im Bauwerk zu finden sind, so entstehen im Betrachter Spannungen, Tendenzen zur Veränderung der Gestalt, die sich in einer Änderung des Standpunktes oder der Wahrnehmungsorganisation manifestieren können. Das Bestreben ist, den Zusammenhang von Gesetzmäßigkeiten der Wahrnehmungsorganisation und der Wirkung von Kunstwerken herzustellen. Die erlebnismäßige Wirkung der beiden Baustile läßt sich natürlich nicht endgültig und absolut objektiv festlegen. Es kann jedoch angenommen werden, daß viele Betrachter mit der vergleichenden Schilderung WÖLFFLINs übereinstimmen, die auch mit der historischen Stimmung zu den jeweiligen Epochen, mit dem vorherrschenden Zeitgeist korrespondiert.

Renaissance

– schöne ruhige Form
– befreiende Schönheit
  wirkt wie ein allgemeines
  Wohlgefühl

Barock

– will packen
– greift mit der Gewalt des
  Affektes an
– überwältigt

Renaissance	Barock
– die Bauelemente vermitteln Empfindungen der gleichmäßigen Steigerung der Lebenskraft	– bewirkt Aufregung, Ekstase, Rausch
– die Formen sind frei, leicht und vollständig	– ist auf den Eindruck des Augenblicks angelegt
– sie haben langsame, nachhaltige Wirkung	– vermittelt das Erleben von Werden, Geschehen
– sie strömen Ruhe aus	– die Formen lassen unbefriedigt, wirken ruhelos
– bewirken den Wunsch, bei ihnen verweilen zu wollen	– erzeugen Spannung, leidenschaftliche Zustände

Über die Merkmale der Architekturen läßt sich objektiv, das heißt meßbar eine Aussage treffen. Tatsächlich bietet die Renaissance an vielen Stellen eine gute, abgerundete Gestalt, das heißt eine symmetrische, gut durchorganisierte, gleichmäßige Anordnung von Fenstern und Architekturelementen, während im Barock kleine ›Unvollkommenheiten‹, kleine Abweichungen die Wirkung von Spannung und Aktivität im Betrachter aufkommen lassen. Die folgende Gegenüberstellung zeigt die Ergebnisse der vergleichenden Betrachtung von Konstruktionsprinzipien der beiden Architekturen (vgl. Abb. 3 und 4). Sie stützt sich auf SANDER, ›Gestaltpsychologie und Kunsttheorie‹ (1931).

Renaissance	Barock
– das Quadrat und das Rechteck des Goldenen Schnittes dominieren unter den Rechteckformen	– quadratnahe oder in Länge und Breite übersteigerte Rechtecke
– kreisförmige Bögen, Kugeln	– elliptische Bögen
– rechte Winkel	– stumpfe oder spitze Winkel
– metrisch regelmäßige Reihung von Fenstern usw.	– Reihungen mit ungleichen Abständen (Fenster)
– symmetrische Horizontalgliederung, Gleichgewicht	– Symmetrieachse rückt aus der Mitte heraus

Renaissance	Barock
– frontparallele Ebene	– keine frontparallele Ebene
– Begrenzungslinie wird betont	– feste Begrenzungslinien aufgebrochen

Der Barock überwindet die vollendete Form der Renaissance, indem er Formen schafft, die kurz vor der vollendeten Form stehenbleiben, die so nah an der ›guten Gestalt‹ liegen, daß sie auch unter der Bedingung deutlicher Abhebung vom Hintergrund die ausgleichende Aktivität des Betrachters anregen. Insgesamt bietet die Studie von SANDER ein gutes Beispiel, wie mit Kenntnis der Organisationsgesetze des wahrnehmenden Erkennens die Wirkung von zwei Stilepochen erklärt werden kann. Ein Beispiel aus einer großen Zahl von möglichen Untersuchungen. Leider ist die frühe Anregung nur selten aufgegriffen worden. Wahrnehmungspsychologie und Kunstwissenschaften entwickelten sich teils parallel, teils in unterschiedliche Richtungen.

Die Grundlage der ästhetischen Wirkung von Formen und Reizarrangements ist in einer neuen Schule wieder aufgenommen worden. Angeregt von den Gedanken des Mathematikers BENSE untersucht die Informationsästhetik, ob Regelmaß, Symmetrie und Ordnung als Bestimmungsstücke der ›guten Gestalt‹ einen Einfluß auf das ästhetische Urteil haben.

Sicher ist die Definition der ›guten Gestalt‹ in der Gestaltpsychologie unscharf und hat insbesondere auch in der amerikanischen Psychologie zu vielen Verwechslungen beigetragen, weil in manchen Fällen Werturteil und objektive Formmerkmale verwischt sind, so daß der Fortschritt der Erkenntnis eher von einer neuen Richtung zu erwarten ist, die ihre Prämissen und Untersuchungsgegenstände genauer abgrenzt. METZGER (1953) ist noch der Meinung, daß Gestalten höherer Ordnung, deren mathematische Formulierung bereits nicht mehr unmittelbar gelingt, als ›gute Gestalt‹ wahrgenommen werden und stellt die Frage, ob das menschliche Gesicht eine solche ›gute Gestalt‹ sein kann.

Hier erscheint ›gute Gestalt‹ nicht als Formarrangement hoher Überzufälligkeit, sondern als ästhetische Kategorie. Die implizite These lautet, daß Gebilde mit hohem Ordnungsgrad, mit hoher Durchorganisation ästhetisch befriedigend wirken. Dieser Frage geht die Informationsästhetik unter genauer Definition der ›Ordnung‹ und der Organisation nach.

Größenkonstanzen

Heute ist unumstritten, daß künstlerische Darstellungen kein fotografisch getreues Abbild der zum Gegenstand genommenen Objekte sein sollen oder müssen. Es kommt auf die künstlerische Bearbeitung, die künstlerische Aussage an. Dabei wird oft übersehen, daß auch Kulturen und Zeitepochen, die keine Fotografie kennen bzw. kannten, nicht exakt abbilden bzw. im seltensten Fall eine genaue Wiedergabe der gesehenen Dinge leisten, obwohl es dem Betrachter bei manchem Bild so vorkommt, als sei es der Natur getreulich nachgeformt. Wie kommt das?

Wenn auch das Auge selbst die wahrzunehmende Umwelt naturgetreu auf die Netzhaut projiziert, setzen dort bereits, ohne daß wir es merken, Verarbeitungsprozesse ein (s. o.). Wenn ein Ding weit weg ist, so nimmt es auf der Netzhaut nur einen winzig kleinen Fleck ein, aber der Betrachter, der um die Entfernung des Gegenstands weiß, korrigiert die Abbildung, vergrößert den Gegenstand, so daß er größer wahrgenommen wird, als es der Größe der Netzhautabbildung entspricht.

In der Psychologie spricht man von Größenkonstanz der wahrgenommenen Dinge. Kindern gelingt es gelegentlich noch, naiv und unvoreingenommen zu bemerken, daß die Netzhautabbildungen von Dingen sehr klein sind, wenn sie auf einem Wolkenkratzer oder auf einem Berg überrascht feststellen, daß die Dinge auf der Erde Spielzeugformat haben. Abbildung 5 ist ein gutes Beispiel für die Veränderung, die sofort und unmerklich an den Wahrnehmungsinformationen vorgenommen wird: Obwohl die Rechtecke objektiv gleich groß sind (Sie können das leicht überprüfen), wirkt die hintere Figur erheblich größer, weil ihre Größe mit der Tiefeninformation, die durch das Zusammenlaufen der parallelen Linien gegeben ist, verrechnet wird. Wenn

9 Beispiel für Horizonttäuschung. Tatsächliche und wahrgenommene Größe des Mondes

das Bild eines ca. 200 Meter entfernten Menschen nicht größer ist als ein Schreibmaschinenbuchstabe aus ca. einem Meter Entfernung, so nehmen wir ihn doch in Normalgröße wahr. Wenn also die geeignete Tiefeninformation gegeben ist, wenn wir wissen, wie weit ein Gegenstand entfernt ist, dann wird er bewußt eher in seiner natürlichen Größe gesehen.

Ein weiteres Beispiel kann die Horizonttäuschung sein, die uns auch auf die Relevanz für die künstlerische Darstellung verweist (Beispiel nach ROHRACHER, 1965). Das schematisch wiedergegebene Gemälde einer Abendszene zeigt den Mond in einer Größe, die uns natürlich scheint. Tatsächlich würde eine Fotografie das überraschende Ergebnis zeitigen, daß der Mond am Himmel nicht größer als der winzige Kreis in der Umrandung ist (vgl. Textabb. 9). Der Betrachter weiß aber, daß der Mond in sehr großer Ferne stehen muß und verrechnet, ohne daß es ihm bewußt würde, diese Entfernungsinformation.

Es könnte argumentiert werden, daß die Horizonttäuschung, die automatische Vergrößerung von entfernt gesehenen Dingen, auch bei der Abbildung eintritt, daß also z. B. auch ein Gebirgszug auf der Fotografie durch die inneren Verarbeitungsprozesse wieder vergrößert wird, so daß der Horizont in der gleichen Größe gesehen wird wie in der natürlichen Umgebung.

Nun bietet das Bild eine andere Information als die Landschaft selbst: Das Bild ist tatsächlich beim Betrachten selten weiter entfernt als einen Meter, so daß eine solche Verarbeitung nur dann wenigstens ansatzweise eintreten kann, wenn auf dem Bild viel Tiefeninformation gegeben ist, wie z. B. durch die zusammenlaufenden Linien in Abbildung 5. Oft bietet das Bild solche Hinweisreize jedoch nicht oder nicht in dem Maße wie eine natürliche Umgebung, so daß der Horizont bzw. der Gebirgszug unangemessen klein wirkt. Durch diese wissenschaftlichen Erkenntnisse sensibilisiert, kann jetzt leicht beobachtet werden, daß die Gegenstände auf japanischen Farbholzschnitten

10   Fluchtlinienverlauf in einer chinesischen Zeichnung

11 Demonstration der Formveränderung bei verschiedenen Perspektiven

mit zunehmender Entfernung gleich groß bleiben (PICKFORD, 1972), daß also hier eine Darstellung gefunden wurde, die der menschlichen Art wahrzunehmen, Rechnung trägt. Allerdings laufen die Fluchtlinien zum Horizont hin oft auseinander, so daß das Werk für den Betrachter aus westlichen Kulturen, der eine perspektivisch ›richtige‹ Abbildung gewöhnt ist, ungewohnt und wieder unnatürlich wirkt (vgl. Textabb. 10).

Die wahrgenommene Konstanz der Dinge bezieht sich nun nicht nur auf die Größe, sondern auch auf ihre Form. Zum Beispiel verändert sich die Form eines Tellers je nach Betrachtungswinkel. Schaut man ihn von oben an, so ist er kreisrund, betrachtet man ihn mehr von der Seite, so wird er elliptisch (vgl. Textabb. 11). Tatsächlich nimmt der Mensch einen Teller in der Regel jedoch immer als annähernd rund wahr. Wiederum kann ein Bild die Tiefeninformation bzw. die Information über den Blickwinkel nur unvollständig vermitteln, so daß die ›richtige‹, fotografisch korrekte Abbildung eher ungewöhnlich verzerrt wirkt. Auf dem Bild des Künstlers (Abb. 6) sehen wir entsprechend einen kreisrunden Teller, obwohl der Betrachter von der Seite blickt.

Eine Theorie der Kunstwirkung

KÖHLER (1933) und HIPPIUS (nach ROHRACHER, 1965) konnten zeigen, daß einfache Strichzeichnungen von Versuchspersonen einer von mehreren möglichen Bezeichnungen eindeutig zugeordnet werden. Die Benennung ›Takete‹ wird eher für eine zackige, die Benennung ›Maluma‹ eher für eine Zeichnung mit runden Bögen gewählt. Wodurch kommt nun die Übereinstimmung in der Benennungs- und in der emotionalen Reaktion zustande?

Eine erste Theorie, die diese Korrespondenz erklären kann, stammt von LIPPS (1900). Er vermutete, daß der Betrachter sich in die Lage des ins Auge gefaßten Gegenstandes oder der jeweiligen Abbildung hineinversetze. So kann sich der Betrachter z. B. an der Stelle der Säule in einem griechischen Tempel erleben. Er empfindet dann stellvertretend den Druck des Architraves und den Gegendruck der schlanken Säule, die sich in manchen Fällen wie ein belasteter Muskel wölbt. Bei den oben erwähnten Strichzeichnungen sind die Gefühle leicht unterscheidbar, die ein handelnder Mensch hätte, wenn er mit der Hand die geschwungene oder die gezackte Bewegung ausführte. Jeder Leser kann selbst versuchen, das ›Empathie-Erlebnis‹ zu verstärken, indem er sich bewußt in die schlanke Form eines Baukrans oder in die Zweigform einer Trauerweide hineinfühlt. Welche Stimmung stellt sich ein, wenn man die eigene Stellung oder Bewegung an die Bewegung oder Stellung des betrachteten Gegenstandes anpaßt? In den Fokus der bewußten Aufmerksamkeit genommen, wird das Empathie-Erlebnis intensiver, aber auf die gleiche Art fühlbar, die es ohne solche Aufmerksamkeit hätte.

ARNHEIM (1954) führt den ›Empathie-Ansatz‹ fort, indem er auf das ›Isomorphieprinzip‹ der Gestaltpsychologie zurückgreift. Dieses Prinzip beinhaltet die Behauptung, daß die Organisation der Wahrnehmung und die Organisation der wirklichen physikalischen Welt nach den gleichen Strukturgesetzlichkeiten aufgebaut sei. ARNHEIM nimmt zwischen Ausdruck, Klang, Bewegungsfolge und erlebter Stimmung eine strukturelle Ähnlichkeit der zugrundeliegenden Ablaufprozesse an, die den Prozeß des Mitfühlens, des ›Empathie-Erlebnisses‹ ermögliche.

3 Mathematik in der Kunst – Beiträge der Informationsästhetik

Die Forscher- und Künstlergruppen, die sich mit der Informationsästhetik beschäftigen, können am ehesten für sich beanspruchen, den Ansatz der Gestaltpsychologie (vgl. Kap. 2) weiterzuführen. Das Kunstwerk wird als Information aufgefaßt. Dieser Gesichtspunkt ist deswegen so fruchtbar, weil Information hier nicht im umgangssprachlichen Sinn gebraucht wird, sondern eine meßbare Größe wird. Es kann genau angegeben werden, welche Informationsmenge eine bestimmte Nachricht hat. Die Informationsmenge einer Nachricht muß durch die Neuigkeit, den Überraschungswert der Nachricht bestimmt sein. Zum Beispiel gibt es mir weniger Information, wenn ich erfahre, daß es morgen regnet (was in Mitteleuropa eine hohe Wahrscheinlichkeit hat), als wenn ich weiß, daß morgen eine Sonnenfinsternis stattfindet. Je unwahrscheinlicher also das Eintreten eines Ereignisses ist, um so höher ist sein Informationswert. Häufige Wörter sind in der Regel kürzer, das heißt benötigen weniger Zeichen als lange, seltene Wörter. Für eine größere Informationsmenge benötigt man mehr ›Zeichen‹.

Im folgenden soll kurz aufgezeigt werden, wie man mit der Maßeinheit der Information, dem *bit* (binary digit), die Informationsmenge eines Kunstwerkes bzw. allgemeiner jeder Nachricht bestimmen kann. Jede Information kann durch eine Anzahl von Auswahlentscheidungen realisiert werden. In einem geschriebenen Text z. B. betreffen die jeweiligen Auswahlentscheidungen die Frage, welcher von 26 Buchstaben auf den vorhergehenden folgen soll; in einem gefunkten Text muß entschieden

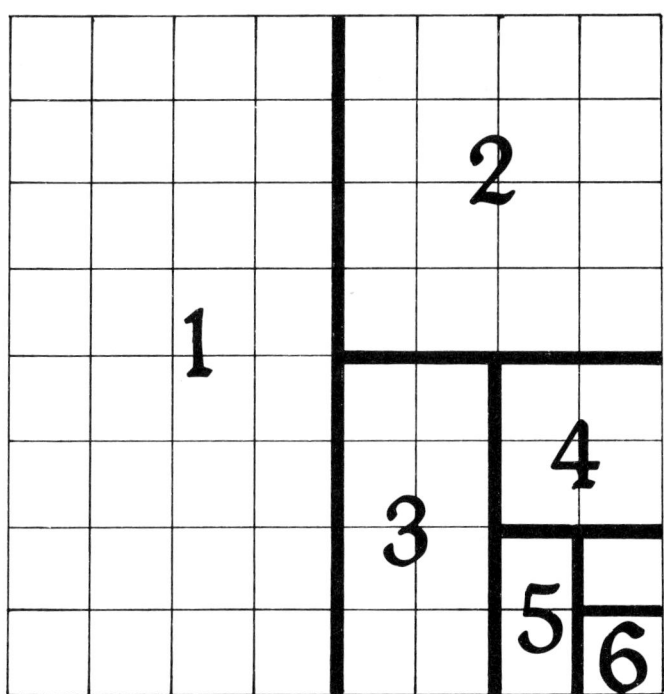

12 Eingrenzung eines Schachfeldes durch sechs Rechts-Links- bzw. Oben-Unten-Entscheidungen

werden, welches der ca. 40 Morsezeichen auf das vorhergehende folgen soll usw. Je mehr Information der Text hat, um so länger ist er, das heißt, um so mehr Auswahlentscheidungen müssen getroffen werden.

Die *bit*-Zahl gibt an, wieviel Entscheidungen vom Typus ›Ja-Nein‹ (Binärentscheidungen), also zwischen zwei Alternativen für eine gegebene Information nötig sind. Auf einem Schachbrett, das acht mal acht Felder hat, benötigt man zum Beispiel sechs Rechts-Links- (bzw. Oben-Unten-) Entscheidungen, um ein gegebenes Feld zu kennzeichnen (vgl. Textabb. 12). Man kann sagen, daß es eine Informationsmenge von sechs *bit* erfordert, wenn ich ein bestimmtes Feld auf einem acht mal acht Felder umfassenden Schachbrett festlegen will. Das heißt anders ausgedrückt, ein Feld aus 64 Zeichen oder ein Zeichen aus 64 Zeichen hat eine Information von sechs *bit*. Je größer die Zeichenmenge ist, um so größer ist auch der Informationswert jedes Zeichens, je kleiner die Menge der Zeichen ist, um so geringer ist der Informationswert des einzelnen Zeichens.

Das Alphabet hat 26 Zeichen, so daß wir jetzt wissen, daß jeder einzelne Buchstabe eine Informationsmenge von weniger als sechs *bit* aufweist. Wenn wir die Informationen eines ganzen Wortes berechnen wollen, dann addieren wir die Werte der Buchstaben. Auf diese Weise läßt sich die Informationsmenge von Büchern, Aufsätzen, von Reden, von jedem verbalen Material bestimmen (vgl. FUCHS, 1960).

Wenn – wie bei der Anwendung des Alphabetes – manche Zeichen eines Repertoires häufiger vorkommen als andere, so wirkt sich das auf das Informationsmaß aus. Man kann die Binärentscheidungen so auf die Buchstaben verteilen, daß für die häufigen Zeichen weniger und für die seltenen Zeichen eine größere Menge von Binärentscheidungen (Ja-Nein-Entscheidungen) benötigt werden. Man kommt dann insgesamt mit weniger Entscheidungen für die gesamte Informationsmenge aus.

Zur Berechnung des Informationswertes, den ein Zeichen einer gegebenen Zeichenmenge hat, wird auch die relative Auftretenshäufigkeit des Zeichens, also seine Wahrscheinlichkeit in der Kommunikation, verwertet. Zeichen mit geringer Wahrscheinlichkeit haben eine höhere Informationsmenge als solche mit hoher Wahrscheinlichkeit.

Die Berechnungsformel für die Informationsmenge spielt für die folgenden Ausführungen keine Rolle. Ausführlichere, leicht verständliche Abhandlungen findet man bei STEINBUCH (1972) und FUCHS (1968).

In dem geschilderten Zusammenhang ist die Unterscheidung zwischen Information und Bedeutung wichtig. Wenn man auf die beschriebene Art die Informationsmenge eines Wortes angibt, dann macht man natürlich keine Aussage über die Bedeutung des

Wortes, ja das Wort braucht keine Bedeutung zu haben. So haben z. B. die drei Buchstabengruppen: ›Frau‹, ›aber‹, ›hlzg‹ annähernd die gleiche Informationsmenge, ohne Ansehen ihrer Bedeutung. Mit der Buchstabengruppe ›Frau‹ wird ein uns bekannter Sachverhalt bezeichnet, wir können diese Information verstehen, während die Buchstabengruppe ›hlzg‹ aus einer Fremdsprache stammen könnte, die wir nicht verstehen, oder aber auch gar keine Bedeutung zu haben braucht. Wenn also Kunstwerke unter informationstheoretischen Gesichtspunkten betrachtet werden, ist es klar, daß es nicht um das geht, was die Kunstwerke darstellen, was in ihnen abgebildet ist, sondern eher um die Informationseigenschaften der Gruppierung von Farbe und Form, unabhängig davon, ob bekannte Inhalte abgebildet werden oder nicht. So rücken hier Bilder in den Vordergrund, auf denen keine Abbildungen von bekannten Dingen, also in diesem Sinne keine Bedeutungen zu erkennen sind. Wenn auch Bilder der klassischen Kunst, bei denen der Inhalt der Darstellung im Vordergrund stand, unter informationstheoretischem Blickwinkel betrachtet worden sind, so geht es doch mehr um die formalen Eigenschaften, die Linienführung, Liniendichte usw. (BRÖG, 1968). Informationsästhetische Prinzipien lassen sich natürlich bevorzugt dort anwenden, wo der Künstler von der Abbildung bestimmter Inhalte absieht, nämlich in der ungegenständlichen Kunst.

Der Psychologe FECHNER, der sich schon sehr früh mit experimenteller Ästhetik beschäftigte, unterschied in diesem Zusammenhang (1897) zwischen ›direkten Faktoren‹ der Wirkung eines Kunstwerkes, die »rücksichtslos auf (...) Bedeutung und Zweck und ohne eine Erinnerung an äußerlich oder innerlich früher davon erfahrenes« zur Geltung kommen, und ›assoziativen Faktoren‹, bei denen Gefallen oder Mißfallen eines Werkes von der Gruppe der individuellen Assoziationen determiniert wird. Die Informationsästhetik beschäftigt sich besonders mit den ›direkten Faktoren‹, so daß zu erwarten ist, daß im folgenden mehr von Künstlern wie MONDRIAN, VASARELY und ALBERS die Rede sein wird und weniger von den Vertretern der klassischen Malerei. Diese unterschiedliche Gewichtung der Betrachtung ist – wie nun klar wird – keine Mißachtung der großen Werke der Kunstgeschichte, sondern nur die sinnvolle Gruppierung von theoretischem Ansatz und dazu passendem Beispiel. Dabei ist zu beachten, daß geometrische Figuren an sich nicht sinnvoll, bedeutungsvoll sind (sie werden es erst, wenn sie z. B. Zeichen eines Regimentes, einer Note usw. sind), sondern ein bestimmtes Arrangement von Zeichenelementen darstellen, das einen hohen Grad von Ordnung hat. Ordnung, das heißt: Wenn man einen Teil der Zeichen eines Gebildes kennt, kann man den Rest der Zeichen aufgrund einer bekannten Regel vorhersagen. Gerade geometrische Gebilde, wie z. B. verschiedene Polygone, sind sehr früh unter informationstheoretischen Gesichtspunkten betrachtet worden.

Was Ästhetik sei, wurde oft definiert und von verschiedenen Seiten her bestimmt. Insgesamt (PRATT, 1961) ist der Begriff schillernd und mehr von philosophisch-geisteswissenschaftlicher als von naturwissenschaftlicher Seite angegangen worden. Deshalb soll hier kein Abriß von Definitionsversuchen gegeben, sondern nur eine pragmatische Arbeitsdefinition vorgestellt werden: Auf den folgenden Seiten ist mit Ästhetik immer der Versuch gemeint, mit naturwissenschaftlichen Mitteln zu klären, wodurch Kunstwerke auf den Betrachter wirken (FREUD, 1914), speziell, warum sie schön oder häßlich wirken. Informationsästhetik ist dann der Versuch, mit den Mitteln der Informationstheorie die Wirkung der Kunstwerke aufzuklären.

Entsprechend definiert auch BENSE (1968), wenn er meint, daß die Ästhetik eine Theorie der ›ästhetischen Zustände‹ sei, wobei ›ästhetische Zustände‹ in der Umgangssprache mit Worten wie ›schön‹ und dergleichen bezeichnet werden. Allerdings schließt BENSE in nachfolgenden Erläuterungen den subjektiven Zustand, die Empfindung des Betrachters aus der Definition der ästhetischen Zustände aus, es geht ihm um die materiale Verwirklichung des ›ästhetischen Zustandes‹ im Objekt. Wir können dieser Definition nicht folgen, weil wir der Meinung sind, daß Gegenstände nicht objektiv ›schön‹ sein können, sondern immer nur bezogen auf einen Betrachter, auf psychische Vorgänge in seinem Innern.

46

Informationstheoretische Grundlagen
der Wahrnehmung

Bevor im folgenden Kunstwerke unter Gesichtspunkten der Informationstheorie untersucht werden, ist es wichtig, einige Ergebnisse der Psychologie der menschlichen Wahrnehmung kennenzulernen. Auch hier spielt die Information eine wichtige Rolle: Mit unseren Sinnesorganen nehmen wir Information aus der Umwelt auf, die dann in den Nervenbahnen kodiert und ins Gehirn weitergeleitet wird, wo hochkomplizierte Prozesse der Informationsverarbeitung stattfinden. Ein Mindestmaß an Stimulation – oder Information – ist für ein normales Funktionieren der Denkprozesse unbedingt erforderlich. HERON konnte das 1956 in einem berühmt gewordenen Experiment zeigen. Er bat seine Versuchspersonen, sich in ein sehr weiches Bett zu legen, um das Ausmaß der Bewegungsempfindungen einzuschränken. Vor den Augen mußten sie eine lichtundurchlässige Abdeckung tragen, und auch die Ohren wurden verstopft. Unter diesen Bedingungen sollten die Versuchspersonen nun einige Stunden liegend verbringen. Das Honorar für die Teilnahme am Versuch war verhältnismäßig hoch, und die Aufgabe schien den Studenten, die sich bereit erklärt hatten mitzumachen, verhältnismäßig einfach. Dennoch brachen die meisten Personen den Versuch nach kurzer Zeit ab, weil sich herausstellte, daß ein so reizarmer Zustand unerträglich ist. Es kommt zu Halluzinationen und starken Angstzuständen. Wenn die Information aus allen Sinneskanälen unterbrochen wird, kann der beteiligte Mensch nach einiger Zeit keinen klaren Gedanken mehr fassen. Ein Mindestmaß an Information ist also eine Grundvoraussetzung für den geordneten Ablauf der Gedankenprozesse, wie wir ihn im Normalfall als selbstverständlich erleben.

Andererseits können wir auch nicht beliebig viel Information aufnehmen. Jeder Autofahrer hat schon die Erfahrung gemacht, daß im Verkehr einer fremden Großstadt mehr Reize bzw. Informationen auf ihn einströmen, als er verarbeiten kann. Er fährt dann besonders langsam, um die Zuflußgeschwindigkeit der Information zu verringern. In solchen Situationen entstehen

Unlustgefühle, und gleichzeitig wird die angebotene Information nicht mehr sinnvoll verarbeitet. Sowohl ein Zuviel, als auch ein Zuwenig an Information ist demnach den Denkprozessen abträglich. Diese Aussage läßt sich präzisieren. FRANK (1960) hat Schätzungen angestellt, wieviel Information Menschen auf den einzelnen Sinneskanälen aufnehmen können und wieviel Information bewußt verarbeitet werden kann.

Er greift dabei auf ein bewährtes Modell des Gedächtnisses zurück. In der Lernpsychologie (vgl. z. B. ROHRACHER, 1965) unterscheidet man zwischen einem Kurzzeitgedächtnis, in dem eine bestimmte Menge Information nur für kurze Zeit abgespeichert werden kann, und einem Langzeitgedächtnis, daß zwar weniger schnell Informationen aufnehmen kann, dann aber nur wenig Informationsverlust hat, das heißt wenig vergißt. Im Kurzzeitspeicher wird die Information dagegen nicht länger als ca. zehn Sekunden festgehalten. Wenn man sich z. B. eine Telefonnummer merken möchte, hält man sie im Kurzzeitspeicher, indem man sie fortwährend wiederholt. Wird man in der Wiederholung unterbrochen, so ist die Nummer unwiederbringlich vergessen.

Aufgrund unserer Kenntnisse über das Auflösungsvermögen des Ohres in bezug auf tiefe Töne und die Anzahl der Glockenschläge, die man noch nachzählen kann, ohne vorher auf die Zahl der Schläge zu achten, läßt sich erschließen, daß vom Kurzzeitspeicher in der Sekunde etwa 16 *bit* Information aufgenommen werden. Das entspricht in etwa auch der theoretischen Bestimmung (MILLER, BRUNNER, POSTMAN, 1954). Bei einem Informationszufluß von 16 *bit*/sec. und bei einer Speicherdauer von 10 sec. ergibt sich eine Informationsmenge von 10 x 16 *bit,* also von 160 *bit,* die insgesamt im Kurzzeitspeicher eingeprägt ist. Aus dieser Informationsmenge werden mit der Zuflußgeschwindigkeit von ca. einem *bit* pro Sekunde die Elemente ausgewählt, die in den Langzeitspeicher übergehen.

FRANKE (1964) versucht das Phänomen Kunst in unser naturwissenschaftliches Weltbild einzuordnen, indem er die Hypothese aufstellt: Reizangebote, die optimal zu den Informationsverarbeitungsmechanismen des menschlichen Gehirns passen, lösen Wohlgefallen aus. Das heißt, Kunstwerke, die sich bei einer Informationsaufnahme von 16 *bit* pro Sekunde erkennen lassen, führen zu einem angenehmen Zustand beim Betrachter, während bei einem Zuviel oder Zuwenig an Information Langeweile bzw. Überforderung eintritt.

Es wäre jedoch falsch, die menschliche Wahrnehmung als einen passiven Vorgang zu betrachten, bei dem von der angebotenen Information immer nur eine bestimmte Menge aufgenommen werden kann. Durch Organisation der angebotenen Reizobjekte kann Information reduziert, die Informationsmenge verringert werden. In der Sprache der Informationstheoretiker nennt man diesen Vorgang ›Superzeichenbildung‹. Wollen wir uns z. B. den Verlauf einer regellosen Linie aus Punkten einprägen, so müssen wir uns den Ort jedes einzelnen Punktes merken. Wir haben gesehen, daß auf einem Schachbrett mit acht mal acht Feldern für jedes einzelne Feld eine Informationsmenge von sechs *bit* angegeben werden muß, d. h., bei einer Linie aus zehn Feldern müßten sechzig *bit* Information gegeben werden. Läßt sich im Verlauf der Linie aber eine Regelmäßigkeit erkennen, dann kann die Information, die aufgenommen werden muß, drastisch reduziert werden. Bilden die Punkte z. B. eine gerade Linie oder einen rechten Winkel, so genügt es, sich den Ort des Anfangspunktes zu merken und den Ort der anderen Punkte dann mit der bekannten Regel zu rekonstruieren. Gerade weil der Informationszufluß durch die Wahrnehmung außerordentlich hoch ist, ist man darauf angewiesen, die Umwelt immer wieder auf Regelmäßigkeiten hin abzusuchen, um durch das Bilden von Superzeichen die Informationsfülle der Außenwelt so zu reduzieren, daß ihre wesentlichen Elemente und Strukturen erhalten bleiben. Strategien solcher Informationsreduktion wurden im Kapitel über die gestaltpsychologischen Einflüsse ausführlich dargelegt. Die Tatsache, daß Menschen aktiv versuchen, auch bei zufälligen und ungeordneten Umweltgegebenheiten eine Struktur, eine Ordnung zu sehen, kann man leicht selbst beobachten. Wenn man auf ein regelmäßiges Linienmuster schaut und es eine Weile fixiert, wird man bemerken, daß sich unterschiedliche Muster hervorheben: Einmal sieht man mehr die Diagonalen, dann wieder viele parallele Horizontale oder die vertikalen Linien. Fixiert man es noch länger, dann tauchen auch regelmäßige Muster höherer Ordnung auf: Dreiecke, Quadrate, Rhomben. So werden also aus einem Bild nicht nur vorhandene Bilder herausgelöst, sondern auch an mehr oder weniger gleichmäßige, simple Folgen von Zeichen werden Organisationsmuster angelegt. Dabei ist es dem Betrachter fast unmöglich, sich solchen Organisationen zu entziehen, die schnell wechseln und einmal diesen, ein anderes Mal jenen Aspekt aufgreifen. Abbildung 7 ist hier ein besonders gutes Beispiel, weil die Organisationsform, mehrere Dreiecke, nicht sehr deutlich vorgegeben ist und der Betrachter dazu neigt, selbst andere Organisationsformen in das Bild hineinzusehen. Auch der RUBINsche Becher (vgl. Textabb. 2, 3) ist ein Beispiel für eine Abbildung, die mehrere Organisationen erlaubt. Allerdings handelt es sich hier um ein Wiedererkennen von bekannten Gegenständen (einmal zwei Profile, ein anderes Mal ein Pokal), während das Beispiel in Abbildung 7 zeigt, daß der wahrnehmende Mensch versucht, auch aus bedeutungslosen Punktmustern Regelmäßigkeiten bzw. Superzeichen herauszulösen (vgl. LINDSAY und NORMAN, 1972).

Aus vielen Alltagsbeobachtungen wissen wir, daß es besonders für Kinder, aber auch für Erwachsene sehr angenehm ist, wenn es ihnen gelingt, in eine zunächst ungegliederte Masse, z. B. Zahlenreihen beim Intelligenztest, eine Ordnung zu bringen. An Problemen zu arbeiten, die eine neue, einfachere Struktur erkennen lassen, ist von der Sache her befriedigend. Kurz, der Mensch ist sehr darauf angewiesen, in seiner Umgebung Regelmäßigkeiten zu finden, weil er die Umwelt dann mit weniger Speicheraufwand und daher besser wahrnehmen kann. Das Finden von solchen Mustern bzw. Superzeichen hat entsprechend eine befriedigende Wirkung.

Unter wahrnehmungspsychologischen Gesichtspunkten müssen Kunstwerke, die beim Betrachter Wohlgefallen bzw. angenehme Gefühlszustände erzeugen sollen, einige Bedingungen erfüllen. Sie dürfen die Informationsverarbeitungskapazität des Menschen nicht überschreiten. Das gilt besonders für zeitlich ausgedehnte Kunstwerke, wie z. B. Musikstücke, bei denen die Geschwindigkeit des Informationsflusses vorgegeben ist (vgl. MIX, 1964; LANTER und MIX, 1967), weniger für räumlich ausgedehnte Kunstwerke, wie Bilder oder Werke der Architektur, weil sich bei letzteren die Aufmerksamkeit des Betrachters jeweils auf Untergruppen oder Aspekte richten kann und so die Verarbeitungskapazität nicht überfordert wird.

Andererseits dürfen Kunstwerke die Informationsverarbeitungskapazität des Menschen durch zu geringes Informationsangebot auch nicht wesentlich unterschreiten, weil sich sonst beim Betrachter ein Gefühl der Langeweile einstellt.

Schließlich sollten Kunstobjekte die Möglichkeit zur Informationsreduktion anbieten, so daß auf immer höheren Ebenen der Superzeichenbildung immer umfassendere Teile des Kunstwerkes in den begrenzt aufnahmefähigen Kurzzeitspeicher eingespeist werden können.

Solche kombinierten Betrachtungen von Ergebnissen der Psychologie der Wahrnehmung und Überlegungen auf informationstheoretischem Hintergrund leiten nun zu Ansätzen über, eine Ästhetik in Informationsgruppierungen zu begründen.

Informationsästhetik im engeren Sinn

In welchem Zusammenhang stehen die Information eines Kunstwerkes und seine ästhetische Wirkung? Hier sind verschiedene Antworten und Lösungsmöglichkeiten vorgeschlagen worden. MOLES (1971) unterscheidet bei einem Kunstwerk (hier insbesondere bei musikalischen Werken) zwischen der ästhetischen und der semantischen (inhaltlichen) Information. Die semantische Information übermittelt die Bedeutung, während die ästhetische Information innere Zustände, Gefühle auslöst. Noch deutlicher wird der Unterschied, wenn man betrachtet, wie die ästhetische Information eines Kunstwerkes bestimmt wird. Auch wenn der Betrachter den Inhalt z. B. eines Gedichtes kennt, so verweilt er doch eine gewisse Zeit bei seiner Lektüre. Nun weiß man (s. o.), daß dem Bewußtsein pro Sekunde ca. 16 *bit* an Information zufließen. Wenn der Inhalt des Gedichtes nun bekannt ist, dann kann die Information, die beim Lesen und Verweilen aufgenommen wird, nicht semantischer, also inhaltlicher Natur, sondern muß ästhetische Information sein. Je länger somit der Betrachter bei einem Kunstwerk verweilt, dessen Inhalt er schon kennt, um so mehr ästhetische Information hat dieses Kunstwerk. Den Inhalt eines Kunstwerkes kann man kennen und im Gedächtnis behalten. Die Realisation des Kunstwerkes, etwa die Aufführung einer Komposition, vermittelt erst die ästhetische Information, die viel zu vielschichtig und umfangreich ist, um sie so im Gedächtnis zu behalten, daß es der Realisierung des Kunstwerkes gleichkommen würde.

Zur weiteren Verdeutlichung seien einige ›Axiome‹ aus einer Zusammenfassung von MOLES (1971, S. 218) zitiert:

»Man muß in jeder von einem menschlichen Empfänger erhaltenen Nachricht je nach dessen Standpunkt unterscheiden:
- semantische Nachricht, die sich in Zeichen ausdrücken läßt, Entscheidungen bewirkt, übersetzbar und logisch ist, und
- ästhetische Nachricht, die innere Zustände auslöst und nicht übersetzbar ist.«

»Die ästhetische Information repräsentiert das *Freiheitsfeld* der musikalischen Nachricht im Hinblick auf ihre operativen Notationen (Partitur), die nur ein Schema der Musik sind.«

Der Ansatz von MOLES und BENSE (1968) hat die Forschung durch die Anwendung mathematischer Modelle auf künstlerische Phänomene angeregt und bereichert. Allerdings scheint bei der Auslegung künstlerischer Sachverhalte eine gewisse Willkürlichkeit vorzuliegen. Wenn man schon auf die – empirisch nur schwach abgesicherte – Annahme zurückgreifen möchte, daß dem Bewußtsein pro Sekunde eine Informationsmenge von 16 *bit* zufließt, so kann daraus nicht gefolgert werden, daß in jeder Sekunde 16 *bit* zufließen müssen. Wenn man die Augen schließt, fließt praktisch keine Information aus der visuellen Umwelt zu, während gleichzeitig das Wohlgefallen an einem unmittelbar zuvor aufgenommenen Kunstwerk noch anhalten kann. Es ist gleichermaßen denkbar und von MOLES möglicherweise mitgemeint, daß die Information, die aufgenommen wurde, auch noch nach einem Augenschließen zwischen Lang- und Kurzzeitspeicher pendelt und abhängig von der momentanen Konstellation die Empfindung ›schön‹ hervorruft. Die Annahme einer besonderen ästhetischen Information ist insofern nicht zwingend. Andere Ansätze kommen ohne eine solche Annahme aus.

Für FRANK (1960) ist das ästhetische Element im wesentlichen durch die Superzeichenbildung bestimmt. Der Betrachter kann ein Kunstwerk dann als schön empfinden, wenn die Zuflußgeschwindigkeit der Information gerade so groß ist, daß die jeweiligen Inhalte des Kurzzeitspeichers noch zu Superzeichen zusammengefaßt werden können. Beim räumlichen Kunstwerk (Plastiken, Bilder usw.) kann der Informationsfluß allerdings durch die Aufmerksamkeit gesteuert werden, so daß uns diese allgemeine Regel noch keinen Aufschluß darüber vermitteln kann, welches Kunstwerk als schön und welches als weniger schön erlebt wird. Trotzdem gibt der Hinweis auf die Notwendigkeit der Superzeichenbildung schon eher die Richtung an, in der eine praktische Überprüfung der Thesen erfolgen könnte. Neben der Ordnung des Kunstwerkes betrachtet FRANK auch die Originalität, das heißt die Unwahrscheinlichkeit von Zeichen oder Zeichenkombinationen, die mehr das Gefühl ansprechen, während die geistige Aktivität gleichzeitig Unordnung abbaut, indem Superzeichen gebildet werden, die es erlauben, das Kunstwerk mit immer geringerem Speicheraufwand insgesamt zu erfassen. Die Informationsmenge der originellen Zeichenkombinationen darf allerdings auch nicht ins Unermeßliche anwachsen, soll dem Betrachter nicht die Möglichkeit genommen werden, sie zu verarbeiten.

Während die oben referierten Ansätze das ästhetische Wohlgefühl eher aus den Bedingungen des Subjektes zu klären trachten, geht ein älterer Vorschlag davon aus, Merkmale des Kunstobjektes in eine Beziehung zu seiner Schönheit zu setzen.

Objektästhetik

Der amerikanische Mathematiker GEORGE D. BIRKHOFF schlug schon 1932 einen Ansatz vor, den ästhetischen Wert eines Kunstwerkes (hier hauptsächlich Kompositionen, aber auch Vasenprojektionen und Zeichnungen von Polygonen) objektiv zu bestimmen. Das Verhältnis von Ordnung (O) und Komplexität (C) ergibt das ästhetische Maß M: Je größer M, um so angenehmer wird das Kunstobjekt empfunden.

$$M = \frac{O}{C}$$

Bei konstanter Komplexität steigt es also mit der Ordnung und bei konstanter Ordnung steigt es mit sinkender Komplexität. Ordnung wird dabei unter anderem durch die Wiederholungen definiert, durch die Anzahl gleicher Elemente in einer Anordnung, während Komplexität durch die Menge der Unterschiede definiert ist. In einer Veröffentlichung von 1931 sieht BIKRHOFF seine Formel empirisch bestätigt. Studenten sollten Polygone (Vielecke) nach ihrem Wohlgefallen einschätzen. Die Ergebnisse der Einschätzung ließen sich mit der Formel BIKRHOFFs vorhersagen. Andere Autoren hatten allerdings bei der Überprüfung der von BIKRHOFF postulierten Zusammenhänge nicht den entsprechenden Erfolg. OSBORNE et al. (1970) ließen Kunstwerke von KANDINSKY, MONDRIAN und NICHOLSON von Kunststudenten und von Studenten der Erziehungswissenschaften nach ihrer Komplexität einschätzen. Dann baten sie andere Gruppen von Studenten, dieselben Bilder nach dem Grad der ästhetischen Bevorzugung einzuordnen. Es stellte sich heraus, daß sowohl für die Kunststudenten als auch für die Studenten der Erziehungswissenschaft ein linearer Zusammenhang zwischen der Bevorzugung und der Komplexität (s. o.) bestand, und zwar dergestalt, daß Bilder, die komplexer waren, auch in ihrem ästhetischen Wert höher eingeschätzt wurden. Diesem Ergebnis würde die Formel von EYSENCK (1941) eher entsprechen, der postulierte,

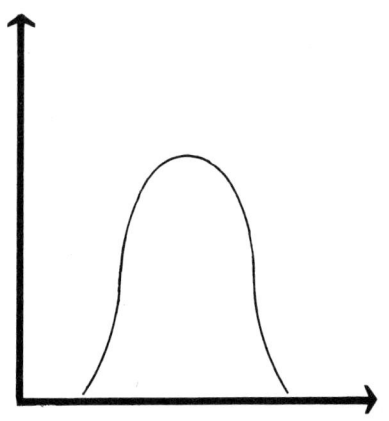

13 Umgekehrt U-förmige
Beziehung zwischen
Komplexität und
Wohlgefallen

daß die ästhetische Wertschätzung eines Kunstwerkes sich aus dem Produkt von Ordnung und Komplexität ergibt:

$$M = C \times O$$

Das Maß M steigt also hier sowohl, wenn die Ordnung steigt, als auch, wenn die Komplexität zunimmt. Auch diese Formel ist jedoch durch empirische Überprüfung nicht ausreichend bestätigt. MC WINNIE (1968), der einen Bericht über die Erfahrungen mit ästhetischen Maßen gibt, kommt zu dem Ergebnis, daß ein Teil der Studien eine Bevorzugung von Kunstwerken mit höherer Komplexität ausweist, während ein anderer Teil der Experimente eine Vorliebe für geordnete, einfache Arbeiten belegt.

Dieser Widerspruch läßt sich aufklären, wenn man zwischen dem Wohlgefallen M und der Komplexität sowie der Ordnung keine lineare, monotone Funktion, sondern eine umgekehrte U-Funktion annimmt (vgl. Textabb. 13). Man findet solche Funktionen in der Psychologie bei vielen Variablen. So ist z. B. der Zusammenhang zwischen Angst und Leistung am besten durch eine umgekehrte U-Funktion zu beschreiben. Bei sehr geringer Angst, hoher Gleichmütigkeit ist die Leistung gering. Bei einem mittleren Niveau der Angst steigt die Leistung an, um bei sehr hoher Angst wieder abzufallen. Eine entsprechende Anregung findet sich z. B. bei WALKER (1973) sowie auch bei DÖRNER und VEHRS (1975).

Auf dem linken Schenkel der Kurve steigt das Wohlgefallen dann, wenn entweder die Komplexität abnimmt oder die Ordnung zunimmt – also so, wie es von der BIKRHOFF-Formel angenommen wird –, während auf dem rechten Schenkel der Funktion das Wohlgefallen steigt, wenn die Komplexität ansteigt.

Das oben referierte Ergebnis von OSBORNE et al., daß Bilder von frühen abstrakten Malern um so mehr geschätzt wurden, je komplexer sie waren, läßt sich jetzt so verstehen, daß die Komplexität der gezeigten Bilder insgesamt nicht sehr hoch war, so daß der Gipfel der Funktion zwischen Komplexität und Ordnung von den angebotenen Kunstobjekten nicht erreicht wurde.

Der Sachverhalt, daß nach einiger Erfahrung mit einer bestimmten Kunstrichtung komplexere Objekte vorgezogen werden, läßt sich möglicherweise dadurch erklären, daß die frühen Werke der ungegenständlichen Kunst für den heutigen Betrachter, der mit derartigen Darstellungen viel Erfahrung hat, zu wenig komplex sind. Ähnlich erklären sich die widersprüchlichen Ergebnisse, die von MC WINNIE berichtet werden: Vermutlich waren bei einem Teil der Experimente sehr komplexe Objekte ausgewählt worden, während eine andere Gruppe zu wenig komplexe Objekte enthielt.

Im gleichen Sinne führt auch HECKHAUSEN (1964) aus, daß die elementare Komplexität, wie sie nach informationstheoretischen Algorithmen berechnet wird, kein angemessenes Maß für die Informationsaufnahme des Menschen ist. Er schlägt den Begriff ›phänomenale Komplexität‹ vor, der von der Anzahl möglicher Untergliederungen, möglicher Figur-Grund-Aufteilungen in einer Abbildung ausgeht. Legt man ein Konzept phänomenaler Komplexität zugrunde, so lassen sich Daten von BERLYNE (1972) widerspruchsfrei in dem Sinne interpretieren, daß eine erhöhte phänomenale Komplexität mit steigendem Wohlgefallen der Betrachter einhergeht. Die umgekehrt U-förmige Beziehung, die als Ergebnis der bisherigen Untersuchungen als ein gesichertes Ergebnis angesehen wurde, wäre dann Folge der Tatsache, daß bei erhöhter elementarer Komplexität die Menge möglicher Unterstrukturen wieder kleiner wird, weil sich in der Anordnung keine – informationsreduzierenden – Regelmäßigkeiten mehr finden. Genau diese Interpretation schlägt auch RAAB (1976) für seine Ergebnisse vor. In umfangreichen Untersuchungen, in denen Farbe und Komplexitätsmaße – von allerdings immer noch recht einfachen Figuren – variiert wurden, fanden jene Konfigurationen bei den Betrachtern das meiste Wohlgefallen, die am ehesten Figur-Grund-Gliederungen zuließen (vgl. Kap. 2 – *Gestaltpsychologie*). Der Betrachter versucht vermutlich automatisch, zu bestimmten Formen in der Darstellung semantische (inhaltliche) Assoziationen zu bilden. Die Abbildung, die einer solchen Analyse entgegenkommt, wird als am angenehmsten empfunden. RAAB (1976, S. 105) faßt einen Teil seiner Ergebnisse in dem Satz zusammen: »Komplexer im Sinne einer perzeptiven Relevanz sind nicht so sehr jene Muster, die einen höheren absoluten Informationsgehalt (in *bit*) besitzen, sondern vielmehr jene, welche, bezogen auf den bei gegebenem absoluten Informationsgehalt möglichen, über einen besonderen Detailreichtum in den zusammenhängenden ›Figur‹-Feldern und/oder über sehr viele aus mehreren Einzelelementen bestehende Teilfiguren verfügen.«

Wie lassen sich diese Ergebnisse in eine Theorie des ästhetischen Wohlgefallens integrieren? Die Resultate der neueren Studien weisen darauf hin, daß einerseits ein bestimmter Grad an Überraschung, andererseits die Möglichkeit, Information zu reduzieren, die Grundlage des Wohlgefallens bilden. Oben wurde belegt, daß der Vorgang der Superzeichenreduktion, des Erkennens von Regelmäßigkeiten in der Darstellung, viele Überschneidungen mit dem ästhetischen Erleben hat. Diese Feststellung findet hier eine verallgemeinernde Bestätigung. Die Informationsreduktion kann zum einen durch Erkennen der in der Struktur liegenden Regelmäßigkeiten, zum anderen auch durch Erkennen von bekannten Formen, also durch Zuordnen semantischer, assoziativer Bedeutung erfolgen.

Die U-förmige Beziehung zwischen Komplexität und subjektivem ästhetischen Eindruck wird in einer neueren Arbeit von FRITH und NIAS (1974) allerdings auf überraschende Art und Weise anders erklärt. Die Forscher zeigten ihren Versuchspersonen vom Computer hergestellte Bilder, die sich in vorberechneter Weise systematisch in der Informationsmenge und ebenso im

Ausmaß der Symmetrie sowie darüber hinaus auch in der Anzahl der ›Kantenelemente‹ unterschieden. Das Ergebnis ihrer Experimente war, daß die Versuchspersonen im allgemeinen die einfachsten Bilder bevorzugten, wenn die Menge der Kantenelemente konstant war. Sonst jedoch wurde immer das Bild vorgezogen, das die größere Menge von Kantenelementen aufwies. Wenn in früheren Untersuchungen stets Bilder mittlerer Komplexität bevorzugt wurden – argumentieren die Autoren –, so liegt das daran, daß mit steigender Kantenzahl in der Regel auch die Komplexität steigt, in der Fachsprache, daß die Variablen Kantenlänge und Komplexität ›confundiert‹ sind. Die Hypothese, die hier aufgestellt wurde, ist interessant und verdient Beachtung, weil physiologische Experimente (HUBEL, 1975) gezeigt haben, daß bei höheren Säugetieren Linien aus dem Sehfeld aktiv extrahiert werden und daß es Nervenzellen gibt, die immer dann elektrische Phänomene zeigen, wenn im Sehfeld vertikale oder horizontale Linien auftauchen, sonst aber ›stumm‹ bleiben. Auf jeden Fall wird es lohnend sein zu überprüfen, ob der Informationsbegriff wirklich die relevante Beschreibungsdimension für ästhetische Objekte ist und ob es statt der Information im allgemeinen nicht vielmehr so spezifische Elemente wie die Menge der Konturen sind, die Aufschluß über das ästhetische Urteil geben können. (Entsprechende Annahmen finden sich auch bei NEISSER [1974] bezüglich der Relevanz von Informationsmaßen.)

Computergrafik

Es ist wenig verwunderlich, daß der Versuch, ästhetische Prozesse in mathematisch-psychologischen Modellen zu formulieren, zur *hardware,* zur technischen Anwendung führte. Allerdings scheint die anfängliche Begeisterung inzwischen etwas gedämpft. PFEIFFER (1972) berichtet ein steigendes Mißtrauen der Computerkünstler gegen die reine Anwendung der Formeln von BENSE, MOLES oder GUNZENHÄUSER. Sicher ist die Informationsästhetik auf dem heutigen Stand noch nicht in der Lage, hinreichende

14 Computerentwurf eines Musters aus dem Farbfilm ›Pixilation‹
von Lillian Schwartz und Ken Knowlton

Regeln anzugeben, die die Erstellung von ›synthetischen‹ Kunstwerken erlauben, welche die Vielfalt der bekannten Kunstobjekte
auch nur annähernd erreichen. Auf der anderen Seite sind aber
einige notwendige Merkmale von Kunst erkannt worden, denn
tatsächlich wirken viele der von Maschinen hergestellten Zeichnungen und Objekte ausgesprochen angenehm und ästhetisch befriedigend: ein Symptom der Tatsache, daß ein regelmäßig auf-
gebautes Gebilde – wie es von Computern hergestellt werden
kann – ästhetischen Genuß zu bereiten vermag. Zur Zeit ist die
Computergrafik noch keine reine Anwendung einer theoretisch
gesicherten Ästhetik, sondern ein Experimentieren mit den Möglichkeiten der Maschinen, wobei der Mensch immer noch die
Produkte seligiert und absichtlich verändert, die dann – gelegentlich signiert – der Öffentlichkeit vorgelegt werden. Es ist
also nicht allein die Maschine, die den ästhetischen Prozeß bestimmt, sondern das Werk entsteht in Wechselwirkung von Maschine und Mensch (vgl. Textabb. 14).

NAKE (1974) weist auf die Chancen der Computergrafik hin, zur Überwindung einige Auswüchse des gegenwärtigen Kunstmarktes beizutragen. Das Kunstwerk wird vom ›emotionalen Ballast‹ der subjektiven Kreativität befreit und allen Konsumenten in gleicher Weise zugänglich. Prinzipiell scheint es NAKE möglich, die verschiedenen Ansätze der Informationsästhetik in Programme umzusetzen und entsprechende Computerbilder herzustellen. Dies wäre der erste Schritt zu einem ästhetischen Labor, in dem die praktische Bewährung der Ästhetiken und der daraufhin entworfenen Programme in der empirischen Arbeit mit Versuchspersonen überprüft würde.

Ein experimenteller Beitrag

Ein sehr origineller Versuch, den DÖRNER und VEHRS (1975) durchgeführt haben, soll aus zwei Gründen ausführlicher referiert werden. Zunächst vermitteln die Ergebnisse zwischen den Widersprüchen der oben berichteten Sätze und zum zweiten ist die Methode so einfach, daß der Versuch leicht in Schulklassen oder Universitätskursen, besonders an Kunsthochschulen, als kunstpsychologische Demonstration durchgeführt werden könnte.

Die Autoren gaben ihren 40 Versuchspersonen ein Blatt, daß durch kaum sichtbare Bleistiftlinien in 160 Quadrate mit einer Seitenlänge von zwei Zentimetern aufgeteilt war. Gleichzeitig bekamen sie 60 rote und grüne Farbplättchen, die so auf das Raster aufzuteilen waren, daß einmal ein Bild entstand, das unter den gegebenen Möglichkeiten eher ›schön‹, also maximal ästhetisch wirkte, ein anderes Mal ein Bild, das unter den gegebenen Möglichkeiten die minimale ästhetische Lösung darstellte. Es sollte von den Versuchspersonen also einmal eine möglichst ›schöne‹, ein anderes Mal eine möglichst ›wenig schöne‹ Anordnung der Farbplättchen auf dem Quadratmuster gefunden werden. In der Auswertung des Experiments wurde nun betrachtet, ob es zwischen den beiden Gruppen von schönen und nicht schönen Bildern systematische, regelhafte Unterschiede gab.

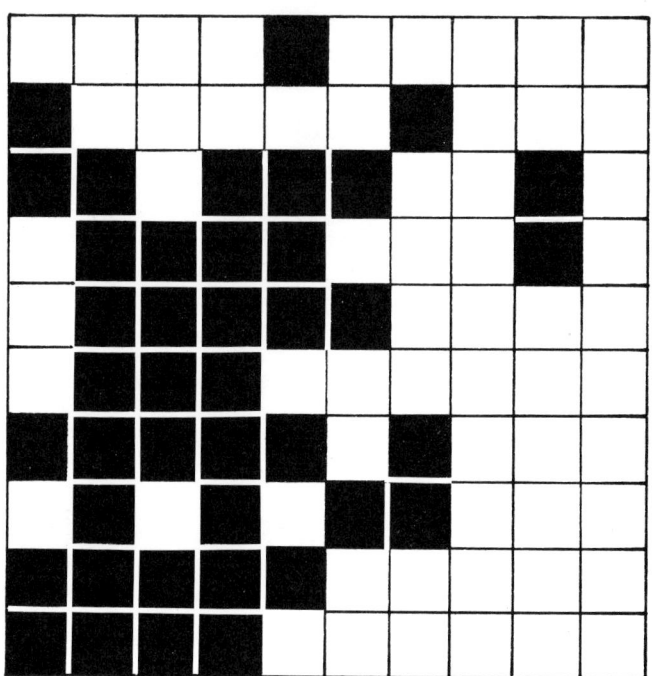

15   Beispiel für eine nicht-schöne Gestaltung des Rasterfeldes

Dabei zeigte sich, daß die Versuche, besonders ästhetische Bilder herzustellen, zu einer Gruppe von Bildern mit ähnlichen Merkmalen führte, während die eher nicht-ästhetischen Bilder (vgl. Textabb. 15) in zwei Untergruppen aufgeteilt werden konnten, von denen die eine mit dem Attribut ›langweilig‹, die andere mit dem Attribut ›konfus‹ zu bezeichnen war. Im Vergleich zu den ›schönen‹ Bildern war die Struktur der ›langweiligen‹ Bilder weniger kompliziert. Die konfusen Anordnungen hatten – wie schon aus der Bezeichnung hervorgeht – so gut wie keine erkennbare Struktur. Eine genauere Inspektion ergab, daß sich in den Bildern verschiedene Organisationsstufen bzw. Super-

16 Entfaltung von Superzeichen zweiter Ordnung (Reihungen, Kreuze)
auf einem Rasterfeld

zeichen verschiedener Stufen fanden. Jedes einzelne Farbplättchen ist dabei ein Superzeichen ›nullter‹ Ordnung; eine Gerade,
eine Diagonale, eine Fläche ist ein Superzeichen erster Ordnung.
Die Superzeichen zweiter Ordnung sind dann Kombinationen
von Elementen der Superzeichen erster Ordnung, also parallele
Reihen, Kreuze usw. (vgl. Textabb. 16). Eine statistische Verrechnung konnte sichern, daß bedeutsame Unterschiede zwischen
den beiden Bildtypen bestanden. Die Gruppe der ›schönen‹
Bilder hatte mehr Superzeichen, so daß manche Felder zu mehr
als einem Superzeichen gehörten und eine Möglichkeit der Um-
strukturierung gegeben war. Gleichzeitig gab es in den ›schönen‹

Bildern relativ mehr Superzeichen höherer Ordnung als bei den absichtlich ›unschönen‹ Bildern. Interpretierend sollen die Autoren selbst zu Wort kommen. Die Frage, warum bestimmte Reizkonstellationen ästhetisch befriedigend wirken, beantworten sie folgendermaßen (1975, S. 331): »Deshalb, weil die ästhetische Befriedigung zum großen Teil darin besteht, daß in einer zunächst als ungeordnet oder chaotisch empfundenen Reizkonfiguration Ordnungsrelationen entdeckt werden.«

Fällt es dem Betrachter von Anfang an zu leicht oder gelingt es ihm überhaupt nicht, eine Ordnungsrelation zu finden, dann hat das Objekt keine ästhetische Wirkung. Eine weitere experimentelle Überprüfung dieser Hypothese durch dieselben Autoren ergab konfirmierende Ergebnisse. Wenn man Versuchspersonen raten läßt, wie sich ein teilweise abgedecktes Farbmuster fortsetzt, kann man aus der Fehlerquote schließen, wie ungewiß der nächste Punkt ist. Ist ein Bild absolut regelmäßig, kann es keine Ungewißheit geben. Ist es dagegen absolut zufällig aufgebaut, kann es nur Ungewißheit, also praktisch keine sicheren Vorhersagen geben. Tatsächlich lagen bei einer solchen Einschätzung die ›schönen‹ Bilder bezüglich der Ungewißheit genau zwischen den ›langweiligen‹ und den ›konfusen‹ Bildern, aus denen die Menge der ›nicht-schönen‹ Bilder bestand.

Die vorher beschriebenen informationstheoretischen Ansätze lassen sich jetzt integrieren: *Ein ästhetisches Objekt muß eine gewisse Ordnung aufweisen, die nicht zu komplex und nicht zu simpel sein darf; es muß Prozesse der Informationsreduktion, das heißt der Superzeichenentdeckung ermöglichen.*

Weil dieses Gesetz so allgemein ist, ließe es sich durch eine große Menge von Beispielen illustrieren. In geradezu systematischer und bewußter Weise scheint uns VASARELY solche Prinzipien anzuwenden. Desgleichen viele Konstruktivisten. Schwierigkeiten bereitet der große Erfolg von ALBERS (vgl. Farbabb. 3), der jeweils unterschiedlich gefärbte Quadrate kreierte. Allerdings darf hier natürlich nicht nur die Form berücksichtigt werden, vielmehr muß auch der Farbkontrast, über den der Künstler theoretisch arbeitete, in die Informationsanalyse mit einbezogen werden. (Eventuell spielt bei ALBERS aber auch die Originalität des einfachen Musters eine Rolle.) Der besondere Reiz der Computergrafik liegt wohl darin, daß solche Bilder regelmäßig aufgebaut sind und dem Betrachter – je nach eigenem Integrationsvermögen – immer neue Ebenen der Superzeichenbildung anbieten. Soweit in die Herstellung von Computerbildern Zufallsgeneratoren eingeschaltet werden, dienen diese dem Zweck, ein mögliches Aufkommen von Langeweile beim Betrachter zu verhindern, wenn dieser das Prinzip der Zeichnung einmal entdeckt hat.

Der Erklärungswert dieses Prinzips ist auch nicht allein auf die grafische Darstellung oder gar die bildenden Künste beschränkt. Der Aufbau von Musikpartituren berühmter Komponisten ist derart, daß eine Vielzahl von Regelmäßigkeiten bzw. Superzeichen entdeckt werden kann. Die Architektur aller Stilrichtungen erlaubt dem Betrachter je nach Standort die verschiedensten Strukturierungen der Fläche.

Es mag ein Nachteil des Experimentes von DÖRNER und VEHRS sein, daß die vorgegebene Anordnung nur in sehr geringem Umfang originelle Lösungen ermöglicht und ermutigt. Gerade bei einem großen Teil der modernen Kunst spielt die ungewöhnliche Idee eine größere Rolle als die ›Schönheit‹ der Darstellung. Ein drastisches Beispiel sind sicher manche Werke von BEUYS, die gelegentlich so überraschend sind, daß es auf den ersten Blick schwerfällt, sie unter den Begriff Kunst zu subsumieren.

Nicht alles, was statistisch selten ist, überrascht uns, obwohl das, was uns überrascht, statistisch selten sein muß. Hier liegen Hypothesen nahe, die über die formalen Gesichtspunkte der Informationstheorie hinausgehen: Die sich einstellende Befriedigung bei der Rezeption der einen oder anderen – statistisch ungewöhnlichen – Idee ist sicher auch inhaltlicher Art. Die spezifische, ungewöhnliche Koppelung von Gegenständen regt zu ungewohnten Empfindungen an, führt den Betrachter zu für ihn ungewohnten Assoziationen und erschließt ihm so neue Pfade des Denkens. So plausibel eine solche Erklärung auf den ersten Blick wirkt, sie bleibt Spekulation und soll hier nur dazu anregen, über die Bedeutung des Ungewöhnlichen, der besonderen

Idee in der heutigen Kunst wie natürlich auch in früheren Kunstepochen nachzudenken.

Die bisher angestellten Überlegungen sollten die Frage beantworten helfen, inwieweit für alle Menschen allgemeine Regeln gelten, die die ästhetische Wirkung von Kunstwerken erklären können. Aus den bisherigen Versuchen und Ansätzen konnte die Hypothese abgeleitet werden, daß der Prozeß des Herauslösens von Superzeichen bedeutungsvoll ist. Dabei darf allerdings eine gewisse Komplexitätsgrenze nicht überschritten werden, um die Informationsaufnahmemöglichkeiten des Kunstbetrachters nicht zu überfordern. Wenn diese Regel so allgemein sein sollte, dann muß es erstaunen, daß in der Reaktion auf Kunstwerke sehr unterschiedliche Geschmacksrichtungen zu finden sind. Kinder bevorzugen andere Objekte als Erwachsene, Kunstspezialisten entwickeln einen anderen Geschmack als die Mehrheit der eher passiven Kunstverbraucher. Auch die wissenschaftliche Literatur erbringt widersprüchliche Ergebnisse (vgl. MC WINNIE, 1968): In einer Gruppe von experimentellen Untersuchungen zeigt sich, daß bevorzugte Kunstobjekte Merkmale von Einfachheit und Symmetrie aufweisen, während in der anderen Gruppe Komplexität und unsymmetrische Elemente bevorzugt werden. Man neigte bisher dazu, solche Unterschiede auf die unterschiedlichen Persönlichkeiten der Kunstbetrachter zurückzuführen. Allerdings ist auch noch eine andere These möglich. Der Autor diskutiert, daß Erfahrungen mit ästhetischen Objekten möglicherweise zu einer veränderten Bevorzugung führen können. Auch GREGSON (1968) konnte zeigen, daß die Einschätzung von Bildern sich je nach dem Erfahrungshintergrund verändert.

Dieses Phänomen kann verstanden werden, wenn man in Betracht zieht, welchen Einfluß Erfahrung – das heißt ›Lernen‹ – auf die Informationsverarbeitung hat. Bei der ersten Konfrontation mit einer Stilrichtung von Kunstobjekten müssen die in der Struktur liegenden Superzeichen aktiv gesucht werden. Hat eine Person dagegen sehr viel Erfahrung mit einer Stilrichtung, kann sie auch sehr versteckte, sehr wenig ins Auge springende Grundelemente heraussehen, die dem Unerfahrenen nicht ins

Auge fallen würden, das heißt, sie sieht auch dann noch viel Ordnung, wenn andere nur Komplexität und Chaos wahrnehmen. Einen solchen Prozeß haben wir alle beim Erlernen der Schrift erlebt. Nach einiger Übung vollzieht sich der Prozeß der Zeichenerkennung so mühelos, daß man ihn gar nicht mehr bemerkt und sich meistens auch nicht mehr erinnert, wie langsam Worte aus einzelnen Buchstaben konstruiert werden müssen. So kann das ästhetische Maß nicht unabhängig von der Erfahrung, die ein Betrachter mit Kunst hat, bestimmt und genau jeweils nur für eine einzelne Person angegeben werden. Verzichtet man auf eine absolute Genauigkeit, kann man natürlich auch ungefähre Werte für Personengruppen mit ähnlichem Erfahrungshintergrund angeben. Der gleiche Grund ›Lernen‹ könnte für einen Wechsel der Mode oder der Stilrichtungen in der Kunstgeschichte angeführt werden: Nach einer gewissen Zeit der Konfrontation mit einem Stil ist die Superzeichenbildung so routiniert geworden, daß die Mehrheit der Kunstkonsumenten den ästhetischen Prozeß an solchen Werken gar nicht mehr erleben kann und andere Stilrichtungen entstehen.

Aus diesem Sachverhalt resultiert ein ständiger Innovationsdruck, der sich in allen bekannten Kulturen als Wechsel in den Stilrichtungen zeigt. Es wäre zu überprüfen, ob es eine typische Zeitspanne gibt, nach der eine Stilrichtung sich überholt hat und durch eine neue ersetzt wird.

4 Wodurch Kunstwerke wirken - Beiträge der Psychoanalyse

Im ersten Abschnitt sollen einige Grundbegriffe der Psycho-analyse erläutert werden. Die wichtigsten Termini sind kursiv gesetzt, so daß bei eventuellen Fragen im folgenden Text schnell auf eine kurze Erklärung zurückgegriffen werden kann.

Sigmund FREUD ist der Begründer der Psychoanalytischen Theorie und der gleichnamigen Behandlungstechnik. Er betont, daß bewußte Begründungen für Verhaltensweisen und die wirklichen Ursachen desselben Verhaltens nicht übereinstimmen müssen. So nimmt in seiner Theorie das *Unbewußte* eine zentrale Stelle ein. Im Unbewußten können wie im Bewußtsein Vorstellungen und Strebungen vorhanden sein, die das Verhalten beeinflussen. Hier sind Wünsche nach direkter – zumeist sexueller – Triebbefriedigung zu finden. Die seelische Instanz, die die direkte Befriedigung fordert, bezeichnet FREUD als das *Es*. Während der ersten Jahre der Entwicklung lernt das Kind seine Wünsche an die Erfordernisse der Umwelt anzupassen und die Strebungen des Es im Dienste einer effizienteren Auseinandersetzung mit der Umwelt zu kontrollieren. Diese Realitätsanpassung wird vom *Ich*, einer zweiten seelischen Instanz, geleistet. Das Ich kann gegen die Strebungen des Es, die dem Individuum gefährlich werden können, verschiedene *Abwehrmechanismen* bilden: die *Verdrängung* (die Vorstellung bzw. der Wunsch wird aus dem bewußten Erleben verdrängt), die *Phantasiebefriedigung* (der Wunsch wird nicht real, sondern in der Vorstellung befriedigt, z. B. im Traum) oder die *Sublimierung* (der ursprüngliche Wunsch nach Triebbefriedigung wird auf sozial wünschenswerte

Ziele umgeleitet). Es gibt noch weitere Abwehrmechanismen. Später als das Ich bildet sich das *Über-Ich,* das als Niederschlag des elterlichen Einflusses verstanden werden kann. Man könnte es umgangssprachlich – wenn auch ein wenig grob – als das ›Gewissen‹ bezeichnen. Der Sohn möchte die Liebe der Mutter für sich alleine, fürchtet aber die *Kastrations*drohung des Vaters. Das Über-Ich entsteht dadurch, daß der Sohn versucht, dieser Bedrohung zu entgehen, indem er sich mit den Normen des Vaters – oder der Erzieherperson – identifiziert.

Es gibt nur zwei große Triebgruppen: die Gruppe der sexuellen (sexuell ist hier in einem weiten Sinne zu verstehen: etwa auch bis in die Bedeutung von ›Agape‹, Nächstenliebe) Strebungen, der *Libido,* und die Gruppe der aggressiven (destruktiven) Strebungen. FREUD war der Meinung, daß die sexuellen Wünsche die eigentliche Triebfeder allen Verhaltens seien. In *Träumen,* Witzen, *Fehlhandlungen* (Versprecher, Ungeschicklichkeiten) lassen sich meist unbewußte, sexuelle Wurzeln finden.

Besonders die Träume erlauben einen Einblick in die Inhalte unbewußter Vorstellungen und Ziele; dem Träumer selbst bleibt der Trauminhalt (Traumgedanke) allerdings verborgen. Bevor der Trauminhalt ins Bewußtsein dringen kann, wird er vom Ich *zensiert* und entstellt. Doch mit der Technik der *freien Assoziation* und der analytischen *Deutung* von seiten des Therapeuten kann eine Aufdeckung des *Traumgedankens* und der ins Unbewußte verdrängten, abgesprengten Affekte erreicht werden. Bei neurotischen Patienten ist eine Aufdeckung und *bewußte Verarbeitung* der verdrängten Inhalte erforderlich, um die Einflüsse des Unbewußten auf das Gefühlsleben, das Verhalten und die Körperfunktionen in die richtigen Bahnen zu lenken und ihnen ihre schädliche Wirkung zu nehmen.

Die Kenntnis der Arten der Zensur *(Vergessen, Verschiebung von Affekten)* sowie die charakteristisch bildhafte Art des Träumens *(Verdichtung, Verschmelzung)* erlauben dem Therapeuten die deutende Erhellung des wirklichen Trauminhaltes. Gelegentlich muß er auch auf eine *Symboldeutung* zurückgreifen, das heißt, er muß Erfahrungen haben, welche Symbole an die Stelle unterdrückter Inhalte treten können.

FREUDs Theorie ist besonders anschaulich in seinen Vorlesungen wiedergegeben, die er in Amerika vor Studenten mit wenig relevanten Vorkenntnissen hielt. Eine gute und verständliche Zusammenfassung der gesamten Analytischen Theorie findet man bei BRENNER (1969).

Die Bedeutung der Kunst

In seiner Schrift ›Das Unbehagen in der Kultur‹ ordnet FREUD das Phänomen Kunst aus psychologischer Sicht in den Zusammenhang kultureller Tätigkeiten ein (vgl. STERBA, 1940).

Drei wichtige Ablenkungsmöglichkeiten ermöglichen es dem Menschen, den von der Kultur und den Notwendigkeiten des menschlichen Zusammenlebens geforderten Triebverzicht zu leisten:

1 Die Wissenschaft, weil sie hilft, Beschränkungen aufzuheben;
2 die Religion, weil sie die Libido in die Liebe zu allen Menschen umlenkt und gleichzeitig die Wichtigkeit des Diesseits gering schätzt; und schließlich
3 die Kunst, die den Menschen die versagte Triebbefriedigung im Phantasiebereich ermöglicht.

Der Betrachter erlebt das Dargestellte (im Sinne der Empathie-Theorie) stellvertretend mit, er erlebt im Kriegsfilm das Ausleben ungehemmter Aggression, in erotischen Darstellungen eine Phantasiebefriedigung sexueller Strebungen. Das Ausmaß direkter Triebbefriedigung wird allerdings nicht erreicht. FREUD (1930, S. 212) spricht von »einer milden Narkose, die Kunst dem Betrachter verspricht«.

FREUDs Ansicht über die Wirkung der Kunstwerke auf den Betrachter kann als Spezialfall der Empathie-Theorien (vgl. Kap. 2 – *Gestaltpsychologie*) bezeichnet werden. Dabei werden besonders solche Kunstwerke interpretiert, deren Inhalte in irgendeiner Weise triebrelevant sind, während ungegenständliche Kunstformen oder auch musikalische Werke unter diesem Blickwinkel weniger Material zu einer interpretierenden Analyse bieten.

Im künstlerischen Prozeß kann Triebenergie auch auf eine andere Art eingesetzt werden, nämlich in der Sublimierung. Während das Triebziel (z. B. zerstörerische Impulse) erhalten bleibt, wechselt das Triebobjekt so, daß die Triebbefriedigung in gesellschaftlich erwünschter Weise erfolgt. Zum Beispiel können aggressive Impulse gegen einen tatsächlichen Feind der Gemeinschaft umgelenkt werden, aber auch in der Marmorbearbeitung aufgehen.

GOMBRICH (1965) demonstriert an einigen Beispielen, wie jeder Inhalt auf dem Hintergrund verschiedenster semantischer (bedeutungsmäßiger) Systeme gesehen werden kann. FREUD interpretiert nun Inhalte auf dem Hintergrund biologischer Dimensionen, des Bereichs der Sexualität und des Sexualverhaltens. Auf dieser Grundlage wird das Kunstwerk auf die semantische Gruppe sexueller Inhalte bezogen, und Bedeutungsüberschneidungen lassen den ›verborgenen‹ wirklichen Inhalt erkennen.

Es ist tatsächlich nicht zu übersehen, daß die Triebobjekte und Triebziele der sexuellen und aggressiven Triebe besonders häufig in mehr oder weniger verhüllter Weise Gegenstand von künstlerischen Darstellungen sind.

Realistische Darstellungen der Triebobjekte oder von Triebbefriedigungen können schon die Zensur bzw. die Abwehr des Ich auf den Plan rufen. Gerade bei sexuellen Inhalten werden verschiedenste Abweichungen von der realistischen Darstellung vorgezogen: formale, abstraktere Zeichnungen, willkürliche Farbgebungen oder die Einbettung in einen religiösen Zusammenhang (manche Mariendarstellungen). Die Abweichung von der explizit sexuellen Realität ist dann ausreichend, um zensierende Reaktionen des Ich zu verhindern (WAELDER, 1965).

Bilder und Skulpturen geben Aufschluß über die Psychodynamik des Künstlers und lassen die individuellen Gründe und Inhalte seines Seelenlebens erkennen. Der kreative Prozeß ist von besonderem Interesse, weil er ein Licht darauf wirft, welche psychische Konstellation, welcher Konflikt oder welche unbefriedigten Wünsche zu einer bestimmten Darstellung führen.

Der kreative Prozeß

Ein von KRAMER (1975) berichteter Fall soll den Vorgang der Sublimierung, der Umlenkung der gefährlichen und unerwünschten Impulse des Es in sozial wünschenswerte konstruktive Aktivitäten verdeutlichen: In einer Gruppe von Jungen entwickelte sich eine wilde Konkurrenz, wer den größten Penis aus Ton modellieren könne. Der Bastelraum wurde total verwüstet, die Erzieherin mußte eingreifen und das Vorhaben beenden. Tags darauf versuchten die Jungen besonders hohe Häuser, z. B. das Empire State Building, aus Ton herzustellen. Die gemischt aggressiven, sexuellen Impulse waren in eine symbolische Darstellung umgemünzt, zu einer sozial wünschenswerten Verhaltensweise sublimiert worden.

Die schöpferische Produktion selbst ist nach FREUD nicht so sehr das Ergebnis bewußter Anstrengungen als vielmehr vorbewußter oder unbewußter Prozesse, deren Ergebnis plötzlich im Bewußtsein aufleuchtet, ohne daß ihr Zustandekommen im einzelnen zu rekonstruieren wäre. Auch im Traum können schöpferische Einfälle entstehen. FREUD (1972, S. 581) schreibt: »Wir neigen wahrscheinlich in viel zu hohem Maße zur Überschätzung des bewußten Charakters auch der intellektuellen und künstlerischen Produktionen. Aus den Mitteilungen einiger höchstproduktiver Menschen, wie Goethe und Helmholtz, erfahren wir doch eher, daß das Wesentliche und Neue ihrer Schöpfungen ihnen einfallsartig gegeben wurde und fast fertig zu ihrer Wahrnehmung kam.« Jeder weiß über Gelegenheiten zu berichten, wo ein dringendes Problem nicht durch analytisches Denken, sondern durch einen plötzlichen Einfall, einen ›Gedankenblitz‹ gelöst wurde, ohne daß unsere bewußte Aufmerksamkeit sich gerade mit diesem Problem beschäftigte.

Am kreativen Prozeß sind also unbewußte, und das heißt in der psychoanalytischen Theorie auch Es-nahe, primäre Vorgänge beteiligt. So sehen auch heute die psychoanalytischen Autoren EHRENZWEIG (1969) und MÜLLER-BRAUNSCHWEIG (1974) den Moment der Kreativität als eine vorübergehende Entdifferenzierung des Ich, als einen zeitweiligen Rückschritt in eine entwicklungsmäßig frühere Phase. Während das Denken des Ich begrifflich und logisch ist, ist das Denken des Unbewußten, das primäre Denken, bildhaft und symbolisch.

EHRENZWEIG vermutet (wie schon von FREUD durch Postulierung der Beweglichkeit der Inhalte im Unbewußten angedeutet), daß das vorbegriffliche Denken des Primärprozesses wesentlichen Beschränkungen des bewußten Denkens nicht unterliegt. So ist das Primär-Denken nicht auf die Fokussierung, die Aufteilung in Figur und Grund (vgl. Kap. 2 – *Gestaltpsychologie*) angewiesen, die notwendig in der bewußten Wahrnehmung einen kleinen Teil des Bildes zur näheren Analyse heraushebt. Zur Untermauerung seiner These führt EHRENZWEIG allerdings Phänomene an, die in der experimentellen Psychologie noch nicht als gesichert gelten können, oder bleibt bei reinen Spekulationen stehen (»subliminal perception«). Auch LEUNER (1976) schließt sich der Theorie einer ›Superwahrnehmung‹ im Primärprozeß an. Der kreative Prozeß bleibt dabei aber besonders undeutlich. Vielleicht findet die Theorie auch deswegen Anklang, weil es besonders schmeichelhaft ist, daß der Mensch in seinen tiefen, unbewußten Schichten mit wertvollen Eigenschaften ausgestattet sein soll und dort angeblich aus der ›Aufhebung aller Gegensätze‹ schöpfen kann.

Solche Inhalte, die ins Unbewußte verdrängt sind und bei ihrem Auftauchen im Bewußtsein die Anpassungsleistung des Ich stören würden, werden bei der ›Reise‹ ins Bewußte symbolisiert, das heißt durch Bilder ersetzt, deren Bedeutung der Person nur zum Teil oder gar nicht klar wird. Im folgenden wird noch näher erläutert, welche Symbole verwendet werden und in welchem Maß Symbole individuelle oder generelle Gültigkeit haben.

In Symboldarstellungen können auch verdrängte Affekte freigelegt werden. So kann die kreative Tätigkeit zur Gesundung der Person beitragen. Kapitel 9 wird sich mit entsprechenden kunsttherapeutischen Anwendungen der psychoanalytischen Theorie beschäftigen. Es entspricht auch einer häufig berichteten Alltagserfahrung, daß musikalische oder darstellende Tätigkeiten in der Lage sind, Verstimmungen aufzulösen und zu einer neuen Sicht der eigenen Situation anzuregen.

Um zu wirklich künstlerischen Leistungen zu führen, muß der Prozeß der Entdifferenzierung des Ich natürlich auf günstige Bedingungen treffen. Im Unbewußten muß ein reich strukturierter Binnenraum angetroffen werden.

Allerdings richtet die referierte Theorie die Aufmerksamkeit weniger auf die Frage, welche Leistung aus der Menge der Darstellungen durch besondere Kunstfertigkeit beeindruckt, sondern vielmehr darauf, wie bei Kunstwerken oder auch Kinderzeichnungen die abgebildeten Inhalte auf dem Hintergrund des persönlichen Erlebens des ›Produzenten‹ zu interpretieren sind.

Künstler und Kunstbetrachter können im Kunstwerk auf die gleiche Weise Triebenergie reduzieren bzw. Konfliktspannungen bewältigen. Der Künstler gibt eine bestimmte Art der Konfliktdarstellung vor, in deren Betrachtung der ›reproduktive Künstler‹, der Rezipient, eigene, eventuell ähnliche Konflikte ähnlich bearbeiten kann.

Weil die künstlerische Tätigkeit eine zeitweilige Entdifferenzierung (neutraler formuliert: Aufhebung) der üblichen und geforderten Denkstrukturen ist, kann auch Alkoholeinfluß, Drogeneinfluß, ja in einigen Fällen sogar der Einfluß verschiedener Geisteskrankheiten fördernd auf die herzustellenden Werke oder aber auf die Aufnahmefähigkeit wirken. Künstler verwenden verschiedenste Techniken, um sich aus den gewohnten Bahnen stringenten Denkens zu lösen und zu einem bildhaften, assoziativen Denken zu gelangen.

Am Beispiel einer Statue von MICHELANGELO und von zwei Bildern VAN GOGHs soll die psychoanalytische Erklärung der Wirkung und der Entstehung von Kunstwerken demonstriert werden.

FREUD war von der Moses-Statue des MICHELANGELO (Rom, S. Pietro in Vincoli; Abb. 8, 9) außerordentlich beeindruckt. Er schreibt, daß er diese Skulptur oft besuchte und stundenlang vor ihr verweilte. In einem Aufsatz (1914) versucht er eine Interpretation ihrer Wirkung, nachdem er belegt, daß die Interpretationen der Kunstkritiker der Zeit zum einen sehr unterschiedlich ausfallen, zum anderen stark an der subjektiven Empfindung orientiert sind.

FREUD faßt die Statue als den Endpunkt einer gerade abgelaufenen Bewegungsfolge auf. Aus der Stellung von Hand, Bart, Fuß und Blick rekonstruiert er in detektivisch anmutender Schlußkette eine hypothetische Abfolge. Moses sitzt am Hang des Berges Sinai, um auszuruhen. Unter seinem Arm trägt er die Gesetzestafeln. Als er seinen Blick auf das Volk Juda lenkt, sieht er es um das Goldene Kalb tanzen und will im ersten Zorn aufspringen. (Was er laut Überlieferung der Bibel auch tut. Wutentbrannt zerschmettert er die Gesetzestafeln am Fels.) Er beherrscht seinen Zorn jedoch, um die Gesetzestafeln nicht fallen zu lassen. Die Statue zeigt Moses in dem Moment, in dem er, sich selbst beherrschend, seinen zerstörerischen Impuls überwunden hat. Der Betrachter erkennt die menschliche Größe der Pose und ist von der Szene beeindruckt, die den Kampf der seelischen Instanzen abbildet, dem Kampf zwischen dem aggressiven Impuls des Es und der willentlichen Kontrolle des Ich. Nach FREUD wird hier die »stolzeste menschliche Leistung« ins Bild gesetzt.

Sowohl das Thema als auch die Arbeit mit Hammer und Meißel am Stein haben für den als aggressiv und schwierig geltenden MICHELANGELO eine persönliche Bedeutung gehabt (vgl. MÜLLER-BRAUNSCHWEIG, 1974). Die persönlichen Konflikte des Künstlers werden stellvertretend in der Darstellung gelöst. Dabei erlaubt es die Arbeit, aggressive Energie abzuführen.

Der Konflikt zwischen Ich und Es ist kein individueller Konflikt des Künstlers, sondern ein Gegensatz in jedem Menschen, so daß die dargestellte Lösung für jeden ein Stück Gültigkeit hat.

FREUD versucht zu belegen, daß der Künstler bewußt danach strebte, diesen Effekt zu erreichen, bzw. daß das Zusammenspiel der Stellungen der Statue vom Künstler bewußt hergestellt wurde, um den Eindruck der beschriebenen Bewegungsfolge zu vermitteln. Es verwundert, daß gerade FREUD, der doch der Wirkung unbewußter Determinanten breiten Raum gibt, eine Absicht des Künstlers aufzeigen möchte.

Es ist umstritten, ob VAN GOGH als ›geisteskrank‹ diagnostiziert werden muß, auf jeden Fall fordert sein ungewöhnliches Leben und seine ungewöhnliche Größe als Maler eine psychologische Studie geradezu heraus (NAGARA, 1973).

Der Briefwechsel Vincents mit seinem Bruder Theo erlaubt es, ein genaueres Bild seiner psychischen Situation zu gewinnen, als es von der geistigen Disposition vieler anderer Künstler möglich ist, von denen der Nachwelt nur die Werke erhalten sind.

VAN GOGH ›sublimierte‹ in der Malerei sexuelle Energie, Libido. Er schrieb selbst oft darüber, daß der Geschlechtsverkehr dem Malen abträglich sei und riet einem jüngeren Malerfreund, vierzehntäglich eine Prostituierte aufzusuchen, um nicht allzusehr von der Arbeit abgelenkt zu werden. NAGARAs Deutung bleibt aber nicht bei so allgemeinen Aussagen stehen, sondern analysiert auch die Entstehungsgeschichte der einzelnen Bilder unter Berücksichtigung der seelischen Situation des Künstlers. Ein Beispiel soll herausgegriffen werden.

Abbildung 10 und Abbildung 11 zeigen Bilder, auf denen leere Stühle dargestellt sind. Es handelt sich um den Stuhl GAUGUINs, der zu dieser Zeit in Arles zu Besuch war und um VAN GOGHs Stuhl. Während des Aufenthaltes GAUGUINs war es zu Streitigkeiten zwischen den beiden Malern gekommen, und GAUGUIN wollte abreisen. In dieser Situation werden in VAN GOGH wieder Erinnerungen an Trennungen von seinem Vater wach, zu dem er ein ambivalentes Verhältnis hatte. Er verehrte ihn, verzieh ihm aber die Trennungen nie ganz, stritt oft mit ihm und fühlte sich leicht verletzt und abgelehnt.

Die Aggression gegen den Vater wendet sich gegen GAUGUIN. Der unbewußte Tötungswunsch drückt sich in dem Symbol des leeren Stuhles aus. NAGARA kann nachweisen, daß dieses Symbol für VAN GOGH wirklich die Bedeutung des Todes besaß. Der Künstler hatte sich einige Zeit zuvor von einem Bild beeindruckt gezeigt, in dem der leere Stuhl eines Verstorbenen abgebildet war, und bemühte sich sogar, dieses Bild antiquarisch für einen Freund zu beschaffen.

Der Konflikt des Künstlers wird so stark, daß er auch sein Verhalten beeinflußt. Abends verfolgt VAN GOGH seinen Besucher mit einem Rasiermesser. Als dieser sich umwendet und seinen Verfolger entdeckt, geht Vincent zurück ins Haus und schneidet sich ein Ohr ab, das er dann einer Prostituierten schenkt. Das starke Über-Ich bzw. Gewissen des sehr religiösen

Mannes – er hatte Laienprediger werden wollen – wendet die Aggression gegen die eigene Person: Die Kastrationsdrohung, die vom Vater erlebt wird, vollstreckt er symbolisch am eigenen Ohr, das ja dann auch bezeichnenderweise einer Prostituierten geschenkt wird.

In den Bildern werden unbewußte Wünsche sichtbar, die das Ich nicht zulassen kann, weil sie die Realitätsanpassung stark gefährden würden. Die symbolische Darstellung solcher Wünsche wird oft als Selbstheilungsversuch interpretiert, als Versuch, sie in der Darstellung soweit abzubauen, daß sie nicht auf das Verhalten übergreifen. VAN GOGH erlebte das Malen immer als berauschend, es befreite ihn von seinen Konflikten. Aus diesem Grund sind in seiner nur wenige Jahre währenden Schaffensperiode außerordentlich viele Bilder entstanden.

Symbole – wie die leeren Stühle in den Bildern VAN GOGHs – können individuell sein, aber auch generell für viele Menschen die gleiche Bedeutung haben. Es gibt einige Traumsymbole, von denen FREUD annahm, daß ihre Bedeutung innerhalb der europäischen Kultur festgelegt sei.

Symbole

Aussagen, die das Ich nicht zuläßt, können sich in symbolischer Form manifestieren. Das Symbol steht dann an der Stelle des ursprünglichen Inhaltes, der im Symbol gerade so gut versteckt ist, daß die Darstellung trotz der kontrollierenden Instanzen gewählt werden kann.

JONES (1972) gibt einige Attribute echter Symbolik an (hier leicht gekürzt):

1 Es wird unbewußtes Material dargestellt.
2 Das Symbol hat eine relativ konstante Bedeutung.
3 Es gibt eine linguistische (oder bildliche) Verbindung zwischen Symbol und symbolisiertem Gegenstand.
4 Das Symbol hat eine entwicklungsgeschichtliche Grundlage, die das Individuum und die Rasse betrifft.

5   Die Zahl der Vorstellungen, die symbolisiert werden können, ist erstaunlich klein im Vergleich zur unendlichen Zahl der Symbole.

6   Die symbolisierten Inhalte beziehen sich meist auf das psychische Selbst, Mitglieder der engsten Familie oder auf die Phänomene von Geburt, Liebe und Tod.

7   Sobald ein Symbol enthüllt ist, ist die bewußte Reaktion charakteristischerweise eine der Überraschung und des Unglaubens.

Die Kenntnis der Symbolbedeutung kann es ermöglichen, Märchen und Mythen in den ›Klartext‹ umzulesen, der ihrer Wirkung ebenso hinterliegt wie der vieler Zeichnungen und Malereien, die sich immer wieder und je nach zeitlichem Hintergrund anders verschlüsselt der gleichen menschheitsumgreifenden Themen annehmen. Das heißt natürlich nicht, daß der ›Klartext‹ die bildhaften Märchen ersetzen könnte. Die Wirkung der Märchen gewinnt gerade erst durch die Verwendung der Symbolik ihre Kraft.

Künstler und Betrachter können durch das Symbol in gleicher Weise Affekte freisetzen und eine entsprechende Spannungslösung empfinden.

Ein Beispiel soll verdeutlichen, was mit symbolischer Darstellung gemeint ist. Bekanntlich ist gerade das Zitat aus SCHILLERS ›Tell‹: »Durch diese hohle Gasse muß er kommen, es führt kein andrer Weg nach Küßnacht« so einprägsam, daß es kaum je von Schülern vergessen wird, ja daß es mehr als andere Zitate zur Redensart werden konnte. Es wurde eine Symboldeutung vorgeschlagen: Die hohle Gasse symbolisiert das weibliche Genital, durch das der Vater (Autoritätsperson Vogt Geßler) eindringt (nach Küßnacht!). Tell (eher der Sohn) sitzt im Holunderstrauch (= Schamhaar) und versucht den Vater zu hindern (weil er entsprechend der ödipalen Situation die Liebe der Mutter für sich allein haben möchte). Die Deutung ist spekulativ. Sie demonstriert aber in der notwendig anschaulichen Art, was mit einer ›Symboldeutung‹ gemeint ist. Eine an und für sich harmlose Spannungshandlung wird unversehens zum Stück mit sexueller

Bedeutung. Es erscheint klar, daß das Symbol nicht beliebig ist. Vielmehr muß es in einer sprachlichen (Weg nach Küßnacht) oder visuellen Ähnlichkeitsbeziehung (Gebüsch = Schamhaar) zur vertretenen Vorstellung stehen.

Der Tod wird im Traum und in verschiedenen Kunstwerken durch eine Reise, durch ein Überschreiten von Grenzen symbolisiert, in BÖCKLINs ›Toteninsel‹ z. B. durch die Kahnfahrt zur Insel (vgl. Farbtafel 5). Das Symbol greift einen Aspekt der Vorstellung Tod auf und setzt ihn in ein anderes Bild um.

Gleiches gilt auch für die Schlange: In der Bibel erscheint sie als Bild für die ›Verführerin‹, im Traum faßt FREUD sie oft als Penissymbol auf. Als Illustration dazu ein Bild von Franz von STUCK (vgl. Farbtafel 8), auf dem die Schlange sich um den weiblichen Körper windet. In unterschiedlichem Zusammenhang kann – wie bei allen Symbolen – das Bild der Schlange aber auch andere Bedeutungen tragen, und insbesondere die Penissymbolik ist sehr allgemein und wenig festgelegt.

Wenn FREUD einige Symbolbezeichnungen aufzählt, die er für gesichert hält, so warnt er doch mehr als viele Nachfolger und Sekundärwerke davor, diese Symbolbezeichnungen für unveränderlich zu halten (wie etwa in den Traumbüchern).

FREUD war der Meinung, daß nicht der Traum, sondern die Märchen und Redensarten als beste Fundgruben möglicher Symbolbedeutungen zu gelten haben: »Diese Symbolik gehört nicht dem Traume zu eigen an, sondern dem unbewußten Vorstellen, speziell des Volkes auch, und ist in Folklore, in den Mythen, Sagen, Redensarten, in der Spruchweisheit und in den umlaufenden Witzen eines Volkes vollständiger als im Traum aufzufinden« (1975 [1900], S. 346). Ein Satz, der das Programm für die Forschungen JUNGs sein könnte (s. u.). FREUD (1900) zählt einige Symbolbezeichnungen auf, die er in den Träumen seiner Patienten beobachtet, und stützt die Deutung jeweils durch Redensarten.

Ein Haus symbolisiert oft den menschlichen Körper. Man spricht von ›altes Haus‹, ›jemandem auf den Dachboden steigen‹, ›bei jemandem stimmt es nicht im Oberstübchen‹ usw. Viele Bilder anthropomorphisieren (vermenschlichen) Häuser.

Eine Landschaft symbolisiert das Weibliche, Mütterliche. Man spricht von ›Mutter Erde‹. Die Eltern werden durch König oder Königin, die Geschwister durch Würmer oder Ungeziefer symbolisiert (›armes Wurm‹). Nicht zuletzt als Folge der strengen Sexualmoral in FREUDs Zeitalter (um die Jahrhundertwende) waren besonders sexuelle Inhalte tabuiert, so daß sich für diese Inhalte eine große Zahl von Symbolbezeichnungen nachweisen lassen. Das männliche Glied kann durch Schlangen (vgl. Farbtafel 8), Krawatten (in Köln besteht die Sitte, daß den Männern zu Weiberfastnacht die Krawatte abgeschnitten werden darf) oder Gegenstände, die sich verlängern lassen bzw. gegen die Schwerkraft aufsteigen (Schiebelampe, Luftballon), symbolisiert werden; das weibliche Genital durch die Muschel (Abb. 12) und durch viele hohlbauchige, umschließende Gegenstände (Vase, Zimmer = Frauenzimmer, Schatzkästchen).

Jede Zeit benötigt ihren eigenen Analytiker, der die jeweils geltenden Symbolbezeichnungen erforscht. Die von FREUD zitierten Bedeutungsbeziehungen sind zwar nicht ausschließlich von historischem Interesse, müßten aber durch neuere Beobachtungen ergänzt werden.

Was das Symbol (im weiteren Sinne) nun vom Zeichen oder von der Bezeichnung unterscheidet, ist, daß das Symbol nicht nur die Bedeutung mitteilt, sondern durch die Wahl des Bildes, das die eigentliche Bedeutung trägt, gleichzeitig auch etwas von der Wirklichkeit der bezeichneten Sache vermittelt. Das heißt, die Bedeutung wird so in ein Bild umgesetzt, daß ein Teil des Erlebens, das sich angesichts der vom Symbol bezeichneten Sache einstellt, auch schon bei der Betrachtung des Symboles aufkommt (für Redensarten vgl. BRÖG und SCHUSTER, 1977).

Das kann dadurch geschehen, daß das Bild der Bedeutung einen semantischen Hof verleiht. Der geflügelte Löwe symbolisiert die Macht der Könige und vermittelt dem Betrachter einen Teil der (Ehr-)Furcht, die sich angesichts des Königs gebietet. Das kann auch dadurch geschehen, daß durch die Wahl des Sprachklanges, der Farbe oder auch des Materials etwas von dem Erleben angerührt wird, das die wirkliche Konfrontation mit sich brächte. So vermittelt der goldene Glanz des Kreuzes (vgl. Farbtafel 2) etwas von der Erhabenheit des Gottes, der Sprachklang des Gedichtes etwas vom leichten Spiel des Wassers (z. B. C. F. MEYER: »Aufsteigt der Strahl und fallend gießt/Er voll der Marmorschale Rund«).

Die Ägypter verfügten über eine Schrift (die Hieroglyphen), die nicht nur Bedeutungen vermitteln, sondern in bildhaften Elementen auch mit symbolischer Kraft das unmittelbare Erleben leichter ansprechen konnte als unsere Zeichenschrift.

Semantisches Umfeld, Farbe, Klang und Material machen im Zusammenspiel die Bedeutung und die Wirkung des Symbols aus. Dabei können die einzelnen Bedeutungsträger auf verschiedenen Ebenen beurteilt werden. Die Elemente des Symbols lassen sich danach bewerten, wie aktiv oder passiv, wie konstruktiv oder zerstörerisch oder auch wie weich oder hart sie sind. FREUD hat nach GOMBRICHs (1975) Auffassung die Kenntnis der Menschen um eine Beurteilungsdimension von Bedeutungsträgern erweitert: Er untersuchte Symbole auf ihren Gehalt an sexuellen Ähnlichkeiten. Die FREUDschen Interpretationen beschränken sich so auf eine – freilich wichtige – Beurteilungsebene.

Otto RANK erhielt von FREUD den Auftrag, die Symbolik in Mythen und Märchen zu erforschen. Tatsächlich kennen wir von ihm einige wichtige Veröffentlichungen (RANK, 1912).

Bekannter wurde jedoch C. G. JUNG, der Begründer der analytischen Psychologie. JUNG postulierte eine Gruppe von Ur-Situationen, Ur-Bildern der Menschheit, die in Träumen und kulturellem Material auftreten: die ›Archetypen‹. Wenngleich JUNG selbst nie eine systematische Darstellung seiner Theorie vorstellte, so wird doch deutlich, daß er sich in seinem Werk wesentlich von FREUD abhebt. Der Libidobegriff wird weniger auf sexuelle Energie angewendet als auf Triebenergie, Lebensenergie überhaupt. Während FREUD besonders die ersten Jahre des Lebens in ihrer Bedeutung für die Erwachsenenpersönlichkeit betont, spielt in JUNGs Theorie die zweite Hälfte des Lebens, in der die Persönlichkeit entwickelt wird (der Individuationsweg), die Hauptrolle. Die Idee des ›kollektiven Unbewußten‹ findet sich im Ansatz auch bei FREUD, wird dort aber nicht so explizit formuliert und in die Therapie und Theorie einbezogen.

Die Archetypenlehre

Der Mediziner und Psychologe JUNG erläutert meist zurückhaltender als manche Nachfolger, was er mit dem Begriff ›Archetyp‹ meinte: nicht vererbte Bilder, sondern eher vererbte Dispositionen, in bestimmten archaischen Bildern zu denken und so die Erfahrungen der Menschheitsgeschichte aktuell in Bildern erstehen zu lassen. Die Archetypen sind Teile des ›kollektiven Unbewußten‹, das heißt eines unbewußten Wissens bzw. einer unbewußten Struktur, die allen Menschen gemeinsam ist. Von den Archetypen geht die Macht aus, seelische Prozesse zu beeinflussen, sie in ihrer Richtung zu verändern. Wenn Individuen den Archetypen begegnen, haben sie das Erlebnis des Großartigen, des ›Ominösen‹. Ein Eindringen archetypischer Vorstellungen in das Bewußtsein kann gefährlich werden.

Eine Parallele, die JUNG zwischen den archetypischen Bildern und den die Instinkthandlung auslösenden Reizen (angeborene auslösende Mechanismen bzw. Schlüsselreize) zieht, wird von seiten der Verhaltensforschung zurückgewiesen (LORENZ). Doch drängt die Ähnlichkeit – auch was die jeweiligen Inhalte betrifft – sich auf. Hier sind wohl zwei verschiedene Forschungsrichtungen mit unterschiedlichen Methoden auf den gleichen Sachverhalt gestoßen, der aber im Lichte des unterschiedlichen Vorgehens so wenig Gemeinsames hat, daß eine Verständigung nicht möglich ist.

Die Archetypen begegnen uns besonders im Traum, wo sie aber zunächst nicht verstanden werden. Die Trauminhalte müssen mit den entsprechenden Märchen und Sagen verglichen werden, um gedeutet werden zu können. Der Trauminhalt wird so mit kulturellem Material angereichert, ›amplifiziert‹.

Der Held zum Beispiel ist ein Archetyp, dessen künstlerische Darstellung in vielen Formen vorliegt, so kennen wir ihn z. B. als Drachenkämpfer. Als Siegesprämie erhält er die Hand einer Frau bzw. Prinzessin. Eine Verheißung, die sich interessanterweise auch noch in christlichen Darstellungen findet (vgl. Abb. 13).

Das Motiv des Helden findet sich auch in vielen religiösen Bildern: Christus der Erlöser oder Buddha, Mars oder Zeus. Viele der kritischen Entwicklungstationen des Lebens sind Archetypen, die in vielfältigen Bildern auftreten können:

- Die Geburt oder die Wiedergeburt im Bild der Waschung, im Bild des Aufsteigens aus dem Wasser, im Mythos der Geburt der Aphrodite aus dem Schaum der Meereswellen.
- Der Übergang in einen neuen Lebensabschnitt (Initiation). Die Einschnitte des Lebenslaufes kann man heute deutlicher in wenig differenzierten Gesellschaften beobachten. Manche Stämme und Gruppen üben Beschneidungsriten, andere isolieren den ›Debütanten‹ eine Zeitlang. Aber auch in unserer zivilisierten Gesellschaft findet sich eine Reihe von Initiationsriten: Konfirmierungen, Hochzeit, Examen, Ernennungen bedeuten den Übertritt in eine neue Lebensform; mit dem Ende jedes alten Abschnitts erfolgt ein ›kleiner Tod‹.
- Mädchen und Jungen müssen sich im Verlauf der Entwicklung von ihren Eltern lösen. Der Junge hat die Aufgabe, den ›Drachenkampf‹ zu bestehen. Das Mädchen muß die männliche Sexualität akzeptieren, die sich im Märchen oft als Tier darstellt. Erst als der eklige Frosch im Bett geduldet wird, verwandelt er sich im Märchen in einen Prinzen. Das sagenhafte ›Einhorn‹ wird im Schoße der Jungfrau gezähmt (vgl. Abb. 14).
- Die Mutterschaft ist eine archetypische Situation des Opferns der eigenen Freiheit und Lebenskraft für das Kind.
- Der eigene Tod ist eine Initiation in ein unbekanntes Land, die durch Symbole der Transzendenz angekündigt oder symbolisch umgesetzt wird: z. B. durch den Kontakt zu übersinnlichen Vögeln, durch ein ›Oben‹, durch die Sonne usw.
- Allgemeine Bilder der seelischen Zentrierung, die eine heilende Wirkung auf den Betrachter ausüben: die Mandalasymbole. Sie finden sich in christlichen Darstellungen (die heilige Dreieinigkeit), in tibetanischen Darstellungen (vgl. Abb. 15) oder in den Büchern der Alchemisten. Charakteristisch ist die Vierzahl, wie die Richtungen der Windrose oder die vier schützenden Ecken der Stadtmauer. Mandalasymbole, die eigentlich

Symbole der seelischen Entwicklung selbst sind, können aber auch in runden Formen vorkommen, z. B. als Globus oder als ›blaue Blume‹.

Der Bezug zur Interpretation und zur Entstehung von Kunstwerken liegt nahe. Der Betrachter erkennt sein eigenes Schicksal und seine eigenen Entwicklungsaufgaben im archetypischen Grund der künstlerischen Arbeit wieder.

Zu verschiedenen Zeitpunkten der Individualentwicklung herrschen andere Grundprobleme vor. Im Jugendalter müssen eher extrovertierte, auf die Welt bezogene Aktivitäten erfolgen, zum Beispiel die Partner- und Berufswahl; im höheren Alter erfolgt eine Wendung nach innen. Die Individuation stellt Probleme der Sinngebung, der psychischen Zentrierung (in letzter Zeit als ›midlife crisis‹ diskutiert). So können es jeweils andere Bilder und Vorstellungen sein, die das Kind oder die den Erwachsenen beeindrucken, aber es sind andererseits doch immer die gleichen Grundprobleme, die in den verschiedenen Zeitaltern und Kulturen zum Inhalt künstlerischer Tätigkeit werden.

Wäre die Welt der Menschen ursprünglich rational und abstrakt, so wäre der Ursprung der Kunst schwer zu verstehen. Tatsächlich ist das Denken der Menschen bildhaft und phantastisch, was nicht nur im Traum, sondern auch im Denken primitiver Völker oder ihren Mythologien zu erkennen ist. JUNG (1968, S. 28) schreibt: »Eine Erschlaffung des Interesses, eine leichte Ermüdung genügt, um die exakte psychologische Anpassung an die reale Welt, die sich durch gerichtetes Denken ausdrückt, aufzuheben und durch Phantasien zu ersetzen.«

Sicher ist, daß das bildhafte Denken auch den Menschen der Hochkulturen näher ist, als man erwartet. Beim Lernen und Problemlösen sind bildhafte Vorstellungen beteiligt. Kino und Fernsehen bieten alltäglich Phantasiewelten an, die – wie z. B. in vielen Wildwestfilmen – das Problem von Gewalt und Gesetz konkret und bildhaft darstellen. Nach JUNG sind die Kristallisationskerne solcher Phantasien die Archetypen.

Der Schweizer Psychologe legte keine Zahl von möglichen Archetypen fest. In seinem umfangreichen Werk untersucht er die

Darstellungen in der Kunst der Kulturen und Zeitepochen auf gemeinsame Bilder. Oben wurden bereits einige Archetypen aufgezählt, die sich auf die Entwicklung des Menschen beziehen. In dem Material der Kunst- und Kulturgeschichte finden sich weitere ›Prototypen‹ der Darstellung.

Der ›alte Weise‹ ist etwa ein solches Bild. Er ist hinterlistig, aber gleichzeitig auch hilfreich. Er gibt dem Wanderer am Scheideweg den entscheidenden Wink (ein Beispiel aus dem Märchen ist die Figur Rübezahl).

Das gleiche Symbol findet sich in unterschiedlichen Kulturen in einer ähnlichen Bedeutung, obwohl eine gegenseitige Beeinflussung der Kulturen ausgeschlossen werden kann. In ›Psychologie und Alchemie‹ (1944) untersucht JUNG das Vorkommen und die Bedeutung des ›Einhornes‹, eines Fabelwesens, das in persischen, fernöstlichen, religiösen und alchemistischen Darstellungen zu finden ist. Es ist ein Symbol der männlichen Kraft, die im Schoß der Jungfrau gebändigt wird (vgl. Abb. 14).

JUNG (1944, S. 550) schreibt: »Obschon die individuellen Erlebnisformen von unabsehbarer Mannigfaltigkeit sind, so variieren sie doch, wie auch die alchemistische Symbolik zeigt, um gewisse zentrale Typen, die von universalem Vorkommen sind.«

Der interessierte Leser sei weiter auf das Buch ›Der Mensch und seine Symbole‹ von JUNG (1968) verwiesen, in dem der Forscher zusammen mit seinen Mitarbeitern seine Lehre am Beispiel von reichem Bildmaterial darlegt.

Für die Psychotherapie oder das Verständnis des individuell Seelischen reicht allerdings nicht allein die Kenntnis der Archetypen, vielmehr verbindet die Vorstellungswelt des einzelnen archaische Urbilder und individuelle Symbolformen. Das von JUNG (1952) berichtete Phantasiematerial der Miss Miller soll ein Beispiel für die Verbindung von individueller Situation und archetypischem Gehalt sein.

Anläßlich einer nächtlichen Musikveranstaltung ist Frau Miller von einem Musikanten stärker beeindruckt, als sie glaubt. Dieser Eindruck zieht sich durch ihre folgende künstlerische Produktion. Ihren ersten Eindruck verarbeitet sie so, daß sie ein Gedicht vom göttlichen Schöpfer, vom Gott des Lichtes, des Tones und der

Liebe niederschreibt. Dazu JUNG (1952, S. 88): »Der nächtliche Sänger ist auf dem Umwege der Beziehung zum Vaterimago zum Schöpfer geworden, zum Gott des Tons, des Lichtes und der Liebe.« Frau Miller gelingt es im folgenden nicht, ihre starke, aber unbewußte Liebe zu verarbeiten; nach JUNG die wesentliche Ursache für die folgende psychische Erkrankung. Eine Deutung ihrer Phantasieinhalte auf dem Hintergrund der allgemeinen Bedeutung der Symbole in Mythologie und Kunst (Methode der Amplifikation) hätte ihr nach JUNG helfen können.

JUNG hat, wie das obige Beispiel zeigt, keine Theorie der Kunst vorgelegt, sondern eine Theorie der menschlichen Symbole. Eine Anwendung dieser Theorie auf die Kunst wurde von vielen Nachfolgern JUNGs geleistet. So interpretiert z. B. BAUMANN (1935) die Pyramiden als eine Form des Mandalasymbols, des Symbols der Einigung und Zentrierung.

Wissenschaftliche Bewertung der analytischen Ansätze

An diesem Punkt muß die Frage gestellt werden, ob die hier referierten Theorien und Modelle als ›richtig‹ bzw. ›gültig‹ bezeichnet werden können. Die Antwort sollte ehrlicherweise lauten, daß es keine sichere Antwort gibt, daß aber in der heutigen Experimentalpsychologie Zweifel an der Angemessenheit des zugrundeliegenden Theoriensystems angemeldet werden. Die Thesen, die sich aus psychoanalytischen Theorien ableiten lassen, sind schlecht prüfbar, weil sie nicht eindeutig genug sind. Sie sind nicht bewiesen, weil sie oft in Postfacto-Erklärungen begründet sind.

Ein Gedanke, der dem gegenwärtigen Methodenbewußtsein der Psychologie durchaus zuwiderläuft, soll aber an dieser Stelle angeführt werden: Manche These oder Fragestellung erschließt sich der experimentellen Erforschung deswegen nicht, weil die Variablen nicht gut meßbar sind – sie sind zu komplex und vielschichtig. Aus diesem Grund spart die Forschung solche Bereiche aus und konzentriert sich auf meßtechnisch leichter erfaßbare

Probleme. Das heißt aber in gewissem Sinne, den verlorenen Schlüssel stets unter der Laterne zu suchen, wo er zwar nicht verloren ging, wo es aber hell ist.

Schließlich bleibt die Frage offen, ob manche analytische Interpretation eines Kunstwerkes nicht eine unzulässige Reduktion der Kunst auf einige wenige Dimensionen darstellt.

Weiterentwicklungen der analytischen Theorie erweitern die klassischen Symboldeutungen um neue Dimensionen des kreativen Prozesses, nämlich durch Gedanken über Probleme des Narzißmus. Welche Rolle spielt die eigene Freude an der Geschicklichkeit, an der Schönheit des selbst geschaffenen Werkes (vgl. ARGELANDER, 1971; EISSLER, 1955)?

Jede Kritik muß natürlich berücksichtigen, daß die gegenwärtigen psychologischen Theorien immer nur einen Teil der betrachteten Wirklichkeit erklären können und sich dieser Begrenzung in aller Regel bewußt sind.

Bis heute sind die Phänomene der Traum-Bildwelt und der Bildwelten kultureller Darstellungen nicht befriedigend wissenschaftlich abgeklärt, so daß spekulative, empirisch schlecht gesicherte Ansätze wohl oder übel in einigen Fällen der Ausgangspunkt weiterer wissenschaftlicher Arbeit sein werden.

Vieles weist darauf hin, daß Menschen in einer bildhaften Art denken und bildliche Vorstellungen haben können (Halluzinationen, katathymes Bilderleben [LEUNER et al., 1977], Gebrauch von Metaphern usw.). Die künstlerische Darstellung und das bildhafte Denken der Menschen sind Ergebnisse des gleichen Prozesses, lassen sich vermutlich mit den gleichen Regeln und Gesetzen erklären. Leider werden die nichtlogischen und redundanten Komponenten der menschlichen Kommunikation nur wenig erforscht, vielleicht, weil sich der Mensch als denkendes Wesen so definiert, daß er nicht auf ›primitiv‹-bildhafte Vorgehensweisen angewiesen zu sein glaubt.

Die Kunst der Geisteskranken

Die wissenschaftliche Betrachtung der Kunst der Geisteskranken gliedert sich harmonisch in das Kapitel über die psychoanalytischen Beiträge zur Psychologie der Kunst ein.

Die in den Krankenanstalten und Heimen tätigen Psychiater sind meist – neben der allgemeinen ärztlichen Ausbildung – in Terminologie und Erklärungssystem der Psychoanalyse eingeführt und verwenden analytische Therapien. Psychologen, die andere theoretische Richtungen vertreten, arbeiten dagegen erst in den letzten Jahren mit Psychiatern zusammen, so daß es nicht erstaunt, wenn die bildnerischen Tätigkeiten der Kranken zunächst psychoanalytisch erklärt und interpretiert der Öffentlichkeit zugänglich gemacht wurden (PRINZHORN, 1922; BÜRGER-PRINZ, 1932). Unter den Geisteskrankheiten ist es vor allem die Schizophrenie, die es dem Kranken noch erlaubt, künstlerische Arbeiten zu fertigen. Die Ursachen der Erkrankung, deren Hauptsymptome in Halluzinationen, Wahnideen, Beeinflussungserlebnissen und gefühlsmäßiger und sozialer Abweichung zu sehen sind, liegen bis heute im dunkeln. Im allgemeinen wird vermutet, daß es sich um eine charakteristische Veränderung des Gehirnchemismus handelt, einige Theoretiker glauben allerdings auch an eine situative Verursachung bzw. wenigstens Mitverursachung (WEITBRECHT, 1968). In diesem Zusammenhang interessiert die Symptomatologie und Ursächlichkeit nur in engem Rahmen. Es soll aber nicht unterlassen werden anzumerken, daß die Probleme der Diagnose keineswegs geklärt sind, das heißt, daß keine vollständige Klarheit darüber besteht, ob die heute als Schizophrenie diagnostizierten Krankheiten tatsächlich eine einzige Krankheitsgruppe darstellen oder ob verschiedene nosologische Einheiten unter einer beschreibenden Sammeldiagnose zusammengefaßt sind. Noch viel weniger klar ist, ob die in älteren Schriften erwähnte Diagnose zutreffend ist. Anders ausgedrückt: Die Diagnose Schizophrenie wird leicht im nachhinein gestellt, wenn der Künstler sozial abweichende Verhaltensweisen zeigte. So galt z. B. VAN GOGH lange Zeit als Epileptiker, heute neigt man mehr dazu, ihn in die Gruppe der – zeitweise – schizophrenen Künstler einzuordnen: freilich nicht ohne wissenschaftliche Gegenstimmen. Manche der in der älteren Literatur beschriebenen Künstler mögen gar nur abweichende Persönlichkeitsentwicklungen durchlaufen haben, die nicht als eigentlich psychische Erkrankung einzuordnen wären. Operationaler und sicherer als die Bezeichnung ›Kunst geisteskranker Künstler‹ wäre die Bezeichnung: ›Kunst von Insassen der Heilanstalten für psychisch Kranke‹. Und das allerdings sind nicht wenige sehr berühmte Künstler gewesen.

Die breite Mehrheit der Autoren, die diesbezügliche Kunstwerke beschreiben, stimmt darin überein, daß die Bilder der Geisteskranken qualitativ nicht anders als die Bilder gesunder Künstler seien. Gespeist aus den gleichen Quellen der Kreativität, weisen sie nur in einigen Einzelmerkmalen Abweichungen auf (PRINZHORN, 1922; KRIS, 1952; NAVRATIL, 1974; MÜLLER-BRAUN-SCHWEIG, 1974; MÜLLER-SUUR, 1975; BADER, 1975).

Entsprechend wird berichtet, daß künstlerische Gestaltungen in der Regel nur von solchen Patienten zu erwarten sind, die bereits vor der Erkrankung und Einweisung künstlerisch kreativ waren oder künstlerisches Talent erkennen ließen. Allerdings beeindruckt der Kranke – auch der Kranke ohne künstlerische Fähigkeiten – oft durch einen starken Schaffensdrang, einen Drang zur Wahl von darstellenden Ausdrucksmitteln, der dazu führt, daß künstlerische Begabungen auch bei solchen Patienten sichtbar werden, die ihre Begabung in ihrer Tätigkeit außerhalb der Klinik nicht ausleben konnten. Von dem Patienten SCHRÖDER-SONNENSTERN wird berichtet, daß sein Krankenzimmer mit Stapeln von bemalten Blättern und Niederschriften gefüllt war – leider wurde nur ein Teil des umfangreichen Materials ausgewertet.

Ein allgemeines Denkmodell, das die Wurzeln des Normalen und des kreativen Schaffens von Kranken in ein anschauliches Bild bringt, wurde von FISCHER (1974) vorgestellt. Er bezieht die seelischen Zustände auf ein Kontinuum zwischen höchster Erregung und absoluter kontemplativer Entspannung. Bei sehr hoher Erregung treten die Funktionen der normalen Wahrnehmung zurück, es kommt, wie z. B. unter dem Einfluß von Rauschgift, zu Halluzinationen. Steigert man die Erregung weiter, stellen sich ekstatische Phänomene mit rhythmischen Muskelzuckungen und einer totalen Wahrnehmungslähmung ein. Am anderen Ende des Spektrums finden sich Zustände, wie sie zum Teil durch asiatische Meditations- und Entspannungsübungen (Yoga-Zazen) erreicht werden können, gelegentlich verbunden mit Depersonalisationserlebnissen: Man scheint seinen Körper von außen her zu sehen. Zwischen diesen Extremen liegt eine Gruppe von Erregungsniveaus, die eine kreative Tätigkeit ermöglichen, das heißt eine kreative Tätigkeit, die sich in darstellenden Produkten ausweist. Einerseits ist die normale Wachwahrnehmung noch erhalten, andererseits ermöglicht die erhöhte Erregung bereits Ansätze bildhafter Halluzinationen, also eine Steigerung der Vorstellungskraft. Das Schöpferische und das Schizophrene gehen in diesem Modell der geistigen Erregungszustände ineinander über. Die kreative Tätigkeit wird in beiden Fällen durch die gleichen psychischen Vorgänge ermöglicht. Die gestalterisch-technische Ausführung muß der Patient schon vorher beherrscht haben, sonst können die Visionen nicht in Bilder bzw. Kunstwerke umgesetzt werden.

In ›normalen‹ Kunstwerken und verstärkt, gelegentlich übertrieben, in der Kunst der Geisteskranken, finden sich nach NAVRATIL drei kreative Grundfunktionen, die im folgenden beschrieben und belegt werden sollen:

1 Physiognomisierung In der einfachsten Bedeutung: den Dingen ein Gesicht verleihen. Die gesamte Umwelt wird als belebt bzw. als ausdruckshaltig dargestellt. In Landschaften finden sich Gesichter, an verschiedenen Punkten der Darstellung finden sich Augen. Die Physiognomisierung ist eine natürliche Qualität menschlichen Erlebens (vgl. WEITBRECHT, 1968).

Bei manischen und bei schizophrenen Kranken findet sich oft eine übersteigerte Physiognomisierung, aber auch in den Kunstwerken vieler ›normaler‹ Künstler. Der Mensch versteht – man denke an das Kind, das seinen Ball tadelt, wenn er nicht so springt, wie er soll – seine Welt zunächst gleichsam ›natürlicherweise‹ als belebt und muß lernen, daß die Dinge keinen Willen haben, keine Wahrnehmung, keine eigene Lokomotion. In Stadien geistiger Verwirrtheit geht diese Erkenntnis wieder verloren, die Welt wird in stärkerem Maße als lebend, beobachtend und ausdruckshaltig gesehen. Unsere beiden Bildbeispiele (Abb. 16, 17), übrigens keine Schöpfungen psychiatrisch auffälliger Personen, zeigen solche Physiognomisierungen.

Bilder von geisteskranken Künstlern beeindrucken durch ihre Disproportionalität. Auch NAVRATIL sieht hier ein Merkmal der Kunst der Geisteskranken. Offensichtlich fällt es dem psychisch Kranken schwer, ›ästhetische‹ Forderungen zu erfüllen. Die Proportionen stimmen nicht mehr, aber gerade dadurch ruft diese Kunst einen besonderen und fremden Eindruck hervor. Es bleibt offen, ob die Disproportionalität eine bewußte Übersteigerung der Ausdruckshaltigkeit durch den schizophrenen Künstler/Kranken ist.

2 *Formalisierungen* Ornamente (der Begriff soll hier umgangssprachlicher als in der kunstwissenschaftlichen Literatur gebraucht werden), rhythmische Wiederholungen, Muster, die sich fortsetzen, sind wiederum gemeinsam Kennzeichen der Kunst der verschiedensten Zeitepochen und der künstlerischen Werke der Geisteskranken. Wer orientalische Kunstwerke kennt, weiß, daß dort (aus religiösen Gründen) nur Ornamente und Muster die Wände der Moscheen und auch die berühmten Teppiche und Kupferschmiedearbeiten schmücken. Auch in der abendländischen Kunst finden sich an den verschiedensten Stellen Muster oder, in der Sprache der Psychiatrie ausgedrückt, ›Perseverationen‹, ständige Wiederholungen einer Grundform. Der griechische Mäander läßt sich hier ebenso als Beispiel anführen wie die Blattornamentik von schmiedeeisernen Toren. Auch auf Bildwerken tauchen an den verschiedensten Stellen ornamentale Elemente auf, so z. B. in ROUSSEAUs Bild (Abb. 18), das wie andere seiner Werke als Kopie eines Bildes aus einem Kinderbuch des Kaufhauses Lafayette gelten muß. Die Künstler der Op Art erzielen ihre Wirkung oft allein mit Symmetrisierungen.

In der Psychose findet sich wiederum eine übersteigerte Tendenz zur Stereotypisierung, die sich formalästhetischen Prinzipien nicht so zwanglos untergeordnet und deswegen bisweilen nicht als ›schön‹ oder angenehm empfunden wird. Das Bild von A. WÖLFLI (Abb. 19) verwendet nur ornamentale Elemente, die sich in gleicher Weise wiederholen, ›perseveriert‹ werden. Deutlich werden auch Tendenzen zur ›Symmetrisierung‹. Der Künstler ordnet seine formalen Elemente um eine Mittelachse. Die Elemente wiederholen sich im Sinne der Perseverationstendenz.

3 Symbolbildung Über Symbole wurde bereits gesprochen. Bilder normaler und geisteskranker Künstler drücken Gedanken und Wünsche oder Handlungsmöglichkeiten in einer archaischen (vgl. die Bemerkungen über die Archetypenlehre, S. 81 ff.), einer bildhaften Weise aus. Verschiedene Figuren bzw. Bilder werden zu neuen Bildern verschmolzen. Ein klassisches Beispiel einer solchen Bildzusammenschau ist der Pferdemensch, häufiges Motiv der griechischen Mythologie, oder auch der elefantenköpfige Gott Ganescha aus dem hinduistischen Pantheon. Agglutinierung nennt man diese Verschmelzung von verschiedenen bekannten Bildern zu einem einzigen neuen Bild oft grotesk anmutenden Inhaltes. Die absonderlichen Gestalten SCHRÖDER-SONNENSTERNS (vgl. Abb. 20) verschmelzen Hahnenkopf, männliche und weibliche Genitalien zu einem Fabelwesen. Die fusionierten Inhalte erlauben dem ausgebildeten Analytiker sowohl in den Werken normaler als auch in den Werken geisteskranker Künstler Schlüsse auf die Motivstruktur.

Bevor wir auf die Frage eingehen, was wir nun aus der Kunst der Geisteskranken bzw. der umfangreichen Literatur zu diesem Thema für eine Kunstpsychologie verwenden können, müssen wir ein Mißverständnis klären. Die Kunst der Geisteskranken ist nicht etwa eine besondere Kunst, sondern es ist eine Kunst der ›Normalen‹, die aus den Werken der Kranken das heraussuchen, was ihrem Kunstbegriff entspricht. Bestimmte Produkte werden nicht ausgelesen, nicht berücksichtigt, so z. B. pantomimische Darstellungen katatoner Schizophrener, weil niemandem einfallen würde, etwas Künstlerisches darin zu entdecken: ein methodologischer Kreislauf, der nur seine eigenen Definitionen bestätigt. So ist es denn nicht erstaunlich, wenn alle genannten

Autoren einhellig zu der Meinung gelangen, die Kunst der Geisteskranken unterscheide sich nicht von der Kunst der Normalen. Unterscheiden sich die Produkte der Geisteskranken aber, werden sie nicht mehr als Kunst angesehen (natürlich auch dann nicht, wenn man von einer Kunstdefinition ausgeht, die Kunst als wenigstens in gewissem Maße ›verstehbar‹ definiert).

Wenn wir also hier Erkenntnisse gewinnen können, dann betreffen sie die ästhetischen und inhaltlichen Bevorzugungen normaler Menschen. So überrascht es uns nicht, die Kriterien, die in den verschiedenen Abschnitten für ›künstlerisch‹ geschätzte Darstellungen aufgestellt wurden, hier wiederzuentdecken. Allerdings läßt die Tatsache erwarten, daß unter anderem Blickwinkel ähnliche Faktoren ästhetischen Gestaltens entwickelt und isoliert wurden, daß diese Faktoren gültig sind und unabhängig von der Forschungsfragestellung gefunden werden können.

Wollte man wirklich die Kunst der Geisteskranken erforschen – dieses nur als Anregung – so müßte man zunächst einmal die ästhetischen Bevorzugungen von Geisteskranken registrieren und akzeptieren. Wahrscheinlich würde man dabei überraschende und sehr markante Abweichungen von einer Kunst der Normalen finden. Ein Beispiel zur Veranschaulichung: Man spricht natürlich auch nicht von der Kunst der Kinder, sondern von der Kinderzeichnung. Kinder schätzen das, was sie selber gemalt haben, oft weit weniger als realistische Zeichnungen von professionellen Grafikern. Wenn sie wählen können, wählen sie in der Regel stark realistische, eindeutige, farbenfrohe Darstellungen, die eher mit einer Fotografie zu vergleichen sind, wohingegen die Bilder, die die Kinder selber malen, bekanntlich von solcher fotografischen Ähnlichkeit zumeist weit entfernt sind.

Dennoch können wir etwas aus den Ergebnissen der Materialsammlungen entnehmen. Offensichtlich werden die künstlerischen Fähigkeiten und Fertigkeiten durch die Krankheit nicht total zerstört, das heißt, sie sind sehr widerstandsfähig und ursprünglich. Denn die Tatsache, daß Geisteskranke Bilder produzieren, die wir schätzen, spricht dafür, daß diese Funktionen intakt sind. Sie zeigt aber auch, daß fremdartige Inhalte durchaus in der Lage sind, uns zu beeindrucken. Unser ästhetisches

Empfinden bzw. unser Symbolverständnis erlaubt in den Darstellungen große Abweichungen von üblichen und möglichen Formen.

Im letzten Kapitel des Buches wird zu besprechen sein, aus welchem Grund überraschende semantische Kombinationen häufig in Kunstwerken zu finden sind. Die Neuartigkeit des Dargestellten scheint ein wichtiger Faktor für die Beurteilung eines Kunstwerkes zu sein. So erklärt es sich, daß auch die eigenartigen Abweichungen von den formal-ästhetischen Faktoren, wie sie sich in der Disproportionalität der Werke schizophrener Künstler finden, einen Eindruck im Betrachter hinterlassen.

KRIS (1932, S. 355) weist auf die fremdartigen Denkprozesse hin, die zu Produkten führen, die ein ›normaler‹ Künstler wahrscheinlich mit seinen normalen, inhaltlich verknüpften Vorstellungen nicht hätte erreichen können: »Die Dinge wechseln ihren Sinn; eine gewisse äußere Ähnlichkeit bildet die Brücke, auf der eine Vorstellung sich an die andere fügt.« KRIS führt als Beispiel an, wie das Wort ›Rübezahl‹ nach der Wortklangähnlichkeit in ›Reue-bezahlt‹ umgewandelt wird. Der durch äußere Ähnlichkeit oder vagen Zusammenhang bestimmte Denkablauf des Geisteskranken ist weniger in der Lage, die komplexen Konfigurationen von räumlicher Tiefe, der Schattierungen oder auch des Zusammenspieles der Mimik in der richtigen Anordnung wiederzugeben. Die Werke erinnern oft an die Gestaltungen der Primitiven oder an Kinderzeichnungen, denen auch oft Schattierung und Perspektive fehlen. Ein Beispiel dafür ist der von KRIS (1932) beschriebene Künstler MESSERSCHMIDT, der an einer Schizophrenie erkrankte, die in gewissem Ausmaß bis an sein Lebensende erhalten blieb. MESSERSCHMIDT war ein anerkannter Bildhauer des 18. Jahrhunderts, dessen Büsten während der Zeit der Krankheit eine charakteristische Veränderung aufwiesen – der dargestellte Ausdruck wurde extremer und gleichzeitig weniger zustimmig. Das heißt, daß die Ausdrucksstellungen von Augenspalte, Mund und Stirn sich nicht zu einem einfühlbaren Zustand zusammenfügen lassen.

Die besonders charakteristischen Merkmale der Malerei von schizophrenen Patienten, also die Bildmerkmale, die sich in

Werken gesunder Künstler nicht so häufig – wenngleich gelegentlich – finden, sind katalogartig von RENNERT (1962) zusammengestellt – Bildelemente, die in einer extremen Verwirklichung den ästhetischen Gehalt des Werkes zerstören und Spiegel einer anderen Funktion des Vorstellungsablaufes sind: vertikale Blickwinkelverschiebung (der Horizont wandert nach oben), ›barock‹ verschnörkelte Formen, ›Bildsalat‹ (gedrängtes Durcheinander, Kombination einzelner Objekte mit Körperteilen, flächenfüllende Wiederholungen von einzelnen Elementen oder Symbolen, Verlust der Komposition, Auflösung der Physiognomie in einzelne Augen, einzelne Sinnesorgane).

Diese Merkmale lassen sich zum Teil in eine Korrespondenz zu typischen Symptomen der psychischen Erkrankung bringen, der ›Bildsalat‹ z. B. zur Gedankenflucht als einem durch oberflächliche Ähnlichkeit bestimmten Vorstellungsverlauf. Zum anderen Teil handelt es sich einfach um besonders starke Ausprägungen von Bildmerkmalen, wie wir sie auch bei gesunden Künstlern finden.

Die besondere Faszination, die von Werken psychisch Kranker ausgeht, ist sicher auch darin begründet, daß ihre bildhaften Vorstellungen ein Kommunikationsversuch aus der Welt des Wahnes sind und dem gesunden Betrachter einen – oft mit gewissem Erschauern aufgenommenen – Eindruck von einer fremden Vorstellungswelt gewähren: möglicherweise einen Eindruck, der direktere, offenere Zugangsmöglichkeiten zu den vulkanisch heißen tieferen (LERSCH) Schichten unserer Seele hat und damit zugleich Aufschlüsse über unsere eigene Person vermittelt.

5 Biologisch bedeutsame Abläufe und ihre Bilder – Beiträge der vergleichenden Verhaltensforschung

Diesem Kapitel muß wiederum ein kurzer Abriß einiger Grundgedanken der vergleichenden Verhaltensforschung vorangestellt werden, den der Leser mit Vorkenntnissen überschlagen mag.

Die klassische Biologie ist damit befaßt, Körperbau und Physiologie der Arten, also auch der Art ›homo sapiens‹, zu vergleichen. Erst in den letzten Jahrzehnten wurde auch das Verhalten der Tiere systematisch erforscht und zwischen den Arten verglichen (TINBERGEN, UEXKÜLL, LORENZ, EIBL-EIBESFELDT, WICKLER). Für alle Tiergattungen gilt das Prinzip der identischen Reproduktion. Die Nachkommen sind ihren Eltern in Form und Funktion so ähnlich, daß kein Zweifel über die Zugehörigkeit zu der gleichen Art aufkommen kann. Soweit es die Form der Tiere betrifft, ist das selbstverständlich. Für das Verhalten hat sich die Erkenntnis der identischen Reproduktion von festgelegten Verhaltensprogrammen erst in jüngster Zeit durchgesetzt. Gerade beim Menschen erleben wir, daß das Verhalten von den Umwelteinflüssen stärker beeinflußt wird als von möglichen genetischen Strukturen. Gerade der Mensch scheint auch die Möglichkeit zu haben, seinen Verhaltensspielraum durch Lernen zu erweitern und zu verändern.

Deutlicher können wir fertig vererbte Verhaltensmuster bei Tieren beobachten: Das Hühnerküken pickt gleich nach dem Ausschlüpfen nach Nahrung und flüchtet vor dem Feind zur Glucke. Solches Verhalten oder solche Verhaltensabläufe nennen wir ›instinktiv‹. Sie laufen bei bestimmten Außenreizen automatisch ab, ohne daß das Tier ›Einsicht‹ in die Situation hätte. Die Effizienz der entsprechend vorprogrammierten Verhaltensabläufe ist allerdings nur dann gesichert, wenn das Tier für die verschiedenen Instinktbewegungen Klassen von Situationen unterscheiden kann, in denen sie angebracht sind.

So wäre es nicht sehr arterhaltend, wenn das instinktive Verhalten gegen den Freßfeind auch beim Balzspiel ausgelöst würde. Für das Instinktverhalten muß es in der Umwelt des Tieres unverwechselbare ›Schlüsselreize‹ geben.

Es wäre zu einfach, die Auslösung eines Verhaltens als automatengleichen Vorgang zu sehen: Für die Initiierung einer bestimmten Instinkthandlung ist es vielmehr erforderlich, daß das Tier die entsprechende ›Stimmung‹ hat. Je länger das Instinktverhalten nicht ausgereizt wurde, um so mehr lädt sich die Instinktbatterie (LORENZ, 1966) auf und um so leichter läßt sich das instinktive Verhalten auslösen.

Dem auslösenden Reiz in der Umwelt entspricht im Nervensystem des Tieres ein ›angeborener auslösender Mechanismus‹ (AAM), der auf Umweltmerkmale anspricht, die das Verhalten erfordern, und der das entsprechende Verhaltensprogramm auslöst.

Damit instinktive Verhaltensweisen nicht leerlaufen, also ausgelöst werden, wenn eine relevante Umweltsituation gar nicht vorliegt, müssen die Auslöser, die Umweltreize, auf die der AAM anspricht, möglichst eindeutig und möglichst leicht unterscheidbar/erkennbar sein. Tatsächlich werden bei vielen Organismen Instinkhandlungen durch relativ einfache, aber deutliche Reize ausgelöst, die für bestimmte Situationen besonders kennzeichnend sind, so daß die Fehlerquote, das heißt ein fälschliches Vollziehen der Instinkthandlung, sehr gering ist.

Ein Beispiel: Die Zecke sticht einmal in ihrem Leben einen Warmblüter, legt im Wirtsorganismus ihre Eier ab und stirbt dann. Sie hätte keine Gelegenheit, diesen in ihrem Leben einmaligen Vorgang zu erlernen. Nun besitzt sie aber einen angeborenen Erkennungsmechanismus, mit dessen Hilfe sie Warmblüter zu identifizieren vermag. Beim Geruch von Buttersäure, wie er von der Haut der Warmblüter ausgeht, läßt sie sich von Halmen oder Zweigen, auf denen sie lebt, fallen. Dieser Vorgang läuft automatisch ab. Auch wenn man einen Lappen, der mit Buttersäure getränkt ist, an dem Halm vorbeibewegt, läßt sie sich fallen, sticht aber nicht zu, weil diese Komponente des Verhaltensablaufes durch einen neuen Reiz ausgelöst werden müßte: durch die Wärme des Körpers. Hier ist also ein weiterer auslösender Mechanismus vorhanden, für den es wiederum einen Schlüsselreiz gibt. ›Angeborenes Wissen‹ solcher Art findet man nicht nur bei primitiv organisierten Tieren wie der Zecke, sondern auch bei höher organisierten Wirbeltieren: Katzen, die keine Erfahrung mit abschüssigen Hängen haben, machen vor einer simulierten Klippe halt und überqueren auch keinen Abgrund, über den eine Glasplatte gedeckt ist. Die Kenntnis der typischen Art des Linienverlaufes, der einen Abhang signalisiert, ist Katzen und – wie sich zeigen läßt – auch Kleinkindern angeboren, eingeprägt und wird ohne entsprechende Erfahrung erkannt (GIBSON und WALK, 1975).

Gerade menschliches Verhalten beeindruckt durch seine Variabilität und nicht durch starre Abläufe, wie sie im Verhalten einfach organisierter Tiere zu finden sind. Entsprechend versteht sich der Mensch eher als ein Wesen von kalkulierender Vernunft. Dennoch ist es so, daß auch im Menschen viele instinktive Verhaltensabläufe vorprogrammiert sind (EIBL-EIBESFELDT, 1973), die allerdings durch Lernen modifiziert bzw. auch gänzlich abtrainiert werden können. Bis heute sind solche instinktiven Verhaltensweisen nur wenig erforscht, sei es, weil die Fragestellung sehr neu ist, sei es, weil Menschen sich durch Vernunft, Eigenwillen und Freiheit des Handelns definiert sehen.

Es können Verhaltensbereiche benannt werden, in denen instinktives Verhalten auch beim Menschen zu erwarten ist. Es sind dies die biologisch wichtigen Bereiche des innerartlichen Aggressions- und Bindungsverhaltens, der Aufzucht der Jungen und der Sexualität bzw. der Partnerwahl. Hier sind wahrscheinlich Instinktinstrumente und dazugehörige Auslösemechanismen nachzuweisen, eine angeborene Kenntnis bestimmter Reizsituationen, deren Bedeutung für die künstlerische Gestaltung bis heute nur von wenigen Autoren hervorgehoben wird (KÖNIG, 1975; EIBL-EIBESFELDT, 1973).

Findet der darstellende Künstler die Elemente des AAMs, so ist er der Gefühle des Betrachters gewiß. Je näher die Darstellung dem auslösenden Muster (und das braucht nur aus einigen Reizelementen der natürlichen Situation zu bestehen) kommt, desto größer ist die Wirkung des Bildes. Beginnen wir die Untersuchung bei der innerartlichen Aggression. Gibt es einen ›Ausdruck‹, allgemeiner: eine Reizsituation, die von Menschen unmittelbar verstanden wird und die aggressive Stimmung des Partners anzeigt? Sollten wir einen solchen typischen Ausdruck benennen können, so ist weiter zu prüfen, ob in künstlerischen Darstellungen, die aggressive Stimmungen wiedergeben sollen, eine entsprechende Mimik verwirklicht wird.

Signale der Aggression (Feindschemata)

Eine Beobachtung, die SACKETT (nach EIBL-EIBESFELDT, 1973) an Affen machte, kann einiges über mimischen Ausdruck und auch über die Funktion von Abbildungen im allgemeinen aussagen. Einzeln aufgezogene Äffchen erhielten die Gelegenheit, auf einen Knopfdruck hin Dia-Projektionen zu betrachten. Am meisten ›Nachfrage‹ fanden Bilder, die Affen darstellten. Zunächst, bis zu einem Lebensalter von zweieinhalb Monaten, war es den Rhesusäffchen gleich, ob auf den Bildern entspannte oder wütende Tiere abgebildet waren; auf alle Abbildungen reagierten sie mit Lauten der Annäherung. Danach begannen sie zu erschrekken, wenn ein wütend erregter Artgenosse gezeigt wurde.

Sie hatten sicher nicht lernen können, wie ein wütender Affe aussieht, sie hatten niemals gelernt, welcher Gesichtsausdruck mit der Stimmung Wut verbunden ist, und konnten auch nie einen Spiegel benutzen. In diesem Fall muß das angeborene Ausdrucksverstehen entwickelt worden sein.

Wahrscheinlich gibt es auch beim Menschen ein angeborenes Ausdrucksverstehen. Unabhängig von sehr unterschiedlichen Umwelten ist in allen berichteten menschlichen Kulturen die Mimik des Lachens und die Mimik des wütenden Starrens dokumentiert, die immer im gleichen Sinne verstanden wird. Diese Mi-

1 Herausgezeichnete Helligkeitskonturen einer Fotografie

2   M. C. Escher, Acht Köpfe. 1922

und 4   Architekturelemente
der Renaissance
(oben) und des
Barock (unten)

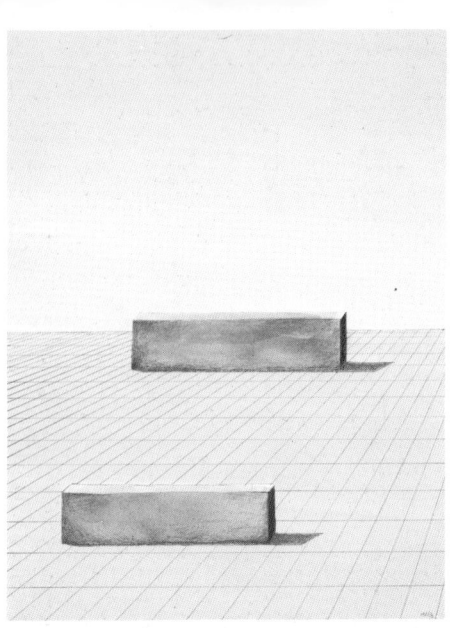

5 Demonstration der
Größenkonstanz. Der
hintere und der vordere
Balken sind gleich lang

6 Maurice de Vlaminck,
Stilleben mit Früchten.
1911

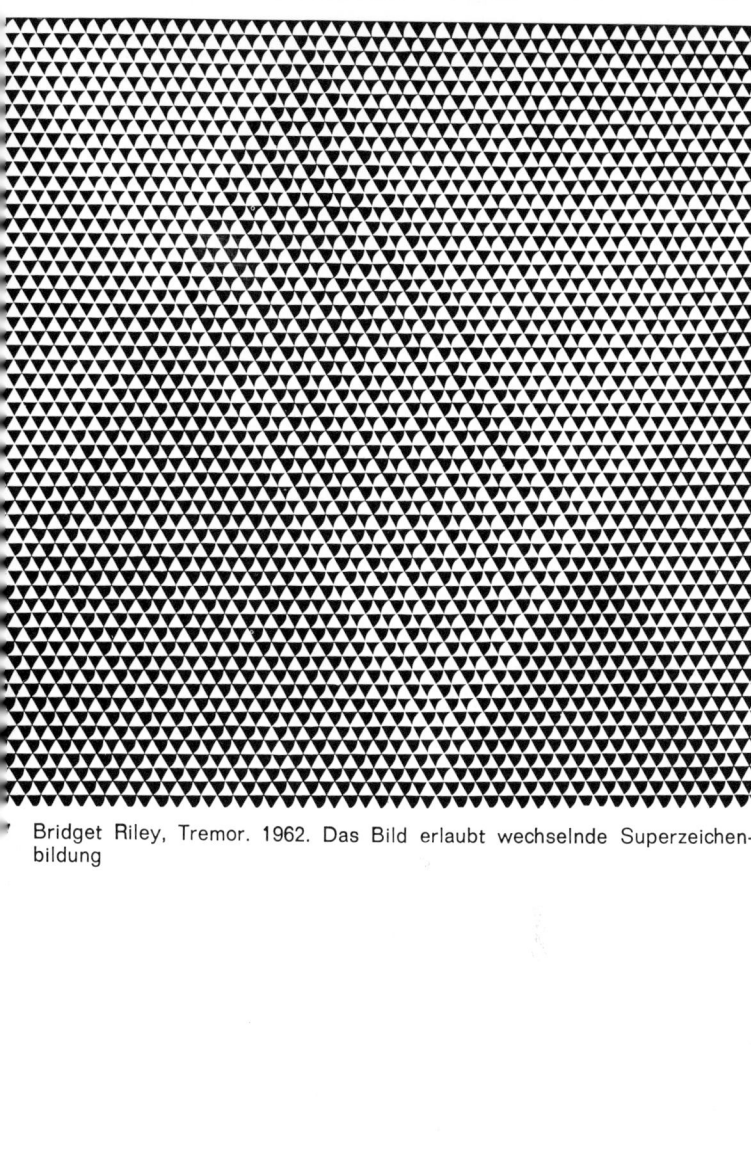

Bridget Riley, Tremor. 1962. Das Bild erlaubt wechselnde Superzeichenbildung

8 Hypothetische Bewegungsabfolge des Moses (nach Freud)

9   Michelangelo, Moses. Ab 1513

10   Vincent van Gogh, Gauguins Stuhl. 1888

11 Vincent van Gogh, Vincents Stuhl. 1888/89

13   Meister der Georgslegende, Tafel des Sankt Georgs-Altars. Um 1460–1470

12   Sandro Botticelli, Die Geburt der Venus. 1485/86

14 Unbekannter
Meister, Himm-
lische Jagd
(Ausschnitt).
15.-16. Jahrhun-
dert

15 Mandala

16   Bernard Pawel Woschek, Anthropomorphose. 1977

17   A. Ikele-Matiba, Baumanthropomorphose. 1976

18 Henri Rousseau, Urwaldlandschaft mit untergehender Sonne – Neger, von einem Jaguar angefallen. Um 1909

19 Adolf Wölfli, Die göttliche Weisheit und Allmacht im Zenit. 1904

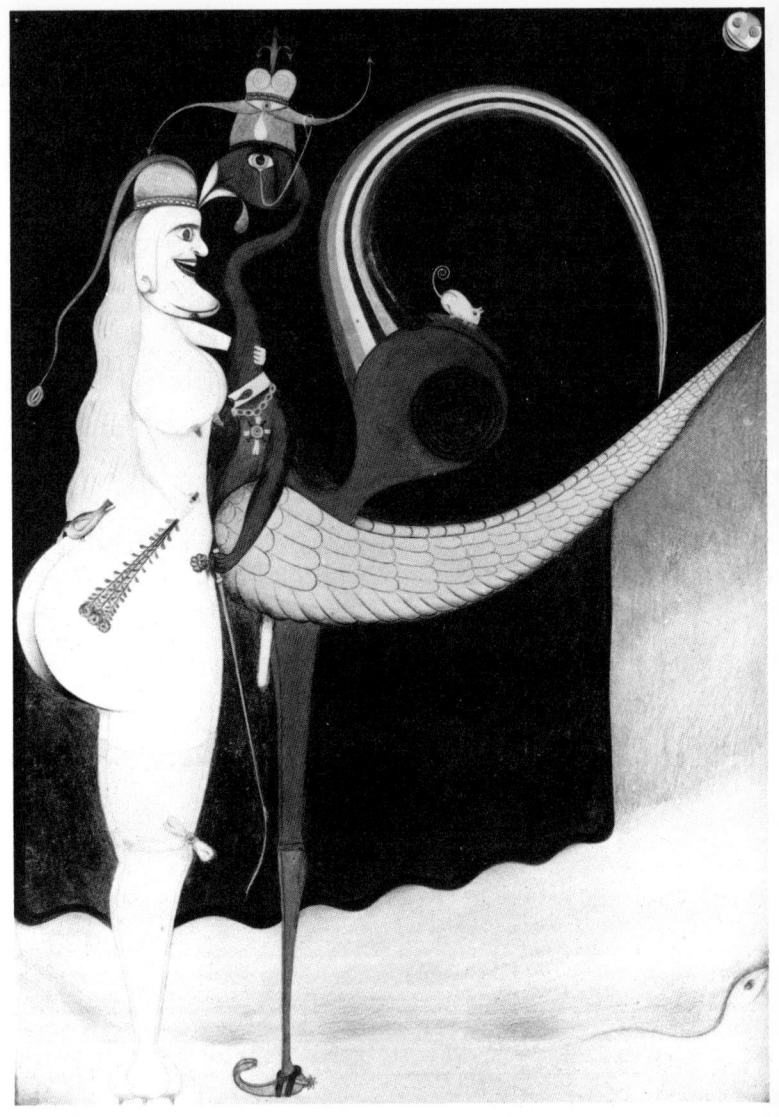

20 Friedrich Schröder-Sonnenstern, Meta-Physik mit dem Hahn. Der Präsident
des Mondstandesdünkelamts als Brautwerber. 1952

21 Ivar Arosenius, Arche Noah. 1902

22 Charles Lock Eastlake, Der Champion. 1824

23 Masken mit der Mimik des Drohstarrens

24 Utagawa Kuniyoshi, Abbildung aus der Serie der Helden des japanischen Volkes. Künstlerische Verwirklichung des Drohstarrens

25 Stephan Lochner, Das Jüngste Gericht (Ausschnitt). Um 1435

26 Trivialkunst, wie sie von Straßenhändlern angeboten wird. Die Merkmale
des Kindchenschemas sind stark herausgearbeitet

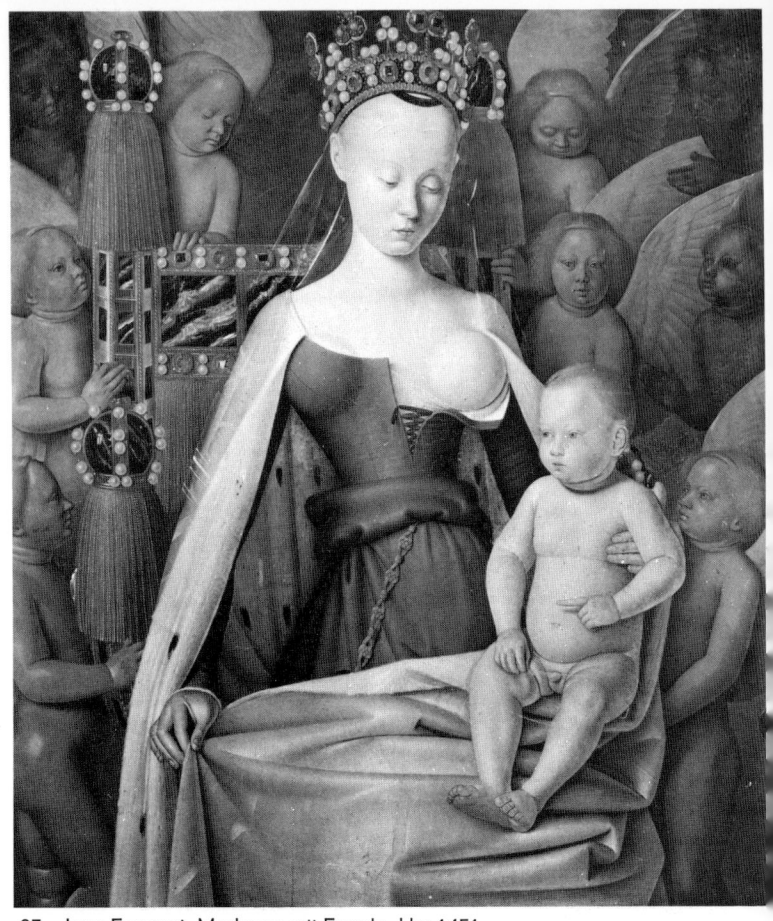

27   Jean Fouquet, Madonna mit Engeln. Um 1451

28　Lucas Cranach d. Ä., Maria mit Kind und Traube

29 Paul Delvaux,
Die Wald-
nymphen. 1966

30 Indische Statue
einer tanzenden
Frau

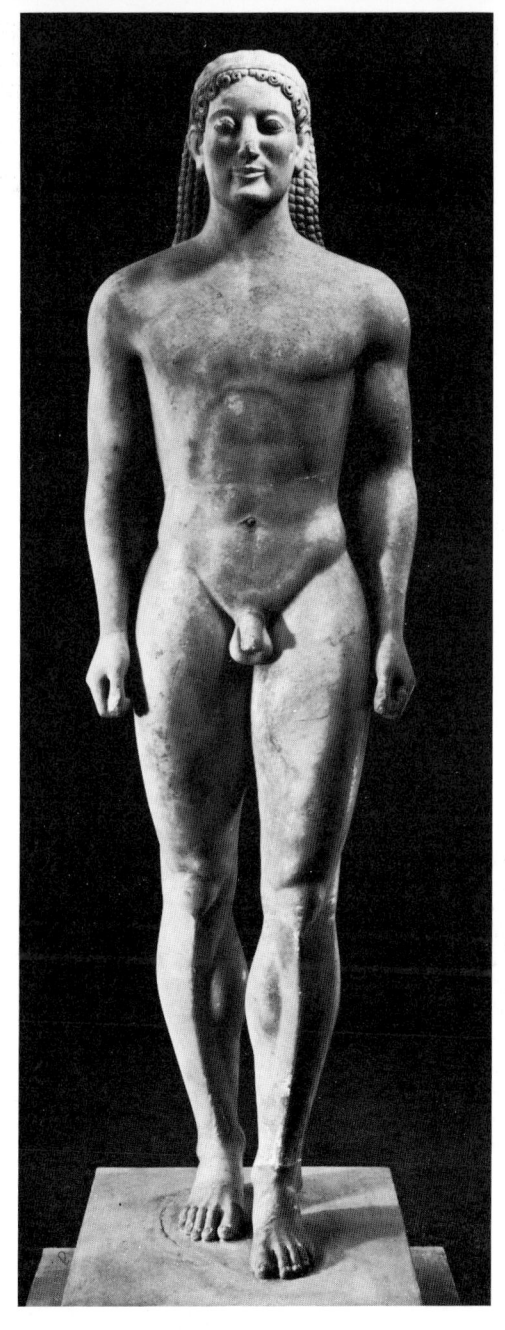

31   Kouros. Um 530–520
     v. Chr.

32   Ägyptische Statue einer Frau. Um 2000 v. Chr.

33 Römische Skulpturen

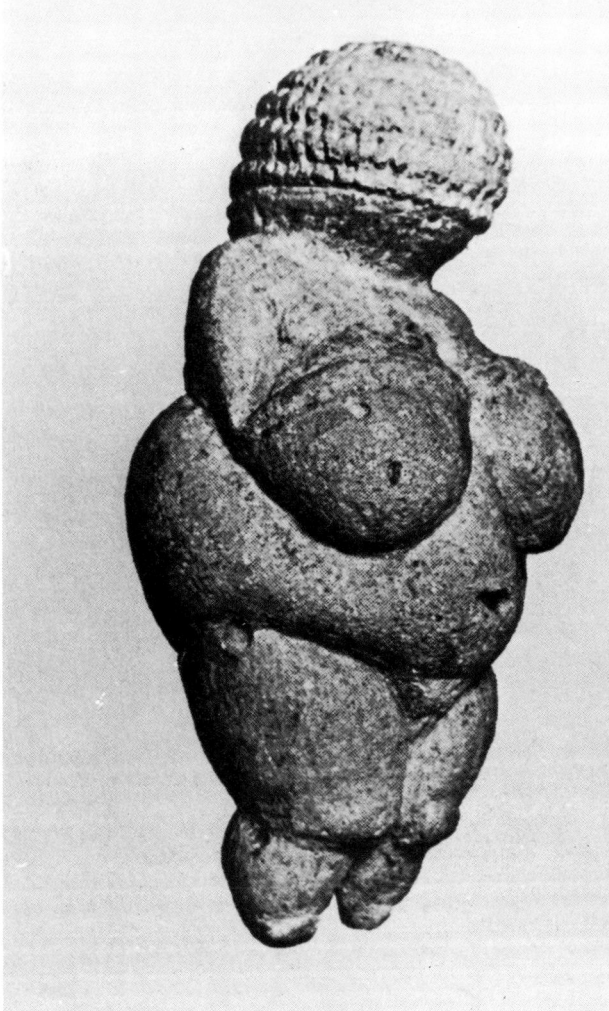

34   ›Venus von Willendorf‹. Paläolithikum

85   Aubrey Beardsley, Komödien-Ballett der Marionetten. 1894

36 Physiognomie von Adler und Kamel. Sie wirkt auf den menschlichen Betrachter hochmütig bzw. kühn

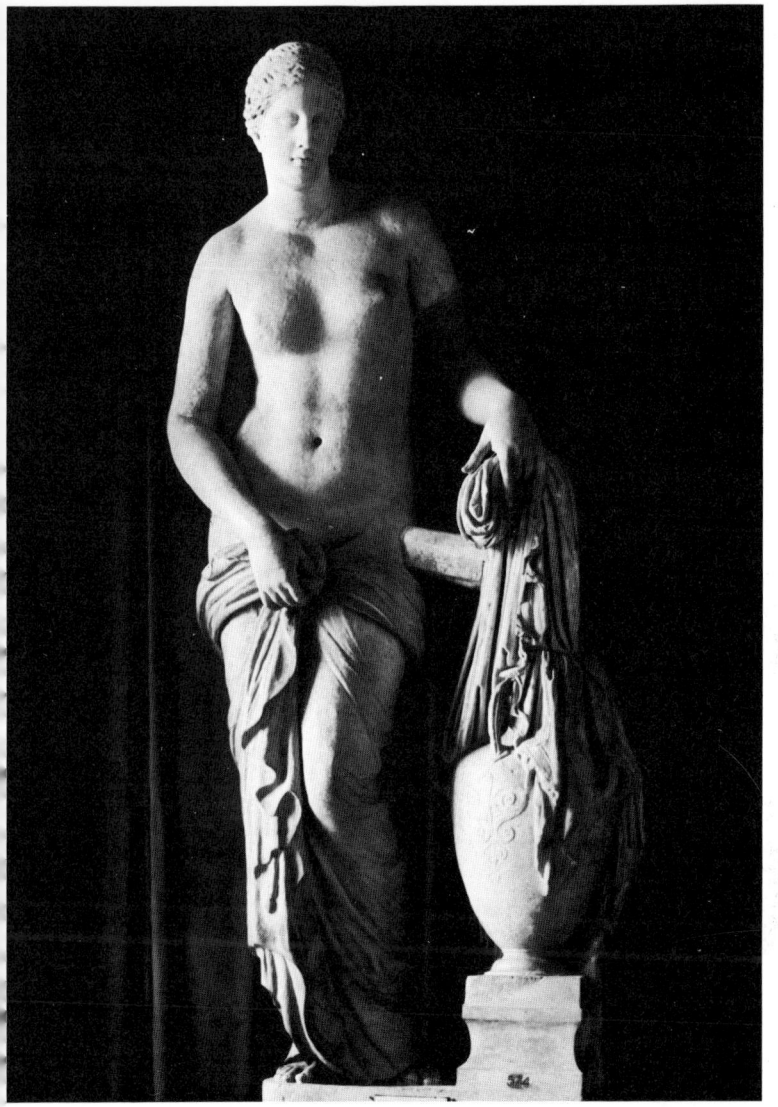

37   Knidische Aphrodite. Mitte 4. Jahrhundert v. Chr. (Kopie nach Praxiteles)

38   Hermes. Um 330–320 v. Chr. (Kopie nach Praxiteles)

39 Porträt einer deutschen Touristin von einem Maler auf der Piazza Navona in Rom

40 Foto der porträtierten Touristin

41   Spiegelsaal einer persischen Moschee

17 Strichzeichnungen von Gesichtern. Die Veränderung einiger Ge-
sichtselemente wirkt auf den Betrachter als unterschiedliche
Stimmung

mik kann man auch bei taubblind geborenen Kindern nachweisen, denen jede Lerngelegenheit fehlte (EIBL-EIBESFELDT, 1973).
Das Schema des Ausdrucksverstehens scheint so grundlegend und
stark zu sein, daß wir noch in vielen nicht belebten Dingen (Wolken, Räume, Landschaften) solche Ausdrücke zu erkennen glauben (vgl. auch die Bemerkungen über Physiognomisierung im
Kap. 4 – *Psychoanalyse*). An Strichzeichnungen und Bildern
(vgl. Textabb. 17, Abb. 21) wird deutlich, daß das angeborene
Schema nur wenige Elemente benötigt, um einzuklinken.

Mit dem gleichen Schema beurteilen wir den Ausdruck und
dann entsprechend die Stimmung von Tieren, Menschen und
unbelebten Gegenständen. Das führt zu typischen Mißverständ-
nissen: Ein wütender Eber sieht mit seinem breitgezogenen Mund
aus, als ob er lache. In Wirklichkeit ist er angriffsbereit und würde
eine freundliche Annäherung als Kampfaufnahme verstehen.

Was können wir aus dem berichteten Versuch mit den Rhesusaffen über die Funktion der Abbildung lernen?

Das Äffchen erschrickt angesichts des wütenden Affen bzw. nähert sich anderen Bildern, als handele es sich um wirkliche Artgenossen: Das Bild ist ein Stück Wirklichkeit für das Tier. Auch bei Menschen können Abbildungen Reaktionen hervorrufen, die dem Abgebildeten zukommen, wenngleich diese Reaktionen sicher schwächer sind, etwa das Erschrecken vor der Film-Figur King Kong, abgebildeten Schlangen o. ä.

Beim mimischen Ausdruck kommt den Augen und den Augenbrauen eine besondere Bedeutung zu. Durch Augenstellung und -öffnung werden Gefühle und interpersonale Einstellungen wie durch kein anderes Sinnesorgan ausgedrückt. Vielfältig und stimmungstypisch sind Augenbeschreibungen: Wir finden glänzende, trübe, aufgerissene, strahlende oder verdeckte Augen in vielen literarischen Schilderungen. Mit einer Augenkamera kann man feststellen, welche Zone eines Abbildes oder einer Filmszene am längsten betrachtet wird. Ein Foto eines menschlichen Gesichtes zieht die Hauptaufmerksamkeit auf die Augenpartie, während die statischen Zonen des Gesichtes nur einmal oder zweimal abgetastet werden.

Es entspricht der Wichtigkeit der Augen für die menschliche Kommunikation, wenn FEININGER in seiner Fotolehre fordert, die Augenpartie eines Porträts müsse auf jeden Fall scharf sein. Unschärfen an anderen Stellen eines Gesichtes erscheinen dagegen weniger schwerwiegend. Unscharf abgebildete Augen würden den Betrachter im unklaren über signalisierte Einstellungen lassen, würden ihn der betrachteten Person gegenüber in gewisser Weise blind machen.

Eine oft beschriebene und experimentell gesicherte Verhaltensweise ist das Drohstarren oder Fixieren. Der Blick wird lange und unverwandt auf eine andere Person gerichtet. In allen Kulturen gilt es als unhöflich bzw. ungewöhnlich, einer fremden Person zu lange in die Augen zu blicken (Ausnahmen bei der Partnerwerbung werden im folgenden aufgegriffen).

EIBL-EIBESFELDT (1973, S. 125) gibt eine Beschreibung des Drohstarrens, das er bei europäischen und bei Buschmannkindern beobachtet hat: »Wenn ein Kind ein anderes bedroht, dann bilden sich auf seiner Stirn oft senkrechte Falten, es beißt die Zähne zusammen und zeigt sie oft, indem es die Lippen zurückzieht. Gleichzeitig starrt das drohende Kind den Gegner an. (...) Der andere erwidert das Drohgehabe auf ähnliche Weise, und es kommt zu einem Drohstarren, bei dem die Gegner sich regungslos gegenüberstehen und sich fixieren. (...) Ich habe bis auf Einzelheiten gleiche Auseinandersetzungen in anderen Kulturen, u. a. auch bei uns in Mitteleuropa, beobachtet.«

In einem populärwissenschaftlichen Buch über die Körpersprache (FAST, 1971, S. 226) wird für den amerikanischen Kulturkreis das gleiche Verhalten sehr ähnlich beschrieben: »Wenn wir einen Menschen erniedrigen wollen, tun wir es, indem wir ihn länger anstarren, als die konventionelle Höflichkeit es noch zuläßt. Anstatt unseren Blick abzuwenden, nachdem wir ihm direkt ins Gesicht gesehen haben, starren wir ihn weiter an.«

Die Abbildungen 22, 23, 24 stellen die drohende Mimik im Foto und in künstlerischen Darstellungen vor. Besonders auf dem japanischen Farbholzschnitt ist die Wutmimik mit der von EIBL-EIBESFELDT beschriebenen identisch. Von der Ausarbeitung des drohenden Blickes bzw. des aufgerissenen Auges wird bevorzugt dort Gebrauch gemacht, wo die Darstellung mythische Wächterfunktionen hat (Abb. 24). Auch in Comics werden Stimmungen ohne Texterläuterung durch deutliche Ausarbeitung entsprechender Bildelemente vermittelt.

Otto KÖNIG (1975) hat über die kulturelle Verwendung von Augendarstellungen ein umfangreiches Material zusammengetragen. Als Verhaltenswissenschaftler versteht er es darzulegen, daß Augen der sicherste Signalgeber für ein Tier sind und somit in einer natürlichen Welt immer ein Alarmzeichen von besonderer Wichtigkeit. Die Frontdarstellung vieler Tiere, die bei einem nahenden Beißangriff zu sehen wäre, weist meist ein Augenpaar auf, das, wie KÖNIG zeigt, die Wirkung des Einzelauges übertrifft.

Entwicklungspsychologen (FANTZ, 1961; PAPOUSSEK, 1977) konnten die besondere Eindringlichkeit von Augendarstellungen experimentell demonstrieren: Kleine Kinder blicken besonders

lange auf augenähnliche Figuren und suchen auch in der natürlichen Umgebung den Augenkontakt. Die Rückleuchten mancher
Kraftfahrzeuge wurde nach wissenschaftlichen Tests augenförmig/
rund gestaltet. KÖNIG arbeitet besonders die beim Angeblickt-
werden empfundene Bedrohung heraus – eine Bedrohung, die sich
in den Mythologien der Völker als Glaube an den bösen Blick
ausdrückt oder an Blicke, die neidvoll sind und daher Unglück
bringen. Dem tief in angeborenen Schemata verwurzelten Empfinden einer Bedrohung durch Blicke (vor der man die orientali-
schen Frauen verschleiert) setzen die Kulturen ihrerseits wieder
Abwehrblicke oder Augenamulette (vgl. Farbabb. 4) entgegen,
die in vielfacher künstlerischer Ausgestaltung magischen Schutz
bieten. So die ›Augenflecken‹ des persischen Königsmantels oder
Augenpaare auf türkischen Amuletten, aber auch im gekreuzten
Pferdekopf deutscher Bauerngehöfte oder im Kopf des Bischofs-
stabes.

KÖNIG (1975, S. 224) schreibt: »Auf diese elementar-mensch-
lichen Denkweisen zurückgeführt, stehen die beiden Faustkämpfer
von Thera, so merkwürdig dies auch klingen mag, in einem
funktionalen Homologieverhältnis zum österreichischen k.u.k.
Doppeladler, zu den in Südosteuropa und Vorderasien zur
Blickabwehr paarweise aufgehängten keramischen Mohrenköpfen
oder was man sonst noch aus der überreichen Fülle entsprechender Erscheinungsformen herausgreifen möchte.« Der im Zitat
erwähnte Mohr – das sei ergänzt – ist für die Blickabwehr besonders geeignet, weil auf dem dunklen Hintergrund seiner
Hautfarbe das Augenweiß stark kontrastiert wird.

Gilt dieser Erklärungsansatz ausschließlich für Gegenstände
der Volkstumskunde, oder lassen sich auch künstlerische Gestaltungen auf Blickabwehrmotive zurückführen?

Die Antwort ist in der oben angeführten Passage zum Teil
schon gegeben. Auch Statuen neben dem Portal blicken dem
Besucher ins Gesicht. Gerade Kunstwerke der Vorgeschichte und
der frühen Geschichte der Menschheit hatten nahezu stets auch
magische Funktionen. Über dem Haupt der ägyptischen Pharao-
nen ist immer ein Spiegel und eine Brillenschlange dargestellt:
der Spiegel, weil er – wie auch die Spiegelplättchen der türki-

schen und pakistanischen Tracht – den bösen Blick reflektiert (vgl. Abb. 41), die Brillenschlange aufgrund der charakteristischen innerartlichen Augenmimikry, die den feindlichen Blick erwidert. Der doppelköpfige Janus, der von jeder Seite, von der man ihn betrachtet, wenigstens ein Augenpaar darbietet, wurde als Wächter des Hauses verwendet, wie auch andere mythologische Wächterfiguren, z. B. der vieräugige Höllenhund Zerberus, durch ihre hohe Augenzahl beeindrucken (vgl. Abb. 25).

Der kunstvoll gestaltete geflügelte Löwe wird von KÖNIG als abgewandelte Augendarstellung interpretiert. Kostbare und verletzliche Stellen des Körpers sind mit Abwehraugen ausgestattet, so die Gelenke. Die Augenform geht dann in die Flügelform über. An keinem der sogenannten Geisterabweiser gotischer Kathedralen fehlt das Augenpaar. Schließlich lassen sich auch in modernen Kunstwerken eine Unzahl von Augenmotiven nachweisen. Allerdings fällt es hier schwer, die funktionale Beziehung zum Abwehrauge festzustellen, und es wäre zu prüfen, an welchem Platz der jeweilige Besitzer die Augendarstellung wirksam werden läßt, ob er einen ›Abwehrzauber‹ einsetzt, ohne es zu wissen.

In der Werbung werden Augen oft als Blickfang verwendet, der die Aufmerksamkeit auf sich zieht. Ruft man sich ihre ›natürliche‹ Bedeutung für den in der Savanne lebenden Menschen ins Gedächtnis, wird plausibel, wie stark die Wirkung ist.

Das Drohstarren und die Abwehrrituale waren Beispiele aus dem Bereich der innerartlichen Mimik. Das Tief-in-die-Augen-Sehen in der Liebe oder das Fest-in-die-Augen-Blicken bei Freundschaften vollzieht sich nun ebenfalls mit einem langen Blicktausch, doch sind die Augen hier eher halb geöffnet und auf keinen Fall aufgerissen wie beim Drohstarren. EIBL-EIBESFELDT (1973) führte für den flüchtigen Augenkontakt die Bezeichnung ›Augengruß‹ ein (ein kurzer Blickwechsel mit schnellem Hochziehen der Braue und folgendem Blickniederschlag).

Die Beziehungen zwischen Menschen werden von den beschriebenen nonverbalen Signalen begleitet, ohne daß diese in jedem Fall bewußt würden. Wir geben nonverbale Signale und reagieren oft spontan und unreflektiert, manchmal freilich auch bewußt und gezielt.

Das ›Kindchenschema‹

In Märchen und Sagen, gelegentlich auch in Zeitungsberichten, liest man von Tieren, die Menschensäuglinge aufgenommen und nach ihrer Weise aufgezogen haben. Das Überleben der Säuglinge wäre z. B. bei Wölfen allerdings nicht lange gewährleistet (anders als in der Sage von Romulus und Remus), weil Wölfe wie Hunde ihre Jungen an einer Hautfalte im Nacken transportieren. Menschenkinder würden hierbei lebensgefährliche Verletzungen erleiden. Nun wollen wir uns nicht dem Problem zuwenden, ob ›Wolfskinder‹ überleben können oder nicht; zu erklären bleibt, warum Wölfe Kinder nicht so angreifen wie erwachsene Menschen. Irgend etwas an dem Baby muß auf die tierischen Instinkte wirken, auf den angeborenen Mechanismus, der das Brutpflegeverhalten kontrolliert. Die Auslösereize gelten nicht nur der Art ›homo sapiens‹, sondern vermutlich auch für verschiedene Tiere (vgl. Textabb. 18). Umgekehrt reagieren im Zoo Menschen mit großer Freude und deutlichen Signalen von Zärtlichkeit auf kleine Löwen oder Bären. Zu manchen Stunden dürfen die jungen Tiere gestreichelt werden, was sicher einem Bedürfnis der Besucher entgegenkommt. Die Menschen erkennen in den kleinen Raubtieren eben auch das Babyhafte, das Pflegebedürftige. Was ist das aber, was Löwen und Menschenkinder gemeinsam ist und das eine bestimmte zärtliche Stimmung auslöst?

Der Nobelpreisträger Konrad LORENZ ist der Entdecker einer Merkmalsgruppe, die Brutpflegereaktionen hervorruft. Den entsprechenden angeborenen Auslösemechanismus nannte er ›Kindchenschema‹ (1943). Textabbildung 18 zeigt Kindchenmerkmale bei verschiedenen Arten: Der Kopf ist im Vergleich zum Rumpf groß, die Stirn nimmt einen großen Teil des Vorderkopfes ein, das Gesicht ist im Verhältnis zur erwachsenen Form kleiner. Die Augen sind relativ groß, die Nase ist klein und rundlich. Die Extremitäten sind kurz und haben kurze, tolpatschige Finger oder Zehen.

Natürlich verwundert es nicht, besonders bei Gegenständen, die an die Pflegeinstinkte appellieren, die exakte Verwirklichung des Kindchenschemas zu finden, so z. B. bei Puppen und Stoff-

18　Kindchenschema bei Mensch und Tier

tieren. Aber auch in der ›Kaufhauskunst‹ finden sich Darstellungen, die das Kindchenschema treffen und bei dem Käufer die
Empfindung ›niedlich‹ hervorrufen (vgl. Abb. 26). Die Maler
der Bilder nutzen den angeborenen Mechanismus und verwirk-

lichen seine wesentlichen Merkmale, ohne daß die Herstellung der Bilder sonst große bildnerische Fertigkeiten erkennen ließe.

Zunächst mag es überraschen, in Kirchen eine besonders große Zahl von Kinderdarstellungen anzutreffen (Maria mit dem Kinde, Themenkreis Engel/Putte), doch fügt sich die Emotion, die durch diese Bilder oder Plastiken hervorgerufen wird, besonders gut in einen Rahmen, in dem Aggression gehemmt und Zuneigung und Fürsorge gefördert werden sollen.

In älteren Darstellungen von Mutter und Kind wirkt der Jesusknabe allerdings oft wie ein kleiner Erwachsener. Das mag zwei Gründe haben. Zum ersten widersprach es der Gottesauffassung einiger Zeitalter, den Herrscher der Welt als unvollkommenes Kind darzustellen, zum zweiten müssen Künstler eine gewisse Zeit des Experimentierens und des Entdeckens von Darstellungsmitteln überblicken können, um Ähnlichkeit herzustellen oder die entsprechenden Auslösereize zu treffen (GOMBRICH, 1967). Die Abbildungen 27 und 28 zeigen zwei Madonnendarstellungen, in denen der Jesusknabe als ›Kindchen‹ erscheint.

Auch in anderem Zusammenhang wird die aggressionsmindernde Kraft der Merkmale von Kindern ausgenutzt: Wenn fremde oder verfeindete Stämme sich versöhnen wollen, schicken sie ihre Kinder vor, und der Staatsgast wird oft von einem Kind begrüßt, das einen Blumenstrauß überreicht (EIBL-EIBESFELDT).

Nicht nur im abendländischen Kulturkreis lassen sich im übrigen die Elemente des Kindchenschemas nachweisen, wenngleich Kinderdarstellungen in asiatischen oder afrikanischen Kunstwerken selten sind. Die Wächterdrachen vor den verbotenen Palästen in Peking (ähnliche im Vatikanischen Museum) mit ihren rundlichen Pranken, kurzen Gliedmaßen, großen Augen und der kleinen Nase wirken weniger furchterregend als niedlich. Abschreckende Wächterfiguren würden die harmonische Schönheit der Palastanlage stören. Die Kombination von Wächterdrache und Kindchenschema drückt gewaltige Kraft aus, ohne bedrohlich zu sein.

Das Partnerschema

In Werbung und Gebrauchsgrafik wird oft versucht, die Aufmerksamkeit des Konsumenten durch die Reize des Partnerschemas zu gewinnen.

Daß der weibliche Körper auf den Mann reizauslösend wirkt, ist keine überraschende Mitteilung. Anders als beim Kindchenschema oder beim Feindschema sind die Merkmale des Partnerschemas gut bekannt und werden von Mode und Kosmetik unterstrichen. Für Frauen, die die Aufmerksamkeit eines Mannes erregen wollen, gibt es einen Kanon von Maßnahmen, der bei der Betonung des Lippen- und Wangenrotes anfängt und über die Hervorhebung der Busen- und Gesäßrundungen fortschreitet.

In verschiedenen Aktdarstellungen gelingt es, die Wirkung des natürlichen Auslösers noch zu übertreffen: etwa durch Darstellung des auf der Seite liegenden Aktes, wobei die Taille-Becken-Differenz verstärkt wird (vgl. Farbtafel 6), oder die Gruppierung mehrerer Akte, bei denen auslösende Komponenten von Front- und Rückansicht verbunden werden. Künstlerische Verwirklichungen bieten Farbtafel 8 und Abbildung 29.

Das Partnerschema, das die Frau vom Manne in sich trägt, ist sicher weniger explizit (KNUSSMANN, 1965), möglicherweise weil die Partnerwahl in der Mehrzahl der menschlichen Gemeinschaften vom Mann ausging. Es ist durch lange kräftige Arme an breiten muskulösen Schultern, eine muskulöse Brust, schmale Hüften und relativ schlanke Beine zu kennzeichnen. Allerdings scheint dieses Partnerbild bei der Frau bei weitem nicht so starr und verhaltensrelevant zu sein wie das Partnerbild des Mannes – auf jeden Fall werden Frauenzeitschriften nicht mit ›Idealmännern‹ dekoriert.

Als wesentliches Merkmal stellt sich lediglich die Körpergröße heraus. Vierzehnjährige Mädchen bekundeten bei einer Befragung, es sei für sie das wichtigste, daß der männliche Partner größer ist als sie selbst.

Sind dies die gleichen Partnermerkmale, die Künstler anderer Kulturen und vergangener Zeiten hervorheben? Gerade bei ›auslösenden Mechanismen‹, die als angeboren gelten, müßte sich nachweisen lassen, daß von den Künstlern ein immer gleiches Schema gestaltet wurde. Die Abbildungen 30, 31, 32, 33 zeigen Plastiken von Männern und Frauen aus unterschiedlichen Regionen der Welt und aus unterschiedlichen Epochen. Die Frauendarstellungen betonen Brust, Taille und Becken und die insgesamt rundlichen Formen, während der Mann breite Schultern und schmale Hüften aufweist. Eine ebenmäßige Gestaltung des Gesichts (vgl. Abb. 33) trägt zum ästhetischen Wirksamwerden des Partnerschemas bei.

Die Schulterbreite scheint dabei nicht nur ein Reizelement des Partnerschemas zu sein, sondern auch im Dienste der innerartlichen Aggression zu stehen (LEYHAUSEN, 1972). Der Mensch konnte möglicherweise einst die Schulterhaare aufrichten, um seinen Feinden durch Größe zu imponieren. Die Haare gibt es nicht mehr, aber die Eindrucksmechanismen bestehen fort: Verschiedene Formen kriegerischen Schmuckes belegen, daß man noch immer eine Betonung der Schulterbreite anstrebt (Textabb. 19).

Strichzeichnungen in Toiletten und an Wänden (Graffiti) setzen Reizelemente des Partnerschemas ins Bild. Einige ungeübte Rundungen reichen bereits aus, um das weibliche Partnerschema erkennen zu lassen. Comics (z. B. ›Barbarella‹) handeln von ›Superweibchen‹ und ›Supermännern‹, die vom Leser an wenigen, zeichnerisch leicht zu verwirklichenden Kennzeichen identifiziert werden.

Über solche Reizmerkmale fließt dem Betrachter biologisch bedeutsame Information zu, die für die Gefühle unmittelbarer und insgesamt wesentlicher ist, als jede andere Information es sein kann. Das Bedürfnis nach Abbildungen wird dort besonders groß sein, wo AAMs im Spiele sind.

Auf dem Hintergrund dieser Ausführungen wird die Bedeutsamkeit der Psychologie der Auslöser für eine Psychologie der Kunst klar: Sind es besonders die abgebildeten Inhalte, die in Beziehung zu den großen Gruppen instinktiven menschlichen Verhaltens stehen?

Leider kann in dieser Frage nicht auf systematische Untersuchungen zurückgegriffen werden. Eine Auszählung und Auswertung der Bildinhalte eines kleinen Lexikons der Kunst (›Knaurs Lexikon moderner Kunst‹) hatte das überraschende

19 Militärischer Schmuck, der die Schultern betont

Ergebnis, daß in fast 50 % aller Darstellungen auslösende Merkmale vorkommen (meist solche des Partnerschemas).

Auch religiöse Abbildungen betonen Partnermerkmale, obwohl die Kirche eher als sexualfeindlich bezeichnet werden muß
(vgl. Abb. 27). Abbildungen, die Reizelemente von AAMs wiedergeben, müssen keineswegs naturalistisch sein, die Gegenstände
fotografisch genau abbilden. Bei einer Überbetonung der auslösenden Merkmale kann die Wirkung des Bildes den natürlichen
Reiz sogar noch übertreffen (Reizsummenregel). Die Kunst war nie
ganz der natürlichen Darstellung verpflichtet. Von formal-ästhetischen Gesichtspunkten mag sich ein Hängebusen von einem

apfelförmigen Busen nicht unterscheiden. Beide können schön dargestellt werden. Das auslösende Schema spricht aber offensichtlich auf einen kugelig gerundeten Busen besser an, der sich folgerichtig überall dargestellt findet.

An dieser Stelle der Abhandlung müssen erste Zweifel an einem einheitlichen Schönheitsbegriff wach werden. Was ist eine ›schöne Frauendarstellung‹? Bedeutet das Wort ›schön‹ in diesem Zusammenhang das gleiche wie im Anblick einer ›schönen‹ Landschaft oder angesichts eines abstrakten Bildes? Sicher nicht, denn bei der Frauendarstellung werden wir nur die Abbildung schön finden, die die auslösenden Merkmale wenigstens zu einem Mindestmaß trifft, nicht die Darstellung, die den Regeln von Symmetrie und Balance am ehesten entspricht. Eine Frauendarstellung ohne jeden Busen und ohne Hervorhebung des Beckens würde man ungern als schön bezeichnen. Der umgangssprachliche Begriff ›schön‹ wird offensichtlich nicht eindimensional verwendet (vgl. VALENTINE, 1962). Je nach abgebildetem Objekt gelten andere Regeln des Schönseins, und eine Landschaft wird nach ganz anderen Kriterien beurteilt als z. B. ein menschliches Gesicht.

Der These vom angeborenen Partnerschema widerspricht allerdings die Erfahrung, daß in der Folge der Epochen wie auch der Lebensjahre unterschiedliche Schönheitsideale auftauchen. Gab es nicht vor kurzer Zeit noch die ›Twiggy-Mode‹, die einen Teil der auslösenden Merkmale negierte? Und illustriert nicht die berühmte ›Venus von Willendorf‹ (vgl. Abb. 34) ein gänzlich anderes Schönheitsideal, als wir es heute, zumindest in den westlichen Ländern, kennen?

Eine Stellungnahme müßte die folgenden Argumente berücksichtigen:

– Das Schönheitsideal der Zeitalter oder der Regionen muß nicht unbedingt dem vorhandenen auslösenden Schema entsprechen. Je nach herrschender Moral oder Kultur wird man sexuelle Signale ablehnen. Wenn auch zu allen Zeiten die gleichen Merkmale von Darstellungen oder Menschen auslösend wirken, so müssen sie doch nicht zu allen Zeiten gleich geschätzt werden.

– Modetrends, die auslösende Merkmale unterdrücken, halten sich in der Regel kürzer als Trends, die sie betonen: Miniröcke blieben länger en vogue, als den Modeherstellern lieb war, und die Mode der mit Ringen gestärkten Röcke (vgl. Abb. 35) hatte über lange Zeit Bestand, weil sie wie die Mode der Wespentaille und Schnürkorsetts die Beckenbreite hervorhob.

– Schließlich ist wahrgenommene Schönheit, wie dieses Buch zu zeigen versucht, nicht ausschließlich eine Frage der objektiven Merkmale, sondern auch des subjektiven assoziativen Umfeldes einer Wahrnehmungsgegebenheit (FECHNER, 1900). So kann Leibesfülle ein Zeichen von Reichtum sein und als solches geschätzt werden.

– Einschränkend ist zu ergänzen, daß das hier Gesagte ausschließlich Formmerkmale der menschlichen Gestalt betrifft, für ›Gesichtsschönheit‹ gelten (s. o.) bereits ganz andere Prinzipien.

Für die darstellenden Künste gewinnt die nonverbale Kommunikation besondere Bedeutung, weil Stimmungen und Interaktionen nur gestisch, nonverbal ausgedrückt werden können.

Bei einigen Ausdruckselementen (z. B. Lachen, Drohstarren, Grüßen durch Augenaufschlag) konnte gezeigt werden, daß sie unmittelbar verständlich sind, ohne daß die Zuordnung von Gefühlszustand und Ausdruck erlernt werden müßte (EIBL-EIBESFELDT, 1973). Andere mimische Verhaltensweisen unterscheiden sich in verschiedenen Kulturen. Während wir zum Zeichen der Zustimmung nicken, gilt dies in der Türkei als Verneinung. So ist unser Ausdrucksverständnis sicher viel interpretationskräftiger, als es einige wenige angeborene Grundmuster des Ausdrucksverstehens erlauben würden. Auf keinen Fall ist das Ausdrucksverständnis das Ergebnis angestrengter Analysen, vielmehr vollzieht es sich unreflektiert und nahezu mühelos. Auf welche Weise können wir nun den charakteristischen Ausdruck eines Gesichtes ›verstehen‹ bzw. angenehm oder unangenehm finden, ohne daß wir die betreffende Person kennen?

Vermutlich, indem wir selber versuchen, so ein Gesicht zu machen wie die Person, die wir betrachten. Das muß nicht zu einer Bewegung führen, sondern der Versuch kann in Gedanken unternommen werden (GOMBRICH, 1972). Unser Gedächtnis für Gesichter beruht möglicherweise weniger auf der Erinnerung der Einzelmerkmale wie Augenfarbe, Nasenform usw. (was entsprechend in Polizeiberichten auch recht ungenau beschrieben wird; sogar Eheleute können oft die Augenfarbe des Partners nicht angeben) als vielmehr auf der spezifischen Bewegung, die wir machen würden, wenn wir dieses oder jenes Gesicht nachahmten. Bei dem Versuch der ›Mitbewegung‹ spüren wir, welche Stimmung zu dem fremden Gesichtsausdruck paßt, nämlich die Stimmung, die man selbst hat, wenn man so ein Gesicht ziehen würde.

Es ist denkbar, daß die Interpretation von EIBL-EIBESFELDT (1973), wonach der hochmütige Gesichtsausdruck des Kamels oder der herrschaftliche Gesichtsausdruck des Adlers auf dem Anspringen der menschlichen AAMs beruht, für das Ausdrucksverständnis differenziert werden kann (vgl. Abb. 36).

Die Alternative ist einfach, daß die mimische Bewegung, die wir machen müßten, um wie ein Kamel oder wie ein Adler auszusehen, bei uns mit der Stimmung des Hochmutes oder der Stimmung der Kühnheit verbunden wäre. Eine solche Annahme umginge die These eines ›angeborenen‹ Ausdrucksverstehens und käme mit der einfacheren Annahme eines angeborenen Ausdrucksverhaltens aus: Jeder macht an sich selbst Erfahrungen damit, welche Stimmung von welchen Ausdruckbewegungen begleitet ist. Um die Stimmung von anderen zu erkennen, versucht er, deren Ausdruck innerlich nachzuahmen.

Auf dem Hintergrund dieser Überlegung kann es nicht überraschen, daß unsere Interpretation von mimischem Ausdruck oft falsch ist, weil wir die Bewegungen und die statischen Komponenten eines Gesichtes nicht ohne weiteres, also ohne Erfahrung mit der entsprechenden Person oder gar mit dem entsprechenden Tier, voneinander unterscheiden können. Oft werden die statischen Komponenten so interpretiert, als entsprängen sie einer aktuellen Bewegung, was dazu führt, daß manche Menschen auf den ersten Blick grimmig und feindselig wirken, andere wieder generell munter und gelöst – ein Eindruck, den man möglicherweise bei näherem Kennenlernen revidieren muß.

Tatsächlich ist die Physiognomie, die Architektur des Gesichtes keine Bewegung: KLEITER (1969, S. 152): »Eine vorstehende Nase stößt nicht vor, ein zurückweichendes Kinn flieht nicht.« Die Relation von Nase, Mund und Augen im Schädel des Kameles liegt fest und ist nicht, wie im menschlichen Ausdrucksverständnis aus einem Analogieschluß zur Ausdrucksbewegung fälschlicherweise interpretiert, Ergebnis einer Bewegung.

Während wir oben die Schönheit der menschlichen Gestalt als mitbeeinflußt von angeborenen Partnerschemata definierten, ergibt sich aus diesen Bemerkungen ein neuer Ausblick auf die Schönheit von Gesichtern.

Auch der Vergleich der Kulturen und der Epochen läßt die Vermutung zu, daß die empfundene Gesichtsschönheit nur in Grenzen durch kulturelle Überformungen und Bestimmungsleistungen bedingt ist. Die abgebildeten griechischen und römischen Schönheiten (vgl. Abb. 33, 37, 38) können uns heute nach wie vor begeistern, ebenso ägyptische oder fernöstliche. Es sind in der Regel Gesichter, die uns angenehme Empathie-Erlebnisse vermitteln, die in uns Mitbewegungen provozieren, die mit angenehmen Gefühlszuständen verbunden sind.

Zurück zur künstlerischen Tätigkeit: Es ist eine Erfahrung des Anfängers der Porträtmalerei – und sei es beim Zeichnen des Lehrerporträts unter der Schulbank –, daß auch dann, wenn prägnante Elemente eines Gesichtes getroffen werden, keine rechte Ähnlichkeit entstehen will. Es wird klar, was fehlt, wenn wir die Anforderungen an einen exzellenten Porträtisten betrachten: Er soll etwas vom Wesen der gemalten Person wiedergeben, etwas, was das ungeschulte Auge im Gesicht des Dargestellten nicht klar erkannt hätte (vgl. GOMBRICH, 1972). Dem unerfahrenen Maler gelingt in der Kombination der hervorstechenden Merkmale keine Interpretation im Sinne einer Mitbewegung, während sich der geschulte Karikaturist ausschließlich auf sie konzentriert.

Eine Beobachtung soll auch hier der Veranschaulichung dienen. Auf der Piazza Navona in Rom gibt es eine Reihe von Porträtmalern, die ihr römisches Publikum erkennbar ähnlich abbilden. Porträtierte Touristen sind mit den Bildern weniger zufrieden: Sie finden sich als Römer dargestellt, deren Gesichtsausdruck der

Stimmung entspricht, die ein Römer hätte, würde er ein Gesicht machen wie der Tourist, der sich zum Porträt stellte. Der Maler gibt seine Interpretation ausgehend von dem ihm bekannten und als natürlich empfundenen Gesichtsausdruck und wird so dem Wechselspiel zwischen Mimik und Physiognomie im Gesicht des Touristen bzw. der Touristin nicht gerecht (vgl. Abb. 39, 40).

Ist es möglicherweise so, daß das schöne Gesicht im Betrachter eine ›hypothetische Mitbewegung‹ provoziert, die mit einem angenehmen Gefühlszustand verbunden ist? Mancher umgangssprachliche Ausdruck würde das nahelegen. Wir sprechen von ›verkniffenen‹ oder ›verbissenen‹ Gesichtern – die innere Mitbewegung signalisiert uns hier den Gefühlszustand der Spannung – und von einem ›offenen‹ Lachen, das durch die innere Mitbewegung als ehrlich und unverstellt interpretiert wird. Wir können nicht nur typische Gesichtsausdrücke für die Geschmacksempfindungen ›süß‹ und ›sauer‹ unterscheiden (LERSCH, 1954), wir sprechen auch von einer ›süßen‹ Frau oder von jemandem, der ›sauer‹ aussieht. Wahrgenommene Schönheit oder besser Attraktivität eines Gesichtes mag also nicht nur von Faktoren wie formaler Symmetrie oder ausgewogener Proportion abhängen, sondern auch davon, ob die provozierte hypothetische Mitbewegung eher die ›süße‹ oder eher die ›sauere‹ Empfindung mitschwingen läßt. Die etwas vorgewölbten Lippen von Brigitte Bardot entsprechen zusammen mit relativ großen (das heißt in unserem Sinne aufnahmebereit geöffneten) Augen beispielsweise genau der ›Süß‹-Mimik. Die Physiognomie legt in diesem Fall einen aktuellen Ausdruck nahe, den wir selbst zeigen würden, wenn wir etwas Angenehmes empfänden und weiter aufnehmen wollten. Gerade im Rahmen der vorgestellten Theorie der vergleichenden Verhaltensforschung wäre zu klären, ob die Wirkung weiblicher Schönheit sich auch auf manche Elemente des Kindchenschemas stützt.

Beurteiler sind sich in der Regel weitgehend einig, ob das Gesicht einer Frau oder auch das Gesicht eines Mannes schön ist (ILIFFE, 1970). Obwohl es der Alltagserfahrung entspricht, daß schöne Frauen von vielen Verehrern umgeben sind, zeigte sich der Autor einer Studie zur Psychologie der Kosmetik-Werbung über das Ausmaß der Konsistenz in den Beurteilungen erstaunt. In einer Zeitung waren verschiedene Gesichter abgebildet, die von den Lesern im Rahmen eines Preisausschreibens nach dem Merkmal Schönheit in eine Rangfolge gebracht werden sollten. Die über 2000 Zuschriften zeigten dabei in der Abstufung der Präferenzen nur wenige Abweichungen (vgl. HAHN, 1977).

Welche Schlußfolgerungen können wir zusammenfassend für eine Psychologie der Kunst festhalten?

In der realistischen Darstellung sind zwei Normgruppen erkennbar: Normen, die sich auf die Perspektive, die Lichtverteilung usw. beziehen, also Normen, deren korrekte Erfüllung die realistische Abbildung ermöglicht, und auf der anderen Seite Normen, die durch die angeborenen auslösenden Mechanismen hergestellt werden, Abbildungsnormen, die durch die besondere Empfänglichkeit des Betrachters für bestimmte Zeichengruppen, Merkmalsgruppen aufstellbar sind.

Wirkungsvoll ist eben nicht nur das Bild, das den abzubildenden Gegenstand natürlich wiedergibt, sondern die Darstellung, die in besonderer Weise auf auslösende Mechanismen trifft. Für den Künstler ist die Kenntnis der entsprechenden Merkmalsgruppierungen wesentlich, will er Bilder herstellen, die im Betrachter unmittelbare Stimmungen herstellen und Handlungsbereitschaften auslösen.

Bis heute wissen wir allerdings noch wenig über die AAMs beim Menschen. Möglicherweise werden mehr Verhaltensweisen durch angeborene Auslöser mitgesteuert, als hier vorgestellt werden konnten, so daß eine weitere Erforschung auch für die Psychologie der Darstellung wichtige Ergebnisse verspricht. Unter dem Blickwinkel solcher Wirkungsnormen ließe sich ein neues Kapitel der Kunstgeschichte schreiben: Wie haben verschiedene Zeiten und Kulturen die Gestaltung von AAMs erreicht und welchen Stellenwert hatten die entsprechenden Darstellungen in Kultur, Politik und Religion?

Ästhetisches Verhalten bei Tieren

Im folgenden Abschnitt soll ein zweiter Beitrag der vergleichenden Verhaltensforschung vorgestellt werden, der sich direkter auf ästhetische Bevorzugungen und deren stammesgeschichtliche Wurzeln bezieht, während wir uns bisher mehr auf inhaltliche Details beeindruckender Darstellungen konzentriert haben.

RENSCH (1957, 1958) hat in zwei Experimenten untersucht, ob man bei Wirbeltieren (Fische und Vögel) und auch bei Primaten bereits ästhetische Bevorzugungen entdecken kann und wenn ja, welchen Prinzipien sie folgen. Bei einem Experiment wurden einer Meerkatze und einem Schimpansen Würfel mit farbigen Mustern und solche mit einfarbigem Anstrich vorgelegt. Die Affen durften sich jeweils einige davon zum Spielzeug wählen. Aus der Anzahl der Farbwahlen konnte man erkennen, daß die Tiere manche Farben bevorzugten. Es ließ sich jedoch nicht ausschließen, daß die Farben, die deutlichen Vorrang hatten, Elemente eines arttypischen auslösenden Mechanismus waren und wie die blaue Farbe, die die Meerkatze bevorzugt wählte, innerartliches Verhalten steuerten (in diesem Fall, weil Meerkatzen an der Bauchseite ein blaues Fell haben).

Ganz im Gegensatz zur Form einer natürlichen Umwelt wurden allerdings von allen Affen regelmäßige vor unregelmäßigen Mustern bevorzugt. Muster, die symmetrisch (radial oder axial) waren oder einen eher stetigen Linienverlauf aufwiesen, wurden häufiger gewählt als unregelmäßige Muster – eine Bevorzugung, die von BIRKHOFF (vgl. Kap. 3 – *Informationsästhetik*) auch für Menschen diskutiert wird. Möglicherweise handelt es sich um Vorstufen des menschlichen ästhetischen Erlebens. Auch bei der Farbwahl der Tiere spielten ästhetische Faktoren wenigstens eine gewisse Rolle: Die Affen wechselten nach einigen Durchgängen die bevorzugte Farbe, wie es auch Menschen in Kunststilen oder kurzfristiger in der Mode tun.

Ein Experiment mit Vögeln konnte diese Ergebnisse replizieren, während Fische in einer Wahlsituation häufiger unregelmäßige Muster anschwammen. Um noch einmal auf FECHNERS Unterscheidung zwischen formalen und inhaltlichen (assoziativen) Faktoren ästhetischen Empfindens zurückzugreifen: Auch die formalen Faktoren des ästhetischen Erlebens lassen sich bei den verwandten Primaten und auch anderen Wirbeltieren nachweisen – ein weiterer Beleg dafür, daß Informationsreduktion bzw. Superzeichenbildung eine Determinante des ästhetischen Erlebens ist. Ausschließlich bei Primaten, bei Menschenaffen, ist es gelungen, auch Ansätze einer künstlerischen Produktion zu erzielen. MORRIS (1962) berichtet in einer umfassenden Darstellung über den Versuch, Affen (Schimpansen und Gorillas) zeichnen zu lassen. Tatsächlich waren die Affen nach einer Übungsphase mit einiger Hingabe bei der Sache, kamen aber in der Art der Darstellung nicht über die Kritzelphase der kindlichen Zeichnung hinaus (vgl. Kap. 8 – *Kinder zeichnen*), wenn manche Bilder auch durch harmonische Linienführung das ästhetische Empfinden von Menschen beeindrucken können (auf Auktionen erzielten die Bilder recht ansehnliche Gebote).

Die sechs biologischen Prinzipien des Bildermalens, die MORRIS (1968) aus den Ergebnissen der Experimente und Beobachtungen ableitet, hält er für allgemeine Gesetze, die sowohl die künstlerischen Produktionen von Tieren als auch menschliche Produktionen steuern.

1 Das Prinzip der Aktivität um ihrer selbst willen: Die Affen finden an ihrer Tätigkeit offensichtlich Spaß. Werden sie für das Malen belohnt, sinkt die Sorgfalt der Durchführung.

2 Kompositionskontrolle: Der Bildraum wird mit Gefühl für Rhythmus und Regelmaß ausgefüllt.

3 Kalligrafische Differenzierung: Übung führt zu einer allmählichen Differenzierung der Form.

4 Thematische Variation: Ein einmal gewähltes Bewegungsmuster wird in vielfältigen Variationen verwirklicht; die Bewegungsmuster wechseln einander ab.

5 Das Prinzip optimaler Spannung: Es gibt einen Zustand optimaler Ordnung bzw. Unordnung, in dem das Bild als fertig angesehen wird.

6 Allgemeinverbindliche Schemata: Es gibt eine Reihe von charakteristischen Arrangements, die für eine Affenzeichnung verbindlich sind.

Es ist nochmals hervorzuheben, daß Affen nicht spontan kreativ arbeiten, sondern daß nur bei entsprechender Stimulierung einfache ›Werke‹ entstehen können. Dabei ist nicht klar, ob die Tiere ihre Bewegung ausreichend kontrollieren können oder wollen, um etwas für sie Wohlgefälliges herzustellen, wenngleich dies dem Beobachter so scheinen mag.

Deshalb können Folgerungen für eine Kunstpsychologie nur mit größter Vorsicht gezogen werden. Im Zusammenhang mit den Experimenten zur Form- und Farbbevorzugung scheint es jedoch möglich festzustellen, daß unser ästhetisches Empfinden stammesgeschichtliche Vorläufer hat. Vorläufer, die prinzipiell, wenn auch ungleich komplexer und in eine Vielzahl von Lernerfahrungen eingebettet, auch in menschlichem Erleben nachweisbar sein müßten.

Vor allem scheint es stimmig, daß auch bei Primaten und sogar entfernter verwandten Wirbeltieren regelmäßige Figuren vorgezogen werden – eine These, die für menschliches Erleben im Kapitel *Informationsästhetik* ausführlich diskutiert wurde. Bei Tieren können Bevorzugungen nicht durch kulturelle Erfahrungen und Lernprozesse entstehen, sondern müssen unmittelbar durch die angelegten Eigenschaften des Nervensystems determiniert sein. Sei es, daß symmetrische Figuren besonders gut mit den vorgesehenen Wahrnehmungsdetektoren im Nervensystem korrespondieren, sei es, daß die vereinfachte Informationsverarbeitung bei regelmäßigeren Figuren allgemein ›angenehm‹ ist, in jedem Fall scheint evident, daß ästhetisches Empfinden nicht nur individuell, subjektiv festgelegt ist, sondern daß es bei aller Spezifik auch generelle, sogar für verschiedene Arten gültige Gesetze ästhetischen Empfindens gibt.

Abschließend sei noch auf eine andere Gemeinsamkeit im ästhetischen Erleben von Mensch und Tier hingewiesen. Aldous HUXLEY weist in seinem Essay ›Die Pforten der Wahrnehmung‹ (1954) darauf hin, daß von glänzenden Dingen (Brillanten, Silber, Gold, Wasseroberflächen, Brokat, Spiegelglas) ein besonderer Reiz ausgeht (vgl. Abb. 41). Er vermutet, daß der Glanz (hohe, schnell wechselnde Helligkeitskontraste auf kleinem Raum) das Nervensystem in einen rauschähnlichen Zustand versetzen kann. Das ähnlich gebaute Nervensystem mancher Tiere müßte dann ebenfalls ansprechen. Tatsächlich ist die Vorliebe bestimmter Tierarten für glänzende Gegenstände fast sprich-wörtlich, wenn wir nur an die ›diebische Elster‹ oder an be-stimmte Vögel denken, die zum Nestbau mit Vorliebe glitzernde Materialien nehmen. Eine weitere interessante Hypothese über eine Generalität ästhetischen Erlebens, die allerdings überprüft werden müßte.

6   Reiz ›Farbe‹

Farben bestimmen die natürliche und die vom Menschen ge-
schaffene Welt. Der Verkehr wird durch Licht-Farb-Signale
reguliert. Wasserhähne sind mit den Farben Rot oder/und Blau
versehen, die dem Verbraucher heißes oder kaltes Wasser signa-
lisieren. Die Kleiderfarbe Schwarz oder Gelb bedeutet je nach
Kulturkreis Trauer. Auch im Bereich der Sprache haben Farben
einen fest umgrenzten Bedeutungsgehalt: ›Wenn ich Dich sehe,
sehe ich rot‹, ›In der Nacht sind alle Katzen grau‹ usw. Auf
einer anderen Ebene drückt die ›blaue Blume‹ des Heinrich von
Ofterdingen die Sehnsucht des Menschen nach romantischer Le-
benserfüllung aus. Farbtöne bzw. deren Abstufungen spielen
ebenfalls eine große Rolle beim Kleiderkauf, beim Einrichten
einer Wohnung, bei der Wahl eines Blumenbuketts, beim Schmin-
ken, Haarefärben usw.

Mit diesen bewußt unsortierten Beispielen sollte nun nicht die
Bedeutung von Farben in unserm Alltag erschöpfend dargestellt,
sondern vielmehr gezeigt werden, daß einerseits nicht von Farbe
schlechthin gesprochen werden kann, sondern von Farbtönen,
und daß andererseits bestimmten Farbtönen spezifische, von
ihnen ausgelöste Reaktionen zugeordnet werden können. Unter
diesem Gesichtspunkt haben sich verschiedene Wissenschaftler bemüht, das Phänomen Farbe zu erforschen.

Grob aufgeteilt, bemühen sich die einen um die ›Farben-
wirklichkeit‹, die anderen um die ›Farbwirkung‹. Mit Farben-
wirklichkeit ist die chemisch-physikalische Analyse gemeint, mit
Farbwirkung die psycho-physische Wirklichkeit (ITTEN, 1961).

Wir meinen, daß beide Gesichtspunkte, ob getrennt oder zusammen behandelt, nur bedingt ausreichen, um dem Phänomen Farbe in seiner Wirkung auf den Menschen gerecht zu werden. Ein weiteres Kriterium ist in diesem Zusammenhang von Bedeutung: Form und Farbe sind untrennbar miteinander verbunden. »Es gibt nur farbige Form und, was dasselbe ist, geformte Farbe« (FRIEDLÄNDER, 1957, S. 28; METZGER, 1975). Dennoch haben sich, je nach Intention, die eindimensionalen Aufarbeitungen, die ihren Ursprung »im Kampf Goethes gegen Newtons Farbenlehre« (HEIMENDAHL, 1961, S. 1) haben, bis zum heutigen Tag gehalten (ITTEN, 1961; RENNER, 1964; JACOBI, 1969; GROB, 1972; KÜPPERS[2], 1973; GERRITSEN, 1975; KÜPPERS, 1976; FRIELING, 1977). Trotz gelegentlicher gegenteiliger Behauptungen in den Vorworten der genannten Untersuchungen erfährt der Leser kaum etwas über den Farbtongebrauch in Verbindung mit bestimmten Gegenständen bzw. Personen. Vielmehr werden Farbmischungsgesetze behandelt oder Ergebnisse für bestimmte Farbtonbevorzugungen aus dem psychotherapeutischen oder dem experimentellen Bereich ohne Form-, ohne Gegenstandsbezug vorgetragen.

Geklärt werden muß zunächst, wie es zur Farbwahrnehmung an einem Gegenstand kommt. Von dieser Basis aus kann dann das psychologische Problem der Farbwirkung, der Farbbevorzugung angegangen werden.

Um die Farbe, besser gesagt, den Farbton, an einem Gegenstand zu bestimmen, müssen zwei Voraussetzungen erfüllt sein:
– der Gegenstand muß das auf ihn fallende Licht gleichmäßig zurückstrahlen und
– er muß dem Tageslicht ausgesetzt sein, weil im Tageslicht die Farbe Weiß zustande kommt.

Licht ist also die Quelle aller Farbtöne, in ihm sind alle Farben enthalten.

Sind diese zwei Bedingungen erfüllt, so entspricht der Farbton »*dem Reflexionsspektrum der wirklichen Dinge,* d. h. derjenigen Auswahl aus dem Strahlengemisch des Tageslichtes, genauer aus demjenigen Bruchteil jeder im Tageslicht enthaltenen Wellenlänge, der von der Oberfläche beim Auffallen nicht verschluckt wird« (METZGER, 1975, S. 308). Fällt z. B. Licht auf das Grün der meisten Pflanzen und des Laubes, so wird die Wellenlänge, die die Farbe Grün zur Folge hat, zum Auge reflektiert, während die Wellenlängen, die die übrigen Farbtöne bewirken, absorbiert/abstrahiert/abgezogen/verschluckt werden.

Farbtöne sind demnach zurückführbar auf die Spektralfarben des Lichts, die von der dinglichen und sozialen Welt auf das Sehorgan Auge reflektiert werden. Die Anordnung der Spektralfarben läßt sich durch Wellenlängen darstellen. Das menschliche Auge reagiert auf Wellenlängen von 380–760 nm (1 nm = 1 Nanometer = 1 Millionstel Millimeter). Das gesamte Spektrum von 380–760 nm nennen wir Licht, genauer: Lichtenergie. In diesem Bereich liegen alle Farbtöne, die das menschliche Auge wahrnehmen kann; nach MÜLLER et al. (1969) sind es 128 verschiedene Nuancen. Diese Aussage ist jedoch mit äußerster Vorsicht aufzunehmen, denn die jeweilige Farbtonwahrnehmung dürfte vom individuellen Farbtontraining abhängen. GERRITSEN (1975) spricht von 9 000 000 sichtbaren Farben. Auch hier hängt die Farbtonquantität von der jeweiligen Abstufung des Meßinstrumentes ab (Textabb. 20).

Zum Farbton kommt es also, wenn aus dem Spektrum von 380–760 nm bestimmte Wellenlängen vom jeweiligen Gegenstand aufgrund seiner molekularen Zusammensetzung reflektiert werden (vgl. Textabb. 21).

Bisher haben wir den Prozeß der Farbtonwahrnehmung erörtert. Was geschieht, wenn wir selbst Farbtöne herstellen wollen? GERRITSEN (1975) meint, man müsse sich den neuen physikalischen Erkenntnissen anschließen und die Farbmischungstheorien als irrige Auffassungen ablehnen. Was bei einer solchen Argumentation nicht erkannt wird, ist das genuin andere Problem, das ansteht. Bei der Farbtonwahrnehmung ist der Mensch,

Grün   Gelb   Orange   Rot   I.R.

600   700   800 nm

20   Das Spektrum der Wellenlängen, die für das Auge sichtbar sind

besser, das menschliche Auge, der ›Empfänger‹ von Wellenlängen. Beim ›Farbtonproduzieren‹ ist der Mensch aufgrund seiner Sehfähigkeit und seines Vorstellungsvermögens der ›Sender‹ von Wellenlängen, das heißt, er arrangiert gewisse Pigmente, ›Farbpulver‹, um bestimmte Wellenlängen, Farbtöne, zu erzielen. Aus Pigmenten und dem durchsichtigen Bindemittel (Leim) entstehen Farbtöne. Die Bindemittel bestimmen dann jeweils die Farbart. Mit diesem Problem der Farbmischung haben sich vor allem Künstler oder am Phänomen Farbe Interessierte beschäftigt und in sogenannten Farbkreisen oder Farblehren ihre Erkenntnisse vorgestellt, so z. B. LEONARDO DA VINCI, RUNGE oder ITTEN.

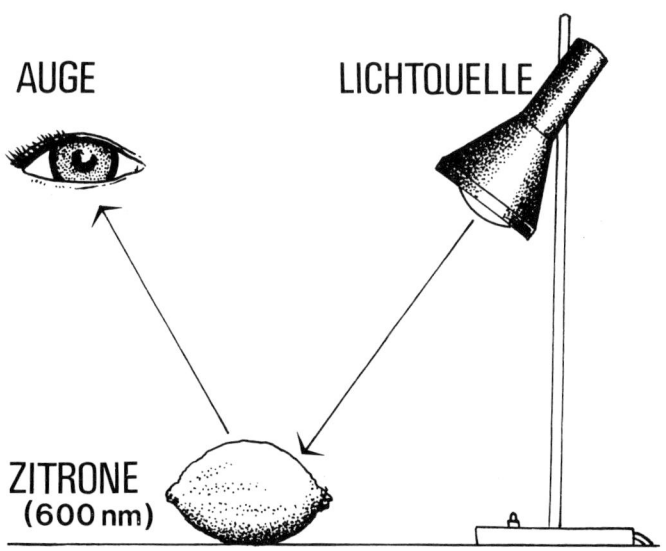

AUGE   LICHTQUELLE

ZITRONE
(600 nm)

21   Die Abbildung demonstriert die Entstehung des Farbtones Gelb

Grundsätzlich geht es um folgendes Problem: Welche Farbtöne bilden diejenige Grundeinheit, die es ermöglicht, alle übrigen Farbtöne herzustellen, bzw. mit welcher Kombination von Farbtönen kann eine bestimmte Wirkung, Stimmung oder Anmutqualität beim Betrachter ausgelöst werden? Während im physikalischen Bereich die Farbtöne Blau, Grün und Rot als Grundfarbtöne gelten und daher von ›Augenprimärfarben‹ (GERRITSEN, 1975, S. 68) gesprochen werden kann, sind für den Künstler die Grundfarbtöne Gelb, Rot und Blau. ITTEN (1961) spricht in diesem Zusammenhang von Farben erster Ordnung. Werden diese Farben, die ihrerseits nicht ermischt werden können, paarweise gemischt, kommt es zu den Farbtönen zweiter Ordnung:

Gelb und Rot	= Orange
Gelb und Blau	= Grün
Rot und Blau	= Violett.

Mischt man nun einen Farbton erster Ordnung mit einem solchen zweiter Ordnung, ergeben sich folgerichtig Farbtöne dritter Ordnung:

Gelb und Orange	= Gelborange
Rot und Orange	= Rotorange
Rot und Violett	= Rotviolett
Blau und Violett	= Blauviolett
Blau und Grün	= Blaugrün
Gelb und Grün	= Gelbgrün.

Diese Farben stehen nicht im Gegensatz zu den im Spektralfarbenband angeordneten. Sie unterscheiden sich nur in der Grundfarbe Gelb. Der Farbton Gelb kann mit keiner Kombination der zur Verfügung stehenden Pigmente erzielt werden. Beim Licht dagegen ergibt sich Gelb aus der Überlagerung eines roten und eines grünen Strahls. Weil der Farbton sich aus Grundfarben herstellen läßt, kann er selbst keine Grundfarbe sein.

Wir haben bis jetzt den physikalisch-naturwissenschaftlich feststellbaren Wert der Farbe angesprochen und erörtert, auf welche Weise es dem Künstler gelingt, die verschiedensten Farbtöne auf die Leinwand zu bringen. Beide Positionen unterscheiden sich darin, daß einerseits objektive, andererseits subjektive

Gesichtspunkte bei der Farbtoneinstufung bzw. deren Wirkung zum Tragen kommen. Nachdem wir nun wissen, wie die verschiedenen Farbtöne ausgemischt werden, gilt es der Frage nachzugehen, inwieweit man die Wirkungen von Farbtönen ›im Griff‹ hat.

GOETHEs Abhandlung ›Zur Farbenlehre‹ von 1810 stellt einen Versuch dar, darauf eine Antwort zu geben. Seine Theorie spiegelt eine pantheistische Weltanschauung wider, indem sie sich zur Einheit von Stoff und Geist bekennt. Sie ist eine Auseinandersetzung mit NEWTONs Farbenlehre, bezieht sich aber in erster Linie nicht auf die sachliche Richtigkeit der NEWTONschen Farbdifferenzierung und auf dessen Theorie der Zerleg- und Meßbarkeit des Lichts, sondern auf die daraus resultierende Weltanschauung. In den Farben sieht GOETHE das vermittelnde Element zwischen Finsternis und Licht als den beiden Konstituenten der für die Welt notwendigen Polarität. Die Aufgabe des Menschen bestehe nun darin, »die ideale Harmonie zwischen den polaren Kräften, zwischen Aktion und Kontemplation zu gewinnen, zwischen männlicher und weiblicher Hingabe« (HEIMENDAHL, 1961, S. 27). Aus diesem Grunde ist es nicht verwunderlich, wenn GOETHE bei seinen Überlegungen zur Farbe, von deren »sinnlich-sittlichen Wirkung« spricht. Die Farbtöne, paarweise gesehen, werden zu psychischen Kräften, zu psychischen Symbolen. Für GOETHE gibt es nur Gelb und Blau als Grundfarben. Rot ist für ihn eine Steigerungsfarbe. Während seiner Untersuchungen entdeckte er den Farbton Purpur, der alle anderen Farben übertrifft. Die Farbtöne Gelb und Blau spiegeln die Licht-Finsternis-Spannung. Tritt in dieses Spannungsverhältnis, das zunächst zur Farbe Grün führt und daher die Spannung ins Negative, in die Finsternis absinken läßt, die Farbe Rot, so bedeutet dies eine Steigerung zum Purpur, eine positive Entwicklung nimmt ihren Anfang. Für GOETHE ist das Phänomen Farbe Ausdruck des bildhaften Zusammenhangs unseres Kosmos, ganz im Gegensatz zu NEWTON, der gemäß der neuzeitlichen Naturwissenschaft in seiner ›Optik‹ (1704) den physikalischen Zusammenhang von Licht und Farbe konstatiert. Nach GOETHE hat kein Theoretiker den Farbtönen diese umfassende Bedeutung zugesprochen. »So unvollständig sie« (die emotionale Farberfahrung, *Anm. d. Verf.*) »auch ist, sie bleibt Grundlage für jede gefühlsmäßige Gliederung der Farben« (HEIMENDAHL, 1961, S. 164). Alle nachfolgenden Untersuchungen beschränken sich auf Detailerkenntnisse hinsichtlich der Farbwirkung.

Ende des vergangenen Jahrhunderts setzten Untersuchungen ein, die die Wirkungen von Farben auf Gefühl und Stimmungen feststellen sollten (COHN, 1894, 1900; WILSON, 1898; EXNER, 1904; MÜLLER-FREIENFELS, 1908). Selbst bei methodischer Differenzierung und Verbesserung wurde ein konsistentes Erlebnismerkmal der Farbbevorzugung (NORMAN und ESCOTT, 1952) grundsätzlich bezweifelt. Man vertrat die Ansicht, daß Farbe als Objektmerkmal immer an ein Objekt gebunden und es daher sinnlos sei, aufgrund von Farbplättchenbevorzugungen eine Bevorzugung von Objekten in dieser Farbe anzunehmen.

WASHBURN (1934) stellte fest, daß die Farbbevorzugung von der Größe der vorgegebenen Farbplättchen abhängig ist (vgl. RAAB, 1976). STEFANESCU-GOANGA (1912) führte ebenfalls anhand von Farbvorgaben Untersuchungen durch, die zum Ziel hatten, Farbbevorzugungen ohne Objektgebundenheit zu ermitteln. Dabei gelangte er zu folgenden Ergebnissen:

> Der Farbton Rot aktiviert, erregt;
> der Farbton Gelb steht dem roten sehr nahe;
> der Farbton Blau beruhigt, schafft eine passive Stimmung;
> Grün nimmt eine mittlere Stellung ein;
> Violett hat eine zwiespältige, nicht fixierbare Bedeutung.

Diese Aufteilung entspricht weitgehend den Feststellungen GOETHES (HEIMENDAHL, 1961; FRIELING, 1977).

Mit der Untersuchung von ALLESCH (1925) tritt die Farbwirkungsforschung in eine neue Phase. Es wird bestritten, daß verbindliche Urteile über die Wirkung von Farbtönen möglich seien, ohne die »Farben im direkten Zusammenhang mit der Analyse der urteilenden Persönlichkeit zu erforschen« (HEIMENDAHL, 1961, S. 182). Aus dieser Überlegung resultieren Tests,

z. B. Persönlichkeitstests, auf der Basis von Farbtönen (vgl. Kap. 10 – *Zeichentests*). Eine andere Forschungsrichtung versucht der Farbwirkung in Form von Farbkombinationen nachzugehen. Man fußt auf der Annahme, daß Farbtöne nicht einzeln, sondern immer in Verbindung mit anderen auftreten. RAAB (1976) kommt bezüglich der Arbeiten, die sich um die emotionale Wirkung von Farbkombinationen bemühen, zu folgendem Ergebnis:

1 Das Wohlgefallen an der Farbkombination hängt von den Farbtönen ab, die die Farbkombination konstituiert.

2 Das Wohlgefallen an der Kombination insgesamt kann nicht über die Einzelfarben vorhergesagt werden. Teilweise bedingen Gestalteffekte, Gegebenheiten der quantitativen Farbverteilung das Urteil.

RAABs (1976) eigene Untersuchungen beziehen sich ebenfalls auf nicht-objektgebundene Farbtonkonfigurationen. Die Konfigurationen sind zwei- oder dreifarbig. Wir gehen auf RAABs Untersuchung deswegen detailliert ein, weil sie den jüngsten Stand der Kenntnis über die Wirkung von Farbkomplexität widerspiegelt und darüber hinaus äußerst wichtige Erkenntnisse liefert. Die mit Hilfe von statistischen Verrechnungsmethoden erzielten Ergebnisse geben Auskunft darüber, daß z. B. »Männer zum Farbpaar rot/blau tendieren, während Frauen eine (weit weniger stark ausgeprägte) Tendenz zu den Farbpaaren rot/gelb und grün/gelb zu besitzen scheinen«. »Männer (neigen) besonders zu einer Bevorzugung von Farbtripeln, welche die Farben rot und blau enthalten; gelb als Grundfarbe hat für Männer unter den Bedingungen des hier dargestellten Versuchs nur geringen ästhetischen Wert. Weibliche Personen lehnen auch bei farbigen Mustern einen ›gelben‹ Grund weit weniger stark ab als Männer; für sie haben Kombinationen des Farbpaares rot und gelb mit einer der beiden übrigen Farben den höchsten ästhetischen Wert« (RAAB, 1976, S. 83–84).

Diese Ergebnisse sollen für uns nur exemplarischen Wert haben, denn RAAB (1976) stellt in seinen Schlußbemerkungen selbst fest, daß eine Übertragung seiner Resultate auf Bilder nur äußerst bedingt möglich ist, nicht einmal auf Arbeiten, wie wir sie von

MONDRIAN kennen. »Dies dürfte sogar dann gelten, wenn das Kunstwerk überhaupt keine meßbaren internen Zusammenhänge aufweist, wenn also ein ›Zufallsmuster‹ beurteilt werden soll: Wie bereits gesagt, tendiert die wahrnehmende und urteilende Person dazu, gemäß ihrer Erfahrung und den daraus resultierenden Erwartungen Ordnung in das Reizfeld zu bringen und nach semantisch bedeutungsvollen Teilfigurationen zu suchen. Je erfolgreicher der Prozeß abläuft, d. h. je größer die Anzahl und je vielfältiger die (subjektive) Strukturiertheit der aufgefundenen Teilkonfigurationen (›Figuren‹) ist, um so mehr Wohlgefallen erregt das ›ungegenständliche‹ Kunstwerk« (RAAB, 1976, S. 109). In dieser Auffassung sehen wir unsere eingangs aufgestellte Behauptung bestätigt, daß die Feststellung von Farbtonbevorzugungen nur im Zusammenhang mit Formen sinnvoll ist, nur dann also, wenn es dem Betrachter gelingt, in der vorgegebenen Konfiguration einen Bedeutungsgehalt zu erkennen. Aus diesem Grund halten wir Beschreibungen über psychische Wirkungen von reinen Farbtönen, also Farbtönen ohne Objektbindung, für sehr spekulativ (vgl. HEIMENDAHL, 1961). Weiter ist zu überlegen, daß Farbtöne aufgrund von persönlichen Erinnerungen entweder positiv oder negativ bewertet werden. Eine ähnliche Wirkung auf die subjektive Einstufung von Farbtönen dürften die durch Sitte und Brauchtum, Technik und Mode, Religion und Umweltbedingungen vorgegebenen Farbpräferenzen haben.

Anders sind dagegen Ergebnisse zu werten, die Auskunft über die psycho-physischen, die physiologischen Wirkungen von Farbtönen geben. Interessant ist die Wirkung von Farbtönen auf Körperhaltung und Bewegungszustände. Eine gelbrote Wand führt bei Versuchspersonen mit verbundenen Augen dazu, Arme und Hände auszubreiten – eine Reaktion, die vor blaugrünem Hintergrund ausbleibt (vgl. HEIMENDAHL, 1961). BIRREN (1950) stellte fest, daß helle und warme Farbtöne das autonome Nervensystem anregen. Der Blutdruck steigt, und der Pulsschlag erhöht sich. Man glaubt, die Temperatur steige. Erinnert sei an die entsprechende Raumausstattung von Nachtclubs. Bei kalten und dunklen Farbtönen gehen Blutdruck und Pulsschlag zurück. Man hat den subjektiven Eindruck, die Temperatur sinke. ITTEN

(1961) berichtet von Arbeitsräumen, die entweder blaugrün oder rotorange gestrichen waren. Die Empfindung für Kälte und Wärme differierte in den genannten Räumen zwischen drei und vier Grad, obwohl die Innentemperatur übereinstimmend jeweils 15 Grad Celsius betrug. Ähnliches wird vom Badezimmer im Schloß Brühl berichtet, das weitgehend mit blauen Kacheln ausgekleidet ist. Tendenziell der gleichen Erkenntnis zuzuordnen ist folgende Beobachtung: Ein Pferde-Rennstall wurde in zwei Abteilungen gegliedert, von denen die eine blau, die andere rotorange gestrichen wurde. Im blauen Raum beruhigten sich die Pferde nach dem Rennen verhältnismäßig rasch, im rotorange gehaltenen Raum blieben sie dagegen lange unruhig und erhitzt. Weiter hielten sich im blauen Stall keine Fliegen auf, während es im roten davon wimmelte.

Insgesamt glauben wir, daß eine psychologisch begründbare Farbenordnung gemessen am derzeitigen Erkenntnisstand nicht aufstellbar ist (HOUBEN, 1971[3]). Entscheidend dürfte sein, auf welcher Ebene diese Ordnung jeweils als verbindlich angesehen werden kann. Handelt es sich um das Diagnostizieren komplexer psychischer Störungen, dürfte die Farbtonanalyse derzeitig nur einer tertiäre Rolle spielen (vgl. Kap. 9 – *Kunsttherapie*). Dies gilt auch weitgehend bei der Ausstattung von Arbeitsräumen, da nur bis zu einem gewissen Grad und über einen gewissen Zeitraum ein spezifischer Farbton aktivierende bzw. beruhigende Wirkung haben kann (vgl. Kap. 3 – *Informationsästhetik*).

7 Zum Streit über den Geschmack

von Manfred Hahn

Warum gefällt der einen Person ein bestimmtes Kunstwerk? Warum lehnt eine andere das gleiche Kunstwerk entschieden ab? Nach den bisherigen Bemühungen der Psychologie um eine befriedigende Beantwortung dieser Frage zeichnet sich ein komplexes Bedingungsgeflecht ab, das die ästhetischen Präferenzen einer Person zu determinieren scheint. Darin spielt die Persönlichkeit eine wichtige Rolle. Auf ihre Bedeutung für die ästhetischen Präferenzen eines Menschen soll anhand *einer* Persönlichkeitsdimension eingegangen werden, wobei die Bildende Kunst (insbesondere die Malerei) im Vordergrund steht. Obwohl Fragen nach den individuellen Bedingungen des Kunstgeschmacks doch naheliegen, sind sie bisher relativ selten untersucht worden.

Die Einstellungstypologie C. G. Jungs als Erklärungsansatz

Die tiefenpsychologische Forschung (vgl. Kap. 4 – *Psychoanalyse*) betrachtet die psychoästhetischen Phänomene der Kunst oft aus der Perspektive Produzent – Werk.

Der Begründer der Analytischen Psychologie, C. G. JUNG, greift dagegen auch das ästhetische Erleben des Betrachters im Rahmen seines Typenkonzepts von *Extraversion* und *Introversion* auf. Aus der Sicht JUNGs folgt die Libido (oder: psychische Energie) des Individuums zwei Grundrichtungen. Entweder sie verlagert sich vom Subjekt auf das Objekt oder aber sie wendet sich dem

Subjekt selbst zu. Im ersten Fall spricht JUNG von der Extraversion, im zweiten von der Introversion der Libido. Je nachdem, welche der beiden Bewegungsrichtungen psychischer Energie bei einem Individuum vorherrscht, kann man von einem
extravertierten oder einem introvertierten Einstellungstypus
sprechen. Beim ersteren spielt sich das psychische Leben mehr
außerhalb des Individuums in den Objekten und Objektbezie-
hungen ab, beim introvertierten Typus mehr innerhalb des Individuums.

Die durch die Begriffe Extraversion – Introversion gekenn-
zeichneten seelischen Bewegungsrichtungen spiegeln sich auch auf
dem Gebiet der Ästhetik wider (vgl. JUNG, 1920). Sie bestimmen
die Einstellung zu den ästhetischen Objekten. JUNG greift auf die
Vorstellungen WORRINGERS (1911) zurück, der zwei Grundfor-
men von Einstellungen unterscheidet: *Einfühlung* und *Abstraktion*. Das Phänomen der Einfühlung beschreibt sein Entdecker
TH. LIPPS (1906, 193 f.) als die »...Objektivierung meiner in
einem von mir unterschiedenen Gegenstande, gleichgültig, ob das
Objektivierte den Namen eines Gefühls verdient oder nicht.« –
»Indem ich einen Gegenstand apperzipiere, erlebe ich als von
ihm herkommend, oder in ihm als apperzipierten liegend, einen
Antrieb zu einer bestimmten Weise des inneren Verhaltens. Diese
erscheint durch ihn gegeben, mir von ihm mitgeteilt« (vgl. Kap. 2 –
Gestaltpsychologie). Der von LIPPS anschaulich geschilderte Er-
lebensaspekt der Einfühlung erfährt durch JUNG eine theoretische
Ergänzung.

JUNG sieht in Anlehnung an Wilhelm WUNDT (1903) die Einfühlung als elementaren Assimilationsprozeß, durch den das Individuum die Objekte seiner Welt den Erfordernissen seiner
Strukturen anpaßt. Der tiefenpsychologische Aspekt dieses Sachverhalts wird deutlich, wenn JUNG die Bedingungen der Einfühlung erläutert. Einfühlung in ein Kunstwerk – wie Einfühlung
überhaupt – heißt Verlegung eines eher dem Subjekt zugehören-
den psychischen Inhalts in ein Objekt, wodurch Subjekt und
Objekt eng miteinander verknüpft werden. Im Extremfall wird
das Objekt sozusagen vergewaltigt, indem diejenigen Qualitäten
des Objekts, die dem Inhalt der Einfühlung entgegenstehen,

ignoriert werden. (Es sei allerdings darauf hingewiesen, daß JUNG das Problem des ›auslösenden‹ Anteils der Objekte, das heißt der Voraussetzungen, die das Objekt mitbringen muß, um den Einfühlungsvorgang einzuleiten, nicht eingehend genug untersucht.) Die Einleitung des Einfühlungsvorgangs ist aber nur möglich, wenn eine Projektion vorausgeht, die das Objekt entwertet. Vereinfacht gesagt: Erst wenn man der Selbsttätigkeit und Eigenart des Objekts einen niedrigen Stellenwert einräumt und sich selbst über das Objekt erhebt, kann man diesem eigene Erlebnisinhalte übertragen. Da sich dieser Prozeß der bewußten Kontrolle entzieht, kommt es zu der Täuschung, das Objekt sei beseelt und sage etwas über sich selbst aus. Der gesamte Vorgang stellt sich als Mechanismus der Extraversion dar.

Einfühlen kann man sich nach LIPPS nur in »organische, naturwahre, lebenwollende Formen«. Nun wird aber auch anorganische, abstrakte Kunst als schön wahrgenommen. In diesen Formen kommt nach JUNG die der Einfühlung entgegengesetzte Tendenz des Abstraktionsdranges zum Ausdruck. Während die Einfühlung das Vertrauen des Subjekts gegenüber dem Objekt voraussetzt, sucht sich das Subjekt durch Abstraktion dem Einfluß der Objekte zu entziehen. Entsprechend dem Mechanismus der Einfühlung geht in diesem Fall eine negative Projektion auf das Objekt voraus. Dem Objekt wird Macht eingeräumt, vor der man sich schützen und von der man sich lösen muß. Dem entspricht die Bewegungsrichtung der psychischen Energie auf das Subjekt. Die Abstraktion erweist sich als Mechanismus der Introversion. Der Introvertierte sucht Schutz vor den Wechselfällen und Unregelmäßigkeiten der Welt, indem er seine Erfahrung mit ihr in Formeln und Begriffe faßt und somit ihre Wirkung mindert.

Der Extravertierte genießt sich selbst im Objekt, der Introvertierte denkt über den Eindruck nach, den er vom Objekt empfängt. »Denn was der Einfühlende ins Objekt überträgt, ist er selbst, d. h. sein eigener unbewußter Inhalt, und was der Abstrahierende über seinen Eindruck am Objekt denkt, das denkt er über seine eigenen Gefühle, die ihm am Objekt erschienen sind« (JUNG, 1920, S. 318). Beide Bewegungen der seelischen

Energie sind notwendig zur Erfassung des Objektes. Nur die einseitige Betonung einer Bewegungsrichtung führt zu Verzerrungen.

Die Veränderung des Konzepts durch Burt und Eysenck und seine empirische Bewährung

Cyril BURT, vor allem aber sein Schüler H. J. EYSENCK, übernahmen Teile des JUNGschen Konzepts und veränderten es. Sie entwickelten Persönlichkeitsfragebogen, mit deren Hilfe es erst möglich wurde, den Grad der Ausprägung der Extraversion bzw. Introversion bei einer Person zuverlässig zu messen. BURT bedient sich dabei der Faktorenanalyse, eines statistischen Verfahrens, das Aufschluß über die übergreifenden Faktoren oder Dimensionen gibt, die die Auswahl der Bilder auf der einen und die Beantwortung der Items eines Persönlichkeitsfragebogens auf der anderen Seite bestimmen, und konstatiert vier Persönlichkeitsdimensionen. Die Komponenten seiner Typisierung sind: unstabil – stabil, introvertiert – extravertiert.

Der Unstabile zeigt starke triebhafte und emotionale Tendenzen; der Stabile ist durch geringe Gefühlshaftigkeit gekennzeichnet, er kontrolliert seine Affekte durch intellektuelle Überlegungen. Der Extravertierte ist ein kontaktbereiter Typus, der sich an der äußeren realen Welt orientiert; der Introvertierte neigt zur Unterdrückung seiner Gefühle, zur Dominanz und zum Interesse an seinem seelischen Eigenleben. Diese vier Komponenten sind für BURT in jedem Individuum unterschiedlich ausgeprägt und kombinieren sich zu vier Persönlichkeitstypen, deren Kunstgeschmack BURT wie folgt beschreibt:

1 Der labile Extravertierte mag gefühlsträchtige Bilder, dramatische Darstellungen oder romantische Szenen; Menschendarstellungen sind ihm lieber als Landschaftsdarstellungen oder Stilleben.

2 Der labile Introvertierte bevorzugt besonders impressionistische Werke. Er fühlt sich zu Bildern hingezogen, die ihm einen Tagtraum, eine Art Rückzug erlauben.

3 Der stabile Extravertierte zeigt eine objektive Haltung gegenüber Kunstwerken. Für ihn stehen Repräsentation, Funktionalität und Nützlichkeitserwägungen im Vordergrund. Er schätzt hauptsächlich realistische Bilder.

4 Der stabile Introvertierte steht mit intellektueller Distanz den Bildern gegenüber. Ihn beschäftigen besonders die Komposition oder die Gestaltung eines Gemäldes. Linien gehen ihm vor Farben, Landschaften vor Porträts.

EYSENCK (1940/41) verbessert die Auswahlmethode des Bildmaterials und findet einen generellen ästhetischen Faktor, der einen großen Teil der ästhetischen Präferenzen erklärt. Will man die individuellen Unterschiede prägnanter erfassen, so muß man durch sorgfältige Auswahl des ästhetischen Materials diesen Faktor konstant halten: die Bilder dürfen in bezug auf ihre ästhetische Qualität keine zu großen Unterschiede aufweisen. EYSENCK stellt neben diesem sogenannten T-Faktor noch einen zweiten Faktor fest, dessen bipolarer Anordnung zwei grundsätzlich verschiedene Präferenzrichtungen entsprechen: einmal die Bevorzugung heller, farbenfroher, unkonventioneller Bilder und Statuen neuerer (1941!) Stilrichtungen, zum anderen die Bevorzugung dunkler, weniger farbiger, ›charaktervoller‹ Bilder älterer Stilrichtungen. Extravertierte Personen bevorzugen den ersten, introvertierte den zweiten Bildtypus.

BARRON (1951) kann zwei Gruppen von Personen mit signifikant unterschiedlichen ästhetischen Präferenzen feststellen. Er nennt sie S- und A-Gruppe. Die S-Gruppe bevorzugt einfaches symmetrisches Material, die A-Gruppe komplexes asymmetrisches Material. Die S-Gruppe bevorzugt Bilder mit Themen wie Religion, Autorität und Aristokratie (z. B. Porträts bedeutender Persönlichkeiten), sie lehnt Wagnisse, Esoterisches, Unnatürliches und offen Sinnliches ab und weist alle abstrakten Bilder zurück. Die Gruppe A stimmt dagegen dem Modernen, radikal Experimentellen sowie auch dem Primitiven und Sinnlichen zu. Als Beispiel sei die Kategorie ›Frauenbilder‹ angeführt. Die Präferenzen der Gruppe S liegen bei formellen, distanzierten, entrückten Frauenporträts, die der Gruppe A bei zwangloseren, entspannteren Frauendarstellungen von betonter Sexualität.

BARRON sieht in den beiden Gruppen Vertreter eines jeweils eigenen kognitiven Stils, also einer bestimmten Art, die Welt wahrzunehmen und zu interpretieren. Er vergleicht die Selbstbeschreibungen der beiden Gruppen. Die Mitglieder der Gruppe S sehen sich als zufrieden, konservativ, ruhig, natürlich, geduldig, friedlich; die Mitglieder der Gruppe A als instabil, unzufrieden, reizbar, vergnügungssuchend, skeptisch. BARRON sieht Verbindungen zwischen dem A-Typus und dem unstabilen Extravertierten bei BURT auf der einen, sowie dem stabilen Extravertierten und dem stabilen Introvertierten und dem S-Typus auf der anderen Seite.

CARDINET (1958) vergleicht ebenfalls die Ergebnisse seiner umfangreichen Studie mit der Typologisierung C. BURTs und kommt zu folgenden Feststellungen:

1 Die stabilen Introvertierten lehnen Bewegung oder emotionalen Ausdruck in den Bildern ab und bevorzugen eine sichtbar werdende Ordnung in den Bildern.

2 Die stabilen Extravertierten mögen keine Abstraktion oder Einfachheit des Entwurfs. Sie wollen, daß das Objekt auf realistische Weise dargestellt wird und bewundern die Technik der klassischen Malerei.

3 Die labilen Introvertierten bevorzugen dieser Studie zufolge moderne Bilder mit einer Tendenz zum Abstrakten, aber auch Ordnung und betonte Konturen, was im Widerspruch zu den Resultaten BURTs steht. Dort schätzten die labilen Introvertierten einen impressionistischen Stil.

4 Die labilen Extravertierten lieben in beiden Studien Bewegung, Aggressivität, Maskulinität, betonte Pinselstriche und alles, was den emotionalen Ausdruck verstärkt.

CARDINET folgert, daß der emotionale Wert der Objekte von den Tendenzen und Abwehrhaltungen des Individuums abhängt: Man liebt die Bilder, die diese Tendenzen symbolisch befriedigen und lehnt jene ab, die die Abwehrhaltung des Ichs angreifen. Die Tendenzen gruppiert er nach aktiv und passiv. Die aktiven Tendenzen sind auf Befriedigung in der äußeren Welt gerichtet. Ihnen entspricht in der Ästhetik des Individuums das Interesse für eine wahrheitsgetreue Darstellung der fühlbaren Wirklichkeit. Solche ›aktiven‹ Personen sind nach CARDINET auf eine »glückliche Atmosphäre« ohne Kälte und Starre in den Bildern angewiesen. Im Gegensatz dazu stehen jene Tendenzen der Abwehrhaltung gegen die äußere Welt, die CARDINET als passiv bezeichnet, als intellektuelle Introversion. In dieser Einstellungsrichtung findet man die Bevorzugung von Bildern ohne Details, mit dunklen Linien, ohne Darstellung menschlicher Wesen und eine neue, häufig deprimierte Vision der Welt. Dahinter sieht CARDINET die Tendenz, der konkreten materiellen und sozialen Welt auszuweichen, um in einer geschonten inneren Welt zu leben.

ROUBERTOUX et al. (1971) unternehmen den Versuch, den Zusammenhang zwischen einer Vorliebe für gegenständliche oder abstrakte Kunst und den persönlichkeitsspezifischen sowie psychosozialen Bedingungen dieser Vorliebe zu erkunden. Sie finden, daß Anhänger gegenständlicher Kunst weniger dominant sind als Liebhaber abstrakter Werke, weniger Selbstvertrauen zeigen und sich leichter unterordnen. Auch sind sie durch neue, unerwartete Ereignisse leichter verwirrbar als jene. Anhänger abstrakter Kunst scheinen dagegen eher Führungsnaturen zu sein (wobei von den Autoren allerdings die situativen Bedingungen des Führungsverhaltens übersehen werden). Sie sind weniger sensitiv gegenüber der Mehrdeutigkeit des abstrakten Materials, statt dessen unbeständiger und launischer. Sie mögen Diskontinuität und Innovation und benötigen keine vorgegebenen Schemata, um das zunächst als unüberschaubar wahrgenommene Material einzuordnen, wie die Liebhaber gegenständlicher Kunst, sondern können sich auf die vielseitigen ›Anziehungskräfte‹ des abstrakten Gemäldes einlassen. Anhängern gegenständlicher Kunst fehlt es an Frustrationstoleranz. Betrachtet man die Aussagen von ROUBERTOUX et al. allerdings auf dem Hintergrund der verwendeten Methoden und der untersuchten Personengruppe (es wurden lediglich 81 Schüler Pariser Oberschulen befragt), so ist die Zuverlässigkeit der Befunde und ihre Generalisierbarkeit einzuschränken.

Eine direkte Beziehung zu Extraversion – Introversion können ROUBERTOUX et al. nicht erkennen, obwohl ihre Beschreibung sich stellenweise mit der BURTs (labile Extravertierte und labile Introvertierte) deckt. Erfolgreicher in dieser Hinsicht ist JAMISON (1972). Er berichtet, daß in einer von ihm durchgeführten Untersuchung Introvertierte eher abstrakte, Extravertierte eher gegenständliche Kunst bevorzugten.

Theoretische und methodische Probleme der Untersuchungen

Es ist beim augenblicklichen Forschungsstand schwierig, die Bedeutung der Befunde und die Ursachen verschiedener Abweichungen zu klären und darüber hinaus zu einer umfassenden Theorie des Zusammenhangs von Persönlichkeit und ästhetischen Präferenzen zu gelangen, insbesondere weil einige theoretische Probleme noch offen sind. Sie können an dieser Stelle nur kurz gestreift werden.

EYSENCK hat die Projektionsannahme JUNGs (unbewußte Herabminderung des Objekts durch den Extravertierten und unbewußte Überbewertung des Objekts durch den Introvertierten) nicht übernommen. So bleibt die Frage unbeantwortet, wie das Bild als eine ›Anhäufung verschiedenfarbiger Pinselstriche‹ überhaupt psychische Prozesse auslösen kann. Eine weitere Lücke im EYSENCKschen Erklärungssystem erwähnt BERLYNE (1971): EYSENCK nimmt von den Introvertierten an, daß sie – grob gesagt – Überreizung fürchten und daher Objekte mit starker Reizwirkung meiden. Tatsächlich scheint der Geschmack der Introvertierten jedoch in Richtung hoher Reizwirkung zu tendieren. Auf ein anderes Problem macht ARNHEIM (1974²) aufmerksam. Er wendet sich gegen die vereinfachende Formel WORRINGERs, wonach Abstraktion und Abkehrhaltung von der Welt immer eine feste Verbindung eingehen müssen. Dies kann zwar beim ornamentalen Stil einiger Künstler oder im extremen Fall bei Bildwerken von Schizophrenen zutreffen, doch gibt es in der Kunst (wie auch in der Wissenschaft) Formen der Abstraktion,

die den Zusammenhang mit den Vorgängen, aus denen sie abgeleitet sind, bewahren (ARNHEIM, 1971) und zu einer adäquaten
Problemlösung notwendig sind. Es bedarf also in Hinblick auf
die Art der Abstraktion einer gründlicheren Differenzierung als
bisher. Das letzte hier darzustellende Problem betrifft die Ver-
gleichbarkeit der Untersuchungen unter dem Gesichtspunkt der
Zeitpunkte, zu denen sie stattfanden. Man muß sich fragen, ob
die Ergebnisse einer Untersuchung, die vor zwanzig oder mehr
Jahren durchgeführt wurde, heute noch die gleiche Gültigkeit
besitzen. Bisher sind keine speziellen Untersuchungen bekannt
geworden, die die temporären Veränderungen des individuellen
Geschmacks und ihre Bedingungen zum Gegenstand haben. Solche Veränderungen sind aber zum Beispiel aufgrund des sich
verschiebenden sozio-kulturellen Stellenwertes von Kunstwerken
durchaus denkbar.

Zu den theoretischen Lücken kommen noch methodische Un-
zulänglichkeiten bei den empirischen Untersuchungen. Die
Brauchbarkeit der Ergebnisse wird zumeist eingeschränkt durch
folgende Mängel:

1 Fehlende theoretische Fundierung oder unzulässige Vereinfachung theoretischer Konzepte bei der Ableitung von Hypothesen.
2 Fehlen von psychologischen Kriterien für die Auswahl des
  ästhetischen Materials.
3 Einseitige Beschränkung auf Persönlichkeitsfragebogen zur
  Messung der Persönlichkeitsmerkmale.
4 Uneinheitliche Anwendung kunsthistorischer Klassifikationen
  (im besonderen bestehen Unschärfen in der Abgrenzung von
  abstrakter und gegenständlicher Kunst).
5 Vorwiegen von Untersuchungen der (positiven) Präferenzen, dagegen kaum spezielle Analysen der Ablehnungen.
6 Geringer Stichprobenumfang sowohl im Hinblick auf das
  ästhetische Material als auch auf die Versuchspersonenzahl
  (meist Schüler oder Studenten).
7 Mangelnde Kontrolle von Material- und Darbietungseffekten
  (z. B. von Kontrasteffekten bei aufeinanderfolgenden Bildern

verschiedener Stile), keine Berücksichtigung der unterschiedlichen Wirkungsweise von Original und Reproduktion.

8 Von Untersuchung zur Untersuchung wechselndes ästhetisches
Material und veränderte Erhebungsmethoden.

9 Einsatz von Beurteilungs- und Wahlmethoden ohne gleich-
zeitige Kontrolle der Beurteilungs- bzw. Wahlmotivation und
-situation (auf diese Weise bleiben solche ›hochverdichteten‹
und störungsempfindlichen Vorgänge unaufgeklärt).

10 Mängel in der statistischen Analyse.

Ein Teil der Mängel läßt sich sicher nicht nur für den Bereich der
psychoästhetischen Forschung konstatieren, wirkt sich hier aber
manchmal besonders stark aus. Ihre Behebung ist teilweise schwer
zu bewerkstelligen; doch hängt die Verbesserung der bisherigen
Ergebnisse entscheidend von einer Klärung der theoretischen und
methodischen Voraussetzungen und Bedingungen ab.

Die hier geschilderten Lücken in unserem Wissensstand und
die beschriebenen methodischen Mängel rechtfertigen eine gewisse Skepsis gegenüber den bisherigen Befunden. Dennoch bleibt
das Konzept von Extraversion und Introversion ein ausbaufähi-
ger Erklärungsansatz für unterschiedliche individuelle Präferenzen. Die Erweiterung des Konzepts scheint allerdings geboten,
wobei der Bezug auf das ursprüngliche Konzept JUNGs möglicherweise durchaus fruchtbar sein kann.

Teil II
Angewandte Bereiche

8   Kinder zeichnen

Das Phasenmodell

Seit einem Jahrhundert ist die Kinderzeichnung Gegenstand der Forschung. 1936 verweist GRAEWE auf 262 wesentliche Untersuchungen zu diesem Thema (vgl. RICHTER, 1976). Mit zunehmender Forschungstätigkeit wuchs die Anzahl der möglichen Erklärungen über den Entwicklungsverlauf des bildnerischen Gestaltens im Kindes- und Jugendalter, von Erklärungen, die sich allerdings ähnlich sind. Wir schließen uns dem von WIDLÖCHER modifizierten Phasenmodell LUQUETs an. Es werden hier drei Phasen unterschieden:

- die Phase des Kritzelns
  als Beginn der bildlichen Darstellung;
- die Phase des kindlichen bzw. intellektuellen Realismus
  als Beginn der Abbildungsintentionen und
- die Phase des visuellen Realismus
  als Aufgabe des kindlichen Realismus, als Verfall der Kinderzeichnung (WIDLÖCHER, 1974; PIAGET, INHELDER et al., 1975).

Diese drei Phasen lassen Rückschlüsse auf die jeweils veränderte Umweltauffassung und Umweltverarbeitung beim Kind zu und ermöglichen es uns, Kinderzeichnungen einzuordnen. Ein solches Einordnen impliziert, daß wir uns mit dem Betrachten der Zeichnungen allein nicht zufrieden geben, sondern die jeweilige Zeichnung auf ihren möglichen Inhalt hin ›durchsichtig‹ zu machen versuchen. Wir gehen also davon aus, daß das Kind mit seiner Zeichnung etwas erzählen will, uns informieren will über das, was es bewegt, ängstigt oder erfreut. Um jedoch den Inhalt und die Bedeutung einer Zeichnung herauszufinden, muß vorher geklärt werden, welches formale Zeichenrepertoire dem Kind zur Verfügung steht (BEISL, 1977).

Kritzelphase

Am Anfang des zeichnerischen Gestaltens steht – ähnlich dem ›Sprech-Plappern‹ – das ›graphische Plappern‹ (WIDLÖCHER, 1974, S. 32), das den zweckfreien, ungeordneten Ausdruck mit dem Bleistift, dem Pinsel oder mit den Händen im Sand oder Schlamm meint. Beim Kleinkind lassen sich solche Aktivitäten im zweiten Lebensjahr beobachten. Das ausschlaggebende Moment ist dabei, daß das Kind das Zeichnen, Ritzen oder Drücken als dauerhafte Spurengebung entdeckt. Die Wirkung, die es mit einem Stift auslösen kann, wird ihm bewußt. Das Kind macht von dieser Erfahrung, wie wir alle wissen, an dafür geeigneten, aus der Sicht des Erwachsenen gesehen, freilich oft höchst ungeeigneten Stellen wie z. B. Tapeten, Möbeln, Teppichen usw. Gebrauch. Ist dieses Stadium erreicht, spricht man von der ›Kritzelphase‹.

Altersmäßig setzt diese Phase mit ca. eineinhalb Jahren beim Kind ein. Charakteristisch für sie ist, daß das Kind versucht, bereits ausgeführte Linien zu reproduzieren. Die Kritzelphase dient vor allem der Entwicklung der Motorik, welche die *Differenzierung der Schreib- und Zeichenbewegungen* ermöglicht (MÜHLE, 1967[2]).

Es lassen sich bestimmte Stufen des Bewegungsablaufs feststellen, wobei der Schwerpunkt der jeweiligen zeichnerischen Bewegung allmählich vom Schultergelenk zum Ellbogen, von da zum Handgelenk und schließlich zu den Fingern verlagert wird. Dies führt zu unterschiedlichen Linienführungen und zu unterschiedlichen Zeichnungen. Entsprechend der Verlagerung des Bewegungsschwerpunkts kommt es zu einer Verfeinerung und zunehmenden Koordinierung der aufgetragenen Linien. Die steigende Bewegungsdifferenzierung ist nach VOLKELT (1962) engstens mit dem starken emotionalen Engagement des Kindes hinsichtlich des Gegenstands verbunden, der Anlaß zum Kritzeln gibt. Dabei weist das Gekritzelte noch keinerlei Ähnlichkeit mit dem dargestellten Gegenstand auf.

Beobachten wir ein Kind beim Kritzeln. Für Rechtshänder verlaufen die Linien von rechts oben nach links unten, wobei die Bewegung ihren Ausgang vom gestreckten Oberarm nimmt, der sich dann bei der Zeichenbewegung abwinkelt. Das Handgelenk steht ungefähr rechtwinklig zur Zeichenoberfläche. Weiter ist zu beobachten, daß bei dieser vollen Bewegung aus dem Schultergelenk heraus der Stift nicht von der Zeichenoberfläche abgesetzt wird, sondern oft ähnliche Formen zu sehen sind, die jeweils an ihren Endpunkten eine schwächere Strichführung erkennen lassen. Die ovalähnliche Form darf als Grundform bezeichnet werden, die zu einer Kreisform oder zu parallel schräg oder vertikal angeordneten Linien führen kann.

Bei zunehmender motorischer Differenzierung kommt zur ovalen Linienführung das Anordnen von Strichen hinzu, die sich immer mehr der Vertikalen nähern. Engstens mit diesen verbunden, erscheinen allmählich horizontale Linienführungen – das heißt, die Körperachse steuert nicht mehr allein die Linienführung. Über dieses Repertoire von zeichnerischen Möglichkeiten verfügt das Kind im Alter zwischen eineinhalb und zwei Jahren.

Was von uns bisher als ›Kritzelphase‹ gekennzeichnet wurde, wird in der einschlägigen Literatur häufig eigens aufgesplittet. SEITZ (1974), BAREIS (1972) und MÜHLE (1967[2]) schließen sich den von MEYERS (1973[5]) eingeführten Teilkategorien an, wobei diese, wenn überhaupt, nur nach dem KLAGESschen ›Ausdrucksprinzip‹ (MÜHLE, 1967[2], S. 26) analysierbar sind. Man unterscheidet dabei folgende Kritzelformen: Auf das ›Hiebkritzeln‹, bei dem der Stift auf die zur Verfügung stehende Oberfläche ›gehauen‹ wird und es z. B. bei einem Papiergrund oft – statt zu Linien – zu Löchern oder nicht weiter zu differenzierenden Strichen kommt, folgt das ›Schwing- oder Schwungkritzeln‹, dessen noch grobmotorisch gezogene ovale Linienführung ein Hin-und-Her-Bewegen des Stiftes bedingt. Als letzte Teilkategorie ist das Kreiskritzeln zu nennen, bei dem die Grobmotorik bereits von feinmotorischen Leistungen durchbrochen wird. Das ›verschieden-

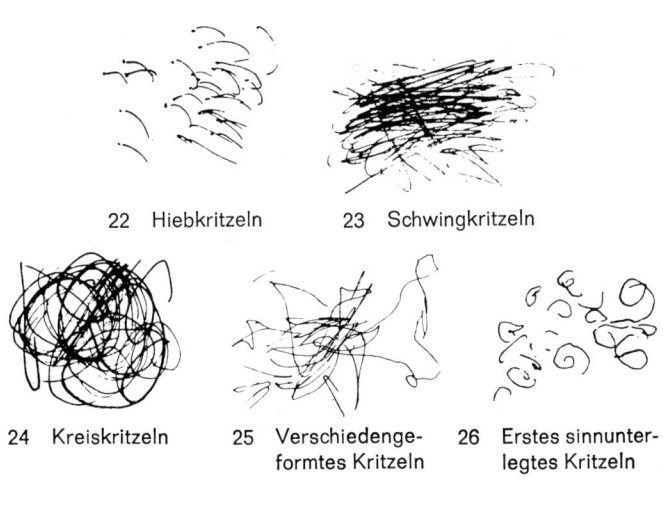

22 Hiebkritzeln   23 Schwingkritzeln

24 Kreiskritzeln   25 Verschiedenge-   26 Erstes sinnunter-
                         formtes Kritzeln   legtes Kritzeln

geformte Kritzeln‹ läßt eine gewisse Signifizierung vermuten,
und das ›erste sinnunterlegte Kritzeln‹ schließlich macht bereits
deutlich, daß das Gezeichnete für das Kind einen Sinn gewonnen
hat (vgl. Textabbildungen 22–26).

GRÖZINGER (1970[4]) belegt die einzelnen Ausdrucksformen der
Kinderzeichnung in dieser Phase mit Begriffen wie ›Urknäuel‹,
›Urkreuz‹, ›Spirale mit Schwerpunkt‹, ›Zickzackstrecke‹, ›Kasten-
spirale‹ und ›Zickzackspirale‹. Ihr Bedeutungsgehalt wird nicht
in Verbindung zur Motorik und zum Eindruck bzw. zum Ausdruck einer Zeichnung gesetzt, vielmehr bringt GRÖZINGER in
Form einer vorwissenschaftlichen Überlegung die Kinderzeichnung in einen spekulativen Begründungszusammenhang. Das
Kind »stellt heraus, es stellt dar und hält so eine tätige Zwie-
sprache mit seinem Innern, mit seinem Körper, der sich noch
wohl erinnert« (GRÖZINGER, 1970[4], S. 20; vgl. auch S. 18). Die
Erinnerung des Kleinkindes soll sich dabei auf den vorgeburt-
lichen Aufenthalt im Mutterleib beziehen.

Wir erwähnen GRÖZINGER deshalb, weil er einerseits die Bedeutung der Kinderzeichnung für die Kunstpädagogik besonders

nach dem Zweiten Weltkrieg in der Bundesrepublik aktualisiert hat, andererseits seine Theorie zur Kinderzeichnung äußerst spekulativ ist und eigenartigerweise wenig Widerspruch herausgefordert bzw. Anlaß zu Verifikationsversuchen gegeben hat.

Ähnlich gelagert sind die Ausführungen von STRAUSS (1976, S. 13, 14, 15), wenn es um die »Kräfte im frühkindlichen Zeichnen« geht: »Der Stift macht sichtbar, was das Kind bisher – und immerfort – tanzend in den Raum schreibt: Choreographien – Linien von rhythmisch-dynamischer Lebendigkeit. Bewegungsabläufe, die sich aus einem Urströmenden verdichten und die endlich zu einer zeichenhaft-geometrischen Form gerinnen.« Oder: »Ist es abwegig, wenn sich beim Betrachten dieser ersten kindlich-zeichnerischen Schwünge Assoziationen zu den Bewegungsrhythmen im Kosmos aufdrängen? Erinnern uns diese Kurven an die schwingenden Bahnen der Planeten, oder finden wir zu den Strömungsrhythmen des Fließenden eine Formverwandtschaft?« Im Anschluß daran wird auf SCHENK (1976) verwiesen, der aufgezeigt haben soll, »wie die Strukturen sich verdichtender Substanzen Formbewegungen fixieren, die aus einem Urströmenden entstehen, und wie sich den Formen der Bewegung Formen der Gestaltung eingliedern« (STRAUSS, 1977, S. 16). Man ist angesichts einer so massiven Spekulation geneigt zu glauben, einen DÄNIKEN der Kunstpädagogik zu lesen.

Insgesamt ist die Kritzelphase durch wissenschaftliche Ergebnisse noch wenig abgesichert (BRÖG, 1977). Es kann bis jetzt noch nicht gesagt werden, welche Stufen dieser Phase ein Kind durchlaufen muß, um keinen Schaden in der kognitiven, emotionalen oder psychomotorischen Entwicklung zu nehmen. Gesichert ist, daß das Kind beim Erreichen des Endpunktes der Kritzelphase ein Repertoire von zeichnerischen Möglichkeiten zur Verfügung hat, mit dem es Abbildungen herstellen kann.

Kinder wählen als Zeichenmotiv meist Gegenstände, die ihrer unmittelbaren Umgebung angehören. Dabei entscheidet nicht die Kompliziertheit des Gegenstandes über die Motivwahl, sondern das ihm entgegengebrachte Interesse. Dieses Interesse gilt jedoch nicht der formalen Gegebenheit – sonst müßte auch der Erwachsene den jeweils dargestellten Gegenstand auf der Zeichnung wiedererkennen können, was aber nicht der Fall ist –, vielmehr ist das Kind emotional mit dem Darstellungsobjekt verbunden (VOLKELT, 1962).

Das Kind kann jetzt nach seinem subjektiven Wollen Ovale, Kreise und Linien ziehen. Allmählich gibt es ganz bestimmten Kombinationen in Form von Schemata den Vorzug. »Diese technische Vervollkommnung hängt von einer wachsenden Kontrolle der Motorik und von einer wachsenden Integration der visuellen Gegebenheiten in diese motorische Kontrolle ab. Sie sind an einen biologischen Reifungsprozeß gebunden, der offensichtlich durch die Wiederholung der Übungen erleichtert wird, der aber in der Hauptsache von der neurologischen Entwicklung abhängt. Echte Schemata, in denen die motorischen und visuellen Faktoren eine Rolle spielen, entwickeln sich entsprechend. Die individuellen Besonderheiten sind ebenfalls von Bedeutung. (...) Hier ist es schwierig, präzise die Altersstufen anzugeben, in denen sich die Fortschritte zeigen müssen. Im übrigen findet jedes Kind seinen eigenen Stil; das eine bewahrt sich einen speziellen Sinn für durchzogene Linien, für weiträumige Zeichnungen mit manchmal ungeschickten, aber immer energischen Linien. Das andere greift lieber auf Stricheln zurück, das ihm die Darstellung bewegter Formen erleichtert, wobei es gleichzeitig sein Zögern und seine Ungeschicklichkeit verbergen kann« (WIDLÖCHER, 1974, S. 39). Die einsetzende Schematisierung bestimmter Formen, bestimmter Formennetze hat andererseits eine Verringerung der Differenzierung in der zeichnerischen Entwicklung zur Folge. Dieses zunächst negativ erscheinende Element führt dazu, daß die Zeichnungen von Fall zu Fall benannt werden. Sie werden in den Rang von ›fertigen Werken‹ gesetzt. Und zwar erfolgt die Benennung meist nach dem Fertigstellen der Zeichnung. Zur Tunsqualität kommt jetzt die Bedeutungsqualität. Die Benennung der jeweiligen Zeichnung ist anfangs willkürlich. Sie ist so willkürlich, daß aufgrund einer Situation oder einer Laune ein und dieselbe Zeichnung jeweils einen anderen Gegenstand bedeuten kann. Das Schema kann unter dem Gesichtspunkt der zeichnerischen Entwicklung sozusagen als ›Ruhepause‹ qualifiziert werden, die offenbar der kognitiven Entwicklung (z. B. Benennung der Zeichnungen usw.) zugute kommt. Das Kind erreicht während dieser Zeitspanne eine neue Lernplattform, die sich z. B. in einem differenzierteren Gebrauch der sprachlichen Ausdrucksmittel äußern kann. Auch darüber fehlen weitgehend wissenschaftlich erzielte Ergebnisse. Ansatz- und Ausgangspunkt könnten die Forschungen von PIAGET, INHELDER et al. (1975; vgl. OERTER, 1973[12], S. 339) sein.

Parallel zum verfügbaren Repertoire an Formennetzen und Schemata entwickelt das Kind bisweilen Fixierungen, die nach MÜHLE (1967[2]) als Schablonen zu charakterisieren sind. Sie erweisen sich bei der zeichnerischen Entwicklung möglicherweise als negativ, da sie keine Basisfunktion innerhalb des Entwicklungsprozesses haben, sondern vielmehr nur noch *eine* Formgebung beim Zeichnen erlauben. Aus dem Schema ist eine Schablone geworden. Solche Schablonen sind z. B. Strichmännchen, Haus, Vogel und Sonne, wie sie charakterisiert werden durch den Spruch: »Punkt, Punkt, Komma, Strich – fertig ist das Mondgesicht«.

Von den meisten Theoretikern wird die Schablonenbildung innerhalb der zeichnerischen Entwicklung der zweiten Phase zugeordnet. Es ist jedoch anzunehmen, daß durch Elterneinfluß und/oder ältere Geschwister Schablonenbildungen schon am Ende der ersten Phase auftreten können.

Wir wissen bereits, daß das Kind aus Freude an der Spurensetzung zeichnet. Es spielt gleichsam mit dem erworbenen Formenrepertoire. Will es z. B. die Mutter zeichnen und die Linienführung entspricht nicht ganz seiner Vorstellung, werden Korrekturen vorgenommen, sofern das Blatt, wie schon erwähnt, nicht einen anderen Namen bekommt. Hält das Kind aber weiter am Gegenstand fest, so können wir beobachten, daß es bei nicht zufriedenstellender Ausführung das Blatt zerreißt.

Es läßt sich hieran einerseits ersehen, wie wenig das Kind in dieser Phase fixiert ist, und andererseits, wie schwer es für die Wissenschaft ist, in dieses noch unbekannte Terrain vorzudringen, da alle Faktoren fließend sind (RICHTER, 1976). Dennoch ist zu vermuten, daß die Fortschritte, die das Kind im Laufe der Kritzelphase macht, besonders auffällig sind, da es vor allem am

Endpunkt der Phase (drittes bis viertes Lebensjahr) zur Koppelung von Verstand und Auge, von Hand und Gegenstand kommt
(WIDLÖCHER, 1974).

Berücksichtigt man die Motorik, besser: die Geschwindigkeit,
in der Zeichnungen entstehen, so ist festzustellen, daß das Kind
nicht mehr planlos den Stift führt. Bisher *folgte* das Auge der
Hand, nun aber beginnt es zu *steuern*. Dieser Umschlag der Füh-
rung erfolgt etwa Mitte des dritten Lebensjahres (vgl. Textabb.
26). Es entstehen jetzt Zeichnungen, die an einem bestimmten
Punkt ansetzen und zu einem bestimmten Punkt führen oder in
denen Ausgangspunkt und Endpunkt zusammenfallen. Es entsteht die *geschlossene Form,* die eigentliche Zeichnung.

Pädagogisch gesehen muß, für manchen Leser sicher zu simpel,
als Konsequenz aus dem bisher Gesagten – bezogen auf Vor-
schuleinrichtungen einschließlich des Elternhauses – dem Kind
in erster Linie die kindgemäße Möglichkeit zum Zeichnen eingeräumt werden. Dabei geht es nicht darum, das Kind zu be-
drängen, etwas abzuzeichnen, oder es gar durch vorgegebene
Schablonen zum ›richtigen‹ Zeichnen zu bringen. Dies schließt
nicht aus, daß der Erwachsene dem Kind hilft, wenn er um Rat
gefragt wird. Nur soll sich Anleitung in gemäßigter Form vollziehen. Das Kind soll durch die Hilfe sozusagen eine weitere
Möglichkeit des bildnerischen Gestaltens haben. Damit ist zugleich einer Schablonenbildung der Riegel vorgeschoben. Auch
bei Verbrauch größerer Mengen von Papier sollte der Erwachsene
sich nicht kleinlich zeigen. Es muß nicht jedes Blatt bis auf den
letzten Rest vollgezeichnet sein. Respektiert der Erwachsene die
›Erzählbilder‹, muß er zwangsläufig die fertigen ›Erzählungen‹
in Form von abgeschlossenen Blättern ebenfalls ernst nehmen.
Als Zeichenformat sollte möglichst das DIN-A-4-Format oder
ein noch größeres benutzt werden. Als Zeichen- und Malgerät
eignen sich vor allem Bleistift, Filzstift, Buntstift, Wachsmalstift
oder Fingerfarben. Um einen Dauerkonflikt zu vermeiden, wäre
es gut, dem Kind einen Platz einzuräumen, an dem es Zeichnen
und Malen darf.

Phase des kindlichen bzw. intellektuellen Realismus

Zwischen dem vierten und elften Lebensjahr treten in der Kinderzeichnung für den Erwachsenen oft widersinnig erscheinende Konstruktionsformen auf, die jedoch gewisse Gesetzmäßigkeiten aufweisen.

Das Kind hat sich, wie wir wissen, ein gewisses Repertoire an Formnetzen angeeignet, die ihrerseits eine gewisse Variabilität erlauben. Mit welcher Sicherheit und Überzeugung ein kleines Kind eine Zeichnung anfertigt, versetzt Erwachsene immer wieder in Erstaunen. Basis dieser Sicherheit ist wohl das geordnete Gebilde selbst, das auf dem Papier erscheint. Es besteht aus einander geometrisch zugewiesenen Formen. Zeichnet ein etwa vierjähriges Kind z. B. einen Baum, so sieht das folgendermaßen aus: Ein senkrechter Strich bezeichnet den Stamm. Ihn kreuzen – sorgsam parallel – viele kurze Striche im rechten Winkel, welche die Äste darstellen.

Häufig wird aufgrund dieser Darstellungsform die Meinung geäußert, daß das Kind die Gegenstände ›sehr abstrakt‹ abbilde. Dies würde jedoch implizieren, daß es dem Kind möglich ist, die Dinge in ihrem ›Wesen‹, ohne schmückendes Beiwerk, darzustellen (HARTLAUB, 1922). Kann also in diesem Zusammenhang tatsächlich von ›Abstraktion‹ die Rede sein? Als gesichert gilt, welche Ordnung das Kind beim Zeichnen anstrebt. Gemessen an dem verfügbaren Repertoire, *muß* sich das Kind, wenn es seine unmittelbare Umwelt abbildet, geometrischer Formen bedienen. »Die Anschauung des Raumes ist kein Ablesen der Eigenschaften der Gegenstände, sondern vielmehr von Anfang an ein auf die Gegenstände ausgeübtes Handeln. Und weil Handeln die physikalische Wirklichkeit bereichert, anstatt ihr einfach geformte Strukturen zu entnehmen, kann es nach und nach über sie hinausgelangen, bis es schließlich formalisierbare operatorische Schemata bildet, die aus sich selbst heraus funktionieren. Die Geschichte der geometrischen Anschauung ist also, vom elementaren sensomotorischen Handeln bis hin zur formalen Operation, die Geschichte einer Aktivität im eigentlichen Sinne. Diese Aktivität ist zuerst an den Gegenstand gebunden, dem sie sich akkomodiert; dabei assimiliert sie ihn aber so an ihr eigenes Funktionieren, daß sie ihn ebenso transformiert, wie die Geometrie die Physik transformiert hat« (PIAGET, INHELDER et al., 1975, S. 520; vgl. OERTER 1973[13], S. 339).

Wichtig ist also das Prozessuale des Akkomodierens bei der Wahrnehmung. Anders ausgedrückt: Das Kind setzt seine Potenzen der Umwelt entgegen, der sie sich anpassen. Aus diesem Vorgang resultieren kindgemäße Gestaltungsprinzipien, die nichts mit ontologischen, wesensergründenden, dem Gegenstand allein immanenten Strukturen zu tun haben.

Aufgrund dieser Feststellungen, die einen bestimmten Aspekt innerhalb der kindlichen Entwicklung spiegeln, ist es schlichtweg deplaziert, von ›Abstraktion‹ oder von einem Erfassen des Gegenstandswesens zu sprechen. Möglich könnte dies lediglich in dem Sinne ARNHEIMs (1974[2], S. 181) sein, »daß Wahrnehmung und Denken nicht ohne einander auskommen können ... Man kann Kants berühmten Ausspruch dahin variieren, daß man sagt: Anschauung ohne Abstraktion ist blind; Abstraktion ohne Anschauung ist leer.«

Diese Klärung war notwendig, um die folgenden Konstruktionsarten gemäß ihrer Wertigkeit einordnen und anschließend über den *Zusammenhang von Formqualität und Bedeutung* (MÜHLE, 1967[2]; RICHTER, 1976) sprechen zu können (beide Bereiche gehen ineinander über und lassen sich nur bedingt getrennt behandeln).

Man könnte annehmen, daß sich beim Kind, das die Endstufe der Kritzelphase erreicht hat, im Zuge zunehmender Zeichnungsentwicklung die Tendenz einstellt, Wirklichkeit abzubilden. Damit meinen wir, daß eine Phase möglichst getreuer Wiedergabe der äußeren Umwelt denkbar wäre. Dies ist jedoch überraschenderweise nur bedingt der Fall, da die Zeichnungen wenig mit den wahrgenommenen Gegenständen zu tun haben, zumindest was den formalen Aufbau der jeweiligen Gegenstände betrifft. LUQUET hat diese Phase als ›intellektuellen Realismus‹ bezeichnet. »Er besteht darin, daß nicht das gezeichnet wird, was die Person vom Gegenstand sieht (auf die Perspektive gegründeter visueller Realismus), sondern ›alles, was darin ist‹ (LUQUET: *Dessin enfantin*, S. 224). Auf dieser zweiten Stufe kann man daher die Eigenschaften der graphischen Raumvorstellung nicht mehr dem bloßen technischen Ungeschick oder der ›Unaufmerksamkeit‹ zuschreiben. Wir haben vielmehr ein teilweise beabsichtigtes und mit Sicherheit systematisches und dauerhaftes Schema vor uns« (PIAGET, INHELDER et al., 1975, S. 76).

Dieses Schema läßt sich in mehrere Phänomene aufgliedern. Grundsätzlich bleibt das Kind in dieser Altersstufe seinem Wunsch treu, mit dem Stift auf irgendeiner Oberfläche etwas zu erzählen. Und zwar wird der Gegenstand der ›Zeichnungs-Erzählung‹ so stark dem erzählerischen Moment untergeordnet, daß sogar unsichtbare Teile des Objekts dargestellt werden. Das wäre der eine Aspekt der Zeichnung, der andere ist die Bewältigung des Themas auf dem zur Verfügung stehenden Platz. Es erscheinen meist – was einer Erzählung auch adäquat ist – mehrere Gegenstände auf einem einzigen Blatt (vgl. Textabb. 27).

Wichtigstes Unterscheidungsmerkmal für die unterschiedlichen Gegenstände ist im zeichnerischen Bereich der *rechte Winkel* (BRITSCH, 1930[2]). Dieser gibt Aufschluß über die Zusammengehörigkeit bestimmter Formenelemente innerhalb eines Motivs. Man denke z. B. an die Darstellung eines Baumes: Die Äste erscheinen im rechten Winkel zum Stamm. Bei dem Bemühen, ein Haus im Umriß zu zeichnen, wird der Kamin gleichfalls rechtwinklig auf das Dach gesetzt (vgl. Textabb. 28). Ähnliches gilt für die Darstellung der Hände beim Menschen. Sie stehen rechtwinklig zum Arm, wobei die einzelnen Finger – die Anzahl bleibt dabei unberücksichtigt – wiederum rechtwinklig zur Hand stehen. Erst später wird der Handteller durch einen Kreis angedeutet und werden die Finger ›richtig‹ angesetzt.

Der Begriff ›rechter Winkel‹ hat sich zwar eingebürgert, trifft jedoch nicht die Intention des Kindes. Das Kind will damit einfach die größtmögliche Richtungsunterscheidung deutlich machen, die ein Gegenstand zu einem anderen hat. Noch dazu stammt der Begriff ›rechter Winkel‹ aus der Geometrie und suggeriert dem Erwachsenen, das Kind benutze bewußt dieses Winkelmaß in seiner Zeichnung.

27 Kinderzeichnung ›Schloß‹ (Mädchen, 7 Jahre, 1 Monat)

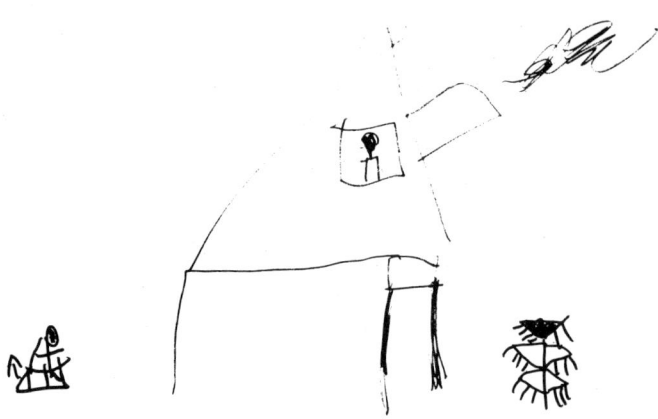

28 Kinderzeichnung ›Haus‹ (Junge, 4 Jahre, 9 Monate). Der Kamin ist im rechten Winkel auf das Dach gesetzt

Ein weiteres Mittel zur Bildkonstruktion ist die *Aufrichtungstendenz* (MÜHLE, 1967², S. 90): Alle gezeichneten Gegenstände sind auf eine Grundlinie bezogen. Man spricht häufig auch von *Standlinienbildern*. In diesem Fall wird der Blattrand oder eine vom Kind am Blattrand gezogene Linie benützt, um all die Gegenstände und Personen, die in der ›Bild-Geschichte‹ eine Rolle spielen, daraufzustellen (vgl. Textabb. 29). Oft wird ergänzend auch der obere Blattrand als Begrenzung durch eine Linie markiert. Zwischen den beiden Grenzstrichen, meistens auf der unteren Linie, sind die Personen bzw. die Gegenstände der Erzählung angeordnet. Die obere Linie dient in diesem Fall als Himmel. Die Aufrichtungstendenz hat nach MÜHLE (1967², S. 91 f.) nichts mit der ›Seite‹ eines rechten Winkels zu tun, sondern steht in Relation zur ›Standlinie‹ oder ›Bodenlinie‹. Von SCHALLER und HARRIS wird folgendes Experiment berichtet: Es werden auf einem Blatt Papier ein Quadrat, das zur Hälfte schwarz ausgefüllt ist, und eine mit Linien dargestellte Hantel vorgegeben. Die Aufgabe lautet: Drehe die Abbildungen so, daß sie aufrecht stehen. Etwa fünfjährige Kinder bewegen das Quadrat so, daß der schwarze Teil nach oben zeigt. Die Hantel wird vom Kind so gedreht, daß sie vertikal steht, wohingegen ein Erwachsener sie in eine horizontale Lage bringt. Dies bedeutet, daß das Empfinden für das Oben und Unten mit dem Alter wechselt. Auf das eben Gesagte übertragen, könnte dies bedeuten, daß das Kind sich mit der ›Bodenlinie‹ ein Unten schafft, auf das alle Gegenstände gestellt werden. Denn mit zunehmendem Alter wird aus der undifferenziert gezogenen ›Bodenlinie‹ der tatsächliche Untergrund, auf dem die abgebildeten Gegenstände stehen. Die ›Bodenlinie‹ ist dann nicht mehr Hilfslinie, sondern realer Untergrund.

Im Gegensatz zur Kritzelphase, in der die gezeichneten Gegenstände ohne Richtungsqualität, ohne Koordinierung wahllos auf dem Zeichenblatt verteilt waren, bildet sich jetzt allmählich ein Gesamtsystem heraus, das bisweilen sogar um eine zweite Bodenlinie, oberhalb der ersten, ergänzt wird, um auf diese Weise noch mehr Gegenstände oder Personen unterzubringen. Doch ist eine solche Form der Gegenstandsordnung nicht sonderlich stark fixiert, so daß das Kind, wird z. B. das Motiv ›Kinder

29   Kinderzeichnung ›Unsere Dorfstraße‹ (Junge, 6 Jahre, 8 Monate). Beispiel für ein Standlinienbild

springen im Kreis‹ vorgegeben, das Blatt einfach dreht und weiterzeichnet. Dadurch wird die Aufrichtungstendenz in der Weise beibehalten, daß die auf dem Blatt. dargestellten Kinder auf einer oval verlaufenden Linie nach außen ›geklappt‹ werden (vgl. Farbtafel 9). Insofern kann auch von einem *Drehbild* gesprochen werden. Am häufigsten finden wir diese ›geklappte‹ Wiedergabe von Umwelt, wenn es sich um die Darstellung eines Häuserblocks handelt, der von Straßen umgeben ist, oder wenn das Thema ›Wir zeichnen unsere Straße‹ behandelt wird. Die Zeichnung erscheint als Klappbild. Das Kind nimmt jedoch nicht immer eine Drehung der Zeichenfläche vor. Die Kinder auf der Wiese werden z. B. nach rechts und links geklappt.

Eigentümlich verfährt das Kind beim Aufbau der dargestellten Gegenstände. Dabei zeigt sich zum Erstaunen der Erwachsenen, daß verschiedene Ansichten, z. B. Vorder- und Seitenansicht, Vorder- und Aufsicht, in einer *Simultanansicht* zeichnerisch wiedergegeben werden, obwohl dies in *einem* Wahrnehmungsakt nicht geleistet werden kann. Interessant ist in diesem Zusammenhang ein Forschungsergebnis von HUDSON (1972). Er legte afrikanischen Kindern und Erwachsenen zwei Bilder vor, die die wesentlichen Merkmale eines Elefanten darstellten. Das eine war genau perspektivisch gezeichnet, das andere zeigte den Elefanten in der Aufsicht, die Beine waren jeweils nach außen geklappt. Von den Versuchspersonen, die keine Schule besucht hatten, wurde der Elefant erkannt und vorgezogen, der mit ausgeklappten Beinen dargestellt war. Der Forscher führt das perspektivische Sehen auf den kulturellen Einfluß zurück. Die Klappbild-Darstellung ist in allen Kulturen zu finden, sogar in solchen, in denen diese Darstellung von den Erwachsenen als falsch oder schlecht beurteilt wird (DEREGOWSKI, 1975). Dominant ist bei dieser Darstellungsart der erlebnismäßige Eindruck vom dargestellten Gegenstand und nicht der durch das Auge wahrgenommene (SEITZ, 1974).

Die bis jetzt erwähnten Konstruktionsarten – rechter Winkel, Aufrichtungstendenz, Umklappen, Simultanansicht usw. – ergeben häufig eindrucksstarke Zeichnungen. Ihre Wirkung wird bisweilen dadurch erhöht, daß die unterschiedlichen Konstruktionsmethoden keiner linearen Entwicklung unterliegen, sondern gleichzeitig innerhalb eines Bildes auftreten können. Daher ist es äußerst schwierig, mit exakten Altersangaben aufzuwarten, da der nächste Entwicklungsabschnitt erst bei ca. elf Jahren einsetzt.

Es gibt noch einige Varianten der Darstellungsform in dieser Phase. Ein Kind zeichnet z. B. das Haus, in dem es wohnt. Neben den schon erwähnten zeichnerischen Mitteln überrascht noch ein weiterer Umstand: Es wird nicht nur die Fassade dargestellt, sondern im Hausinnern die Zimmereinteilung der elterlichen Wohnung sichtbar gemacht – was objektiv unmöglich ist. Und zwar werden ganz bestimmte Gegenstände sichtbar, Gegenstände, mit denen sich das Kind subjektiv emotional sehr stark verbunden fühlt: z. B. Bett, Puppen oder Spielzeug. Man spricht bei solchen Darstellungen von *Transparentbildern, Röntgenbildern* (SEITZ, 1974, S. 50) oder Zeichnungen scheinbarer Durchsichtigkeit (MEYERS, 1960, S. 33). Es handelt sich hier jedoch nicht um eine optische Durchdringung, sondern um eine, die die Vorstellung leistet und leitet (vgl. PIAGET, INHELDER et al., 1975, S. 293 f.).

Zwei weitere Darstellungsformen, die das Kind verwendet, sind nach LEVINSTEIN (vgl. MÜHLE, 1967², S. 102): *Streubilder* und *Erzählungsbilder*. Streubilder sind in ihrer Gestaltungsweise so aufgegliedert, daß sie einzelne Figuren darstellen, die anscheinend miteinander nichts zu tun haben und keinen erlebnismäßigen Bezug aufweisen. Das Erzählungsbild oder die *additive Darstellung* (SEITZ, 1974, S. 46) ist ein Stimmungsprodukt, in dem ein zeitlicher Ablauf oder ein Bewegungsablauf, z. B. eine bestimmte Situation eines Fußballspiels, festgehalten wird: Die Spieler stehen in diesem Fall nebeneinander, und der Ball ist ein paarmal auf dem Bild zu sehen, und zwar in der Abfolge, in der er von einem Spieler zum anderen gespielt wird (vgl. Textabb. 30). Einem im Zeichnen geübten Erwachsenen würde dieses Motiv keine Schwierigkeiten bereiten. Die zu zeichnenden Personen würden bei ihm teilweise verdeckt zu sehen sein. »Dem Kind verwehrt sich diese Darstellungsweise, nicht nur, weil es nur den Vorgang und nicht seine optisch wiederholbare Erscheinungsweise beobachtet, sondern, weil es möglichst *klar* zeich-

30 Kinderzeichnung ›Kinder beim Fußballspielen‹

nen will. Der Klarheit widersprechen aber Überschneidungen,
durch die dahinterliegende Dinge verdeckt werden« (SEITZ,
1974, S. 47). Weitere detaillierte Ausführungen zu einzelnen
Bildtypen finden sich bei MEYERS (1960).

Eine Sonderstellung innerhalb der Motivverarbeitung nimmt
in der Phase des kindlichen Realismus der Mensch und dessen
Darstellung ein. Was jedoch nicht heißt, daß jedes Kind im
Laufe seiner zeichnerischen Entwicklung den ›Kopffüßler‹ zeichnen muß, um als normal in seinem zeichnerischen Fortgang zu
gelten. Die ersten Menschendarstellungen fallen in die Zeit, in
der das Kind seine Zeichnungen zu benennen beginnt.

MÜHLE (1967², S. 55) sieht drei Wege, die zur Menschendarstellung führen:
– der Weg über die Rundform;
– der Weg der Einschnürung des Ovals;
– der Weg der Aneinandergliederung mehr oder weniger runder
  Formen von unterschiedlicher Größe für den Kopf und den
  Rumpf.

31 Kinderzeichnung ›Meine Mutter‹ (Junge, 4 Jahre, 1 Monat).
Beispiel für einen Kopffüßler

Die beiden ersten Möglichkeiten werden von MÜHLE als Holz-
wege bezeichnet, da sie seiner Meinung nach zur Schablonenbildung führen, während die dritte Möglichkeit die Schemabildung
ermöglicht, die sich positiv auf die zeichnerische Entwicklung aus-
wirkt. Sieht man vom Endpunkt, Schablone oder Schema, einmal ab, dürfte es jedoch angesichts des prozessualen Charakters
der Menschendarstellung nicht so sein, daß das Kind von vornherein die Aneinandergliederung von runden Formen zur
Grundlage dieser Motivgestaltung macht.

SULLY (1897) bezeichnet die ersten Menschendarstellungen als
Kaulquappenmännchen (vgl. Textabb. 31). Der Mensch wird
durch einen mehr oder weniger regelmäßigen Kreis dargestellt.
An der Unterseite stellen zwei vertikale Linien die Beine dar.
Weiter sind im oberen Viertel zwei horizontale Striche für die
Arme angebracht. Der Kreis selbst wird mit Punkten und Strichen versehen, die das Gesicht markieren. Diese Art der Darstellung wirft die Frage auf, ob das Kind nur den Kopf darstellen will (dann würden sich die Extremitäten erübrigen),

191

oder ob es den ganzen Menschen darstellen will (dann würden sich die Gesichtszüge, die über den gesamten Kreis verteilt sind, an der falschen Stelle befinden).

Bei der weiteren Entwicklung der Menschendarstellung kommt es dazu, daß der Kopf differenziert dargestellt und ein Rechteck am Kreis angesetzt wird, mit Verlängerungsstrichen für die Beine. Eine andere Möglichkeit der Herausgliederung ist das Einschnüren des ehemaligen Kreises oder das Hinzutreten eines zweiten Kreises als ›Kopfkreis‹, der allerdings in der Regel kleiner ausfällt. Offensichtlich ist der Kopf das Leitmotiv der Zeichnung. Die letztgenannte Form der Darstellung ist das *typische Männchen* (WIDLÖCHER, 1974, S. 174), das weitgehend von fünfjährigen Kindern gezeichnet wird. Die weitere Entwicklung bringt dann eine differenzierte Ausarbeitung der Details. Mit ca. acht Jahren fügen die Kinder zwischen die zwei Kreise (Kopf und Rumpf) einen Hals ein.

Bis jetzt wurden die Männchen vom Kind weitgehend von vorn dargestellt. Allmählich setzt die Darstellung im Profil ein. Jedoch wird die ältere Darstellungsform nicht überwunden, sondern das Kind zeichnet die Männchen je nach Bedarf von vorn oder im Profil, entsprechend auch der jeweiligen Bewegungsintention, die es mit der dargestellten Person verbindet. Dabei läßt sich ein Stufenmodell der Profilsicht erkennen (WIDLÖCHER, 1974): Auf der ersten Stufe erscheinen die Arme im Profil, auf der zweiten Arme, Rumpf und Füße, auf der dritten schließlich Arme, Rumpf, Füße und Kopf. Eigenartigerweise erfolgt die Profilierung nach links.

Von besonderem Interesse ist die Untersuchung von STAUDTE (1977), deren Ziel es war, den Einfluß des sozialen Umfeldes auf das ästhetische Verhalten von Vorschulkindern (in Hamburg) zu bestimmen. Dieser Untersuchung zufolge sind zeichnerisches Verhalten und kreative Aspekte in einer Zeichnung »nahezu unbeeinflußt von Sozialstatus und Anregungsmilieu« (S. 212), jedoch ist bezüglich der visuellen Wahrnehmungsleistungen eine deutliche Benachteiligung der ›Unterschichtkinder‹ festzustellen.

Damit sind die Charakteristika der Kinderzeichnung, wie sie ungefähr bis zum elften Lebensjahr zu finden sind, dargestellt.

◁

Salvador Dali, Unsichtbare Büste Voltaires. 1940

2 Kreuz der Äbtissin Theophanu. Um 1040

3 Josef Albers, Huldigung an das
   Quadrat (Homage to the Square).
   1953

4 Augenamulett, wie es zur Zeit als
   Modeschmuck im Handel ist

◁

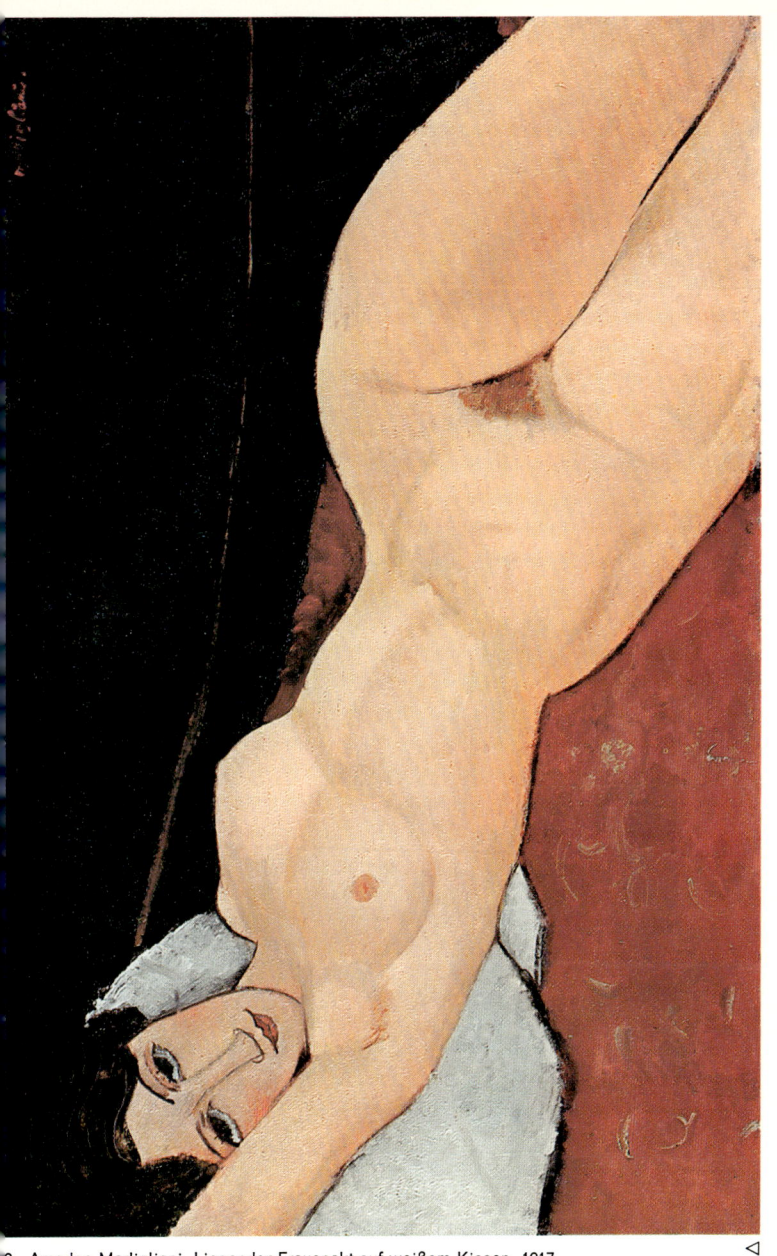

6 Amedeo Modigliani, Liegender Frauenakt auf weißem Kissen. 1917

◁ 5 Arnold Böcklin, Die Toteninsel. 1886

7 René Magritte, Die große Familie. 1947

8 Franz von Stuck, Die Sünde. 1893 ▷

Es ließ sich beobachten, daß jedes methodische Mittel, das vom Kind eingesetzt wird, einen Schritt von der Grob- zur Feinmotorik und damit zugleich eine Verfeinerung, eine Differenzierung des Wahrnehmungsvermögens bedeutet. Perspektive und Proportion sind dagegen in dieser Phase noch keine Kriterien für eine Kinderzeichnung. Die objektiv topologischen Gegebenheiten werden erst im Alter von elf Jahren zu einer eigenen Kategorie der bildlichen Darstellung eines Gegenstandes (PIAGET, INHELDER et al., 1975).

Auch hier stellt sich die Frage, wie es kommt, daß Kinder in einem bestimmten Alter bestimmte Bildmuster benutzen. Wir kennen zwar die Bildmuster, sind aber nicht in der Lage, mit Sicherheit zu sagen, welchen Ursprung sie haben (EICHMEIER, HÖFER, 1974).

Als nächstes gilt es zu überprüfen, in welchem Verhältnis Formqualität und Bedeutung stehen. MÜHLE (1967²) hat das Problem der Verbindung von Form und Bedeutung in seinen wesentlichen Facettierungen prägnant anhand vorliegender wissenschaftlicher Ergebnisse herausgearbeitet, warnt jedoch vor einer unkritischen Übernahme der Ergebnisse, und zwar u. E. zu Recht, weil es sich bei den Versuchen der Gestalttheoretiker (KATZ, VOLKELT, SANDER) fast ausnahmslos um ein Überprüfen des Nachziehens geometrischer Vorlagen handelt, die eigentlich nicht von vornherein Zeichenmotiv für Kinder sind. Denn es ist ein Unterschied, ob ein Kind sich mit dem Gegenstand emotional arrangieren kann oder ob es aufgefordert wird, geometrische Figuren nachzuzeichnen. Über die Wirkung emotional ansprechender Motive geben die Untersuchungen von LOEWENFELD (1960) Auskunft.

Ein anderer Forschungszweig beschäftigt sich mit der Problematik *Vorstellungsform* oder *Sehform* in der Kinderzeichnung. In diesem Zusammenhang wird von MÜHLE (1967, S. 43) vor allem auf HARTLAUB, WULFF und KOLB verwiesen. HARTLAUB geht davon aus, daß das Kind ein ›naiver Impressionist‹ ist, und kommt zur Feststellung, daß jedes Kind sich zwar den Gegenstand vorstellen, jedoch nur das begabte Kind ihn darstellen könne. Der Vergleich ist u. E. wissenschaftlich gesehen nicht stichhaltig, da sich der Impressionismus als Kunststil aus ganz anderen Faktoren herleitet als gewisse formale Ähnlichkeiten der Kinderzeichnung.

LEVINSTEIN und WULFF stellen als Akzent der Kinderzeichnung das Vorläufige heraus, weil es nicht den Typ des Naturalistischen im Sinne des Trompe l'œil repräsentiere. Soviel muß nach MÜHLE (1967²) davon akzeptiert werden, daß die ›Vorherrschaft des Visuellen‹ eine Loslösung von den ›Urzeichen‹ voraussetzt. Denn ist die Vorherrschaft des Visuellen erreicht und ist dennoch eine Rückkehr zum kindlichen Realismus festzustellen, hat man es mit zeichnerischen Fähigkeiten zu tun, die von der normalen Entwicklung abweichen (jedenfalls soweit die Kinderzeichnung in Betracht kommt).

Das physiognomische Erleben (vgl. Kap. 4 – *Psychoanalyse*) ist mit Anmutungserleben gleichzusetzen. Dieses Stadium ist vor allem unter psychologischem Gesichtspunkt interessant, da es Aufschluß über das Verhältnis des Kindes zu seiner Umwelt geben kann. Oft versteht das Kind z. B. längst den Bedeutungsgehalt bestimmter Wörter seiner Umgangssprache, ohne diesen schon im aktiven Wortschatz selbständig ausdrücken zu können. Um trotzdem seinem Mitteilungsbedürfnis nachzukommen, bedient es sich der Zeichnung. Vom fünften Lebensjahr an läßt sich eine eigentümliche Korrelation zwischen sprachlicher und zeichnerischer Äußerung und Intelligenz feststellen, die freilich nur etwa bis zum zehnten Lebensjahr Geltung hat (MÜHLE, 1967²; ARNHEIM, 1972).

Phase des visuellen Realismus

Bei ca. Elfjährigen beginnen die Zeichnungen Perspektive, Proportion und Maß aufzuweisen. Eine neue Form von Zeichnungskonstruktion ist erreicht, die des *visuellen Realismus.* »Das Kind hat von jetzt ab, was die Zeichnung betrifft, das Stadium des Erwachsenen erreicht« (WIDLÖCHER, 1974, S. 55). Dabei ist interessant, daß die hervorstechenden Charakteristika dieser Phase, Proportion und Perspektive, gleichzeitig konstruiert werden und sich gegenseitig abstützen und absichern (PIAGET, IN-HELDER et al., 1975). Jetzt entstehen Bilder, auf denen die abgebildeten Motive im ›richtigen‹ Verhältnis zueinander stehen. Umklappungen, Proportionsverzerrungen, bedingt durch gefühlsmäßige Teilhabe am Dargestellten, kurz: die Elementaria der zweiten Phase, sind überwunden. Das Bild wird als Ganzes geplant und entsteht nicht mehr Stück für Stück.

Wie verhält sich jetzt das Kind, was vollzieht sich im Kind als Zeichner? Soll das Kind nur das zeichnen, was es sieht, dann muß es zwangsläufig auf all das, was es darüber hinaus vom Gegenstand weiß, verzichten – verzichten im weiteren Sinne auch auf eine Bewertung des Dargestellten. Werden alle Motive einer bestimmten Perspektive unterworfen, so bedeutet dies, daß andere mögliche perspektivische Sichtweisen aufgegeben werden, was in der zweiten Phase noch nicht der Fall war. Man denke an die unterschiedlichen Konstruktionsarten. Es wird deutlich, daß die Charakteristika der dritten Phase den Verfall der ›eigentlichen‹ Kinderzeichnung initiieren. »In Wirklichkeit ist der Raum, den der visuelle Realismus darstellt, von ganz anderer Natur als derjenige, in dem sich die ›Objekte‹ des intellektuellen Realismus bewegen. Im visuellen Realismus bildet er letzten Endes das einzige dargestellte Objekt, und die Dinge, die er enthält, sind nur Elemente, die ihn zu einer unauflöslichen Einheit zusammensetzen. Im intellektuellen Realismus ist der Raum der Hintergrund, auf dem sich die Objekte aneinanderreihen. Sie sind es, die Zeichen bilden. Der konventionelle Raum, der sie umschließt, ist nicht der wirkliche Raum, in dem sie sich bewegen, sondern der symbolische Rahmen, von dem der darstellende Charakter der Zeichen abhängt. Hier handelt es sich um mehr als einen Unterschied der Blickwinkel« (WIDLÖCHER, 1974, S. 57). Um dieser Aussage zu einem höheren Maß an Gültigkeit zu verhelfen, ist es notwendig, Forschungsmethoden ausfindig zu machen, die unabhängig vom soziokulturellen Umfeld Aufschluß über eine weitere Gesetzmäßigkeit im zeichnerischen und malerischen Gestalten in der Pubertät geben können. Einen Ansatz hierzu bietet die Studie von WESTRICH (1968), in der 268 Arbeiten von Schülern untersucht werden.

Farbe in der Kinderzeichnung

Das Problem der Farbe ist bisher noch kaum wissenschaftlich erforscht. Die Aussagen der Kunstpädagogik sind so gehalten, daß sie Techniken des Malens beschreiben und versuchen, sie didaktisch-methodisch für den Unterricht einsetzbar zu machen. Über die Bedeutung von Farben in der Kinderzeichnung wird dagegen wenig Zufriedenstellendes gesagt. Man bewegt sich weitgehend in Allgemeinplätzen: »Gerade das kleine Kind empfindet die lebhaften Farben sehr stark, und das größere versteht die Schönheit der reinen Linie am besten« (OZINGA, 1971, S. 122). Da das Kind angeblich die schreiendsten und lebhaftesten Farben nebeneinander setzt, weil es noch kein Gefühl für Harmonie hat, gibt OZINGA (1971, S. 122) folgenden Rat: »Man kann ihm (dem Kind, *Anm. d. Verf.*) jedoch beibringen – und zwar schnell genug –, welche Farben zusammenpassen und welche nicht, wie man in der Musik lehrt, daß Akkorde richtig oder falsch sein können.« Ob diese Einstellung seitens der Erwachsenen das Problem: Erziehung zur Farbgebung löst, ist zu bezweifeln. Auch ist der Gesichtspunkt, daß alle Altersstufen eine Vorliebe für Farben haben, und die Folgerung, daß ein Bedürfnis bestehe, dem Seelischen in der Zeichnung Ausdruck zu verleihen, allzu dürftig, da nichts darüber gesagt wird, was es denn mit dem Seelischen und der Farbe auf sich hat. Selbst MÜHLE (1967[2]) widmet der Frage von Farbgebung, Farbfunktion und Farbwirkung in der Kinderzeichnung keine Zeile.

In den zwanziger Jahren unseres Jahrhunderts haben sich vor allem englische und nordamerikanische Forscher um die Phänomene der Farbwirkung und der Farbpräferenzen bei Säuglingen und Kleinkindern bemüht (vgl. VOLKELT, 1962). VALENTINE gelang das Messen der Blickdauer an einem jeweils vorgegebenen Farbpaar bei drei Monate alten Säuglingen, und zwar für neun Farbtöne (VOLKELT, 1962, S. 204; vgl. Textabb. 32).

VOLKELT dokumentiert das Gesamtergebnis des paarweisen Vergleichs von Farben. Jede Farbe ist mit jeder verglichen worden. Sparte *For* gibt Auskunft, wieviel Zeit (in Sek.) bei den Ver-

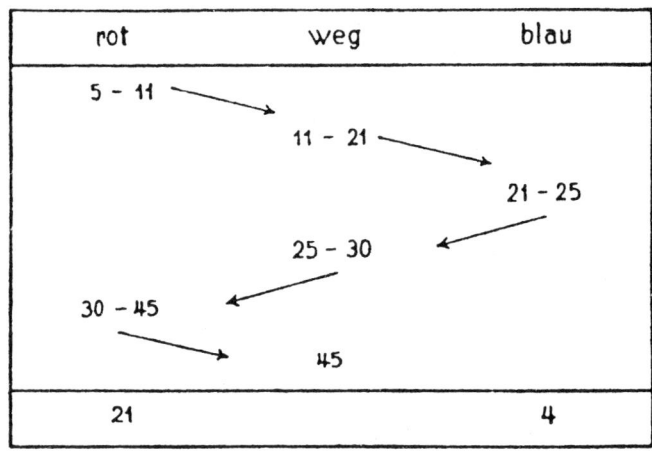

rot	weg	blau
5 – 11		
	11 – 21	
		21 – 25
	25 – 30	
30 – 45		
	45	
21		4

32 Die Blickdauer von drei Monate alten Säuglingen bei zwei vorgegebenen Farbtönen

gleichen für die einzelne Farbe, Spalte *Against,* wieviel Zeit für
die jeweils andere Farbe beim Vergleich aufgewendet wurde.
Ganz rechts in der Spalte wird der Beachtungsrang angegeben.
Es zeigt sich, daß die bunten Farbtöne und nicht die Helligkeits-
werte der Farbtöne den Rangunterschied entscheidend bestimmen. Gelb kommt vor Weiß, Schwarz vor Grün, Blau und
Violett (vgl. Textabb. 33).

Für das Verhältnis zwischen Form und Farbe fand VOLKELT
(1962, S. 223) mit Hilfe dieses verschärften Verfahrens, »*daß
die Farben noch weit entschiedener als bei Katz und Alice
Descoeudres den Formen überlegen sind*«. Wie kommt es, daß
die Farbe der Form vorgezogen wird? VOLKELT gelangt zu der
Feststellung: »Im Gesamtbereich der Qualitäten stehen die Farben dem Gefühl erheblich näher als die Formen! Deshalb sind
sie in ihrer Eigenart mit wesentlich primitiveren Mitteln (ohne
jede geistige Aufgliederungsarbeit und ohne jede Fügungsbe-
mühung) zu erfassen, und wiederum deshalb sind sie in der Entwicklung des Kindes früher als die Formen berufen, ähnlich-
keitsstiftend zu sein.« Dies schließt jedoch nicht aus, daß in

	Yellow	White	Pink	Red	Brown	Black	Green	Blue	Violet	For	Against	%
Yellow		76	17	106	31	88	133	50	24	525	137	79,3
White	42		48	70	104	53	153	22	188	680	246	73,4
Pink	4	96		46	79	19	77	102	53	476	186	72,2
Red	23	24	26		40	45	6	39	39	242	243	45,3
Brown	8	3	0	28		33	4	37	38	151	275	37,8
Black	0	38	39	10	18		3	37	4	149	263	35,7
Green	23	9	19	20	0	0		0	94	165	421	28,2
Blue	37	0	37	3	3	13	22		7	122	300	28,9
Violet	0	0	0	0	0	12	23	13		48	447	9,7
Totals	137	246	186	283	275	263	421	300	447			

33 Beispiel für Farbbevorzugungen bei Kleinkindern

Farbe-Form-Versuchen, »in denen die Form für das handelnde Kind in besonderem Grade *praktisch-sinnvoll* ist, während die Farbe für das Kind ›gar keinen Wert‹ hat, dem Kinde die Formgleichheit weit wichtiger als die Farbgleichheit ist«.

Wenden wir unser Interesse von diesen Fallstudienergebnissen den Resultaten von Repräsentativumfragen zu. FRIELING (1968; vgl. OERTER, 1973[12]) beginnt in seiner Studie mit den Fünf- bis Achtjährigen als unterster Altersgruppe. Bei ihnen nehmen die Farben Purpurviolett, Rot und Gelb den ersten Rang ein, konkurrierend mit Ultramarin, während die Farben Schwarz, Weiß, Grau und Dunkelbraun (Braun) auf Ablehnung stoßen. Bei den Neun- bis Zehnjährigen werden die Farben Rot, Purpur und Grünblau bevorzugt, auf Ablehnung stoßen Grau, Dunkelbraun sowie Lichtgrün und Lichtblau (vgl. Textabb. 34).

Diese Ergebnisse erscheinen zunächst bestechend, jedoch ist zu bedenken, daß sie gegenstandsungebunden erzielt wurden; insofern sind sie mit Vorsicht aufzunehmen (vgl. Kap. 6 – Reiz ›Farbe‹).

5 bis 8 Jahre, Vorzug aus 23 Farben

Purpurviolett (P)	männl.	13 %	weibl.	16 %
Rot (R)	männl.	16 %	weibl.	17 %
Gelb (G)	männl.	8,6 %	weibl.	8,2 %
Rosa (Rs)	männl.	5,5 %	weibl.	11 %
Ultramarinblau (Ul)	männl.	7,5 %	weibl.	5,8 %
Gelborange (Or)	männl.	6 %	weibl.	6,8 %
Blau (B)	männl.	6,3 %	weibl.	6 %
Grün (Gr)	männl.	5,2 %	weibl.	4,5 %
Grünblau (Grb)	männl.	4,8 %	weibl.	2,9 %
Zitron (Ggr)	männl.	4,1 %	weibl.	3,5 %
Rotorange (Ror)	männl.	4 %	weibl.	3 %
Violett (V)	männl.	3,7 %	weibl.	2,7 %

9 bis 10 Jahre, Vorzug

Rot (R)	männl.	20 %	weibl.	20 %
Purpurviolett (P)	männl.	13 %	weibl.	16 %
Grün (Gr)	männl.	10 %	weibl.	9 %
Ultramarin (Ul)	männl.	11 %	weibl.	7,3 %
Gelb (G)	männl.	8,5 %	weibl.	9,7 %
Rosa (Rs)	männl.	2,8 %	weibl.	10,2 %
Grünblau (Grb)	männl.	6,6 %	weibl.	6,4 %
Blau (B)	männl.	3,8 %	weibl.	7,6 %
Gelborange (Or)	männl.	6 %	weibl.	5 %
Violett (V)	männl.	4,5 %	weibl.	1,2 %

34   Tabelle der Farbbevorzugungen von fünf- bis zehnjährigen Kindern

Wichtig für Analyse und Diagnostik von Farbbildern ist, daß man weiß, wie die mit Buntstiften, Wachsmalstiften, Filzstiften oder Fingerfarben gezeichneten oder mit Wasserfarben gemalten Bilder entstanden sind. Denn ein Buntstift z. B. wird vom Kind in der Regel nicht sofort neu nachgespitzt, wenn der Farbton immer schwächer wird und die Stiftspitze nur noch eine Mischung von Holz und Farbe hergibt. Ähnliches gilt für den Filzstift und auch für andere Zeichen- und Malutensilien. Es besteht in diesen Fällen die Gefahr einer ›Überinterpretation‹ seitens des Beobachters – ebenso natürlich auch, wenn dem Kind nur eine geringe Anzahl von Farben zur Verfügung steht und die getroffene Farbwahl dennoch als voraussetzungslose Entscheidung gewertet wird.

Grundsätzlich muß davon ausgegangen werden, daß die vom Kind den Farben zugewiesenen Potenzen von den natürlichen Entsprechungen zwischen Farbe und Umwelt gestützt werden und daß diese Korrelationen Grundlage der Farbwahl sind. Jedoch finden wir in der zweiten Phase der zeichnerischen Entwicklung Objekte in Farben wiedergegeben, die den Objektfarben nicht entsprechen. Kriterien, nach denen Bilder wegen ihrer Farbgebung zu bewerten sind, gibt es weder auf kultureller noch auf interkultureller Ebene, und wir haben z. B. keine eindeutigen Aufschlüsse darüber, was es bedeutet, wenn ein Kind eine Kuh blau malt.

Aus pädagogischer Sicht hat sich zum Farbproblem in der zweiten Phase vor allem EBERT (1967, S. 108) geäußert. Er gibt zu bedenken, »daß vieles von dem, was grundgelegt ist (beim Kind, *Anm. d. Verf.*), im Rahmen üblicher Erziehungsmaßnahmen nicht zum Zuge kommt, wie z. B. das Farbgefühl«. Von EBERT wird hervorgehoben, daß das Grundschulkind, aber auch das Hauptschulkind, soweit als notwendig, über Form und Farbe weitgehend frei verfügen soll. Es ist nicht einzusehen, warum bildnerische Probleme, die mit dem Pinsel gelöst sind, nicht gleich hoch bewertet werden können wie zeichnerische und warum naive Farbaussagen, die analog zur naiven Formaussage gesehen werden können, weniger Beachtung finden als realistische Farbgebung.

EBERT zeigt, daß es ›weiße Stellen‹ in der Kunstpädagogik gibt, wo es um das Problem Farbe und Malen in der Grundschule geht. Die künftigen Kunsterzieher werden an den Hochschulen meist nur über Konstruktionsarten der Kinderzeichnung informiert, jedoch nicht über das Verhältnis des Kindes zur Farbe. Themen wie z. B. Weihnachten, Ostern, Besuch, Urlaub, Fußballspiel usw. unterliegen dann allzuleicht der verordneten Farbgebung des Lehrers. Daß damit langsam, aber sicher das Bedürfnis, sich frei mit Farbe auszudrücken, erstickt wird, steht außer Frage. »Was eigentliches Malen verhindert, ist dieser ständig forcierte *Einbruch von Gestaltungstendenzen, denen Formprobleme zugrunde liegen*« (EBERT, 1967, S. 115).

Zeichnung und Inhalt

Neben der sicheren Handhabung der Utensilien für das Zeichnen und Malen und der Entwicklung des räumlichen Denkens, das durch Zeichnen und Malen gefördert wird, macht das Kind vor allem in der zweiten Phase intensive Umwelterfahrungen. Wir können davon ausgehen, daß Wahrnehmen Einwirken auf die Umgebung bedeutet, und zwar in dem Sinne, daß wir beim Wahrnehmen die Umgebung nach unseren Interessen zerlegen. In diesem Prozeß kommt es zu einer Annäherung zwischen Subjekt und Objekt, Kind und Umwelt; das Ergebnis dieser Annäherung wird nach PIAGET (1975) vom Kind in seiner Zeichnung realisiert, und zwar dahingehend, daß das Bild in Form der Zeichnung zunächst sprechunabhängig »mit den individuellen Formen des Denkens« verbunden ist (PIAGET, 1975, S. 93; vgl. ARNHEIM, 1974², S. 245).

Themen aus der Umwelt, so z. B. Mama, Papa, Familie, Auto, Baustelle, Weihnachten, Straße, Spielplatz, Geburtstag, Besuch usw., sind allenthalben Anlaß für ein Kind, sie als Bild in seiner ›individuellen Sprache‹ festzuhalten. Den Kern der Darstellung macht dabei die ›indviduelle Ausdrucksform‹, die ›frei‹ gewählte Form aus, die dem abgebildeten Gegenstand übergestülpt wird. Dies wird häufig durch das Setzen von Punkten und Strichen erreicht. Mit geringem Aufwand an zeichnerischen Mitteln erzielt das Kind die jeweilige Wirkung bezüglich der Bedeutung des Gegenstands. SOLLEY und HAIGH (1957, S. 1–5) berichten von einem ihrer Versuche: Acht Kinder zwischen fünf und sieben Jahren zeichneten einmal wöchentlich vor Weihnachten ein Bild des Weihnachtsmannes. Die Figur fiel immer größer aus, je näher das Fest rückte. Auch die Details wurden zunehmend berücksichtigt. Nach dem Fest schrumpfte die Figur des ›Santa Claus‹ dann zu einer unbedeutenden Größe zusammen, und Details wurden gänzlich weggelassen.

In engem Zusammenhang mit der kindlichen Umweltaneignung mittels der Zeichnung steht die Persönlichkeitsstärkung. Kinderzeichnungen sagen nicht nur etwas über den abgebildeten Gegenstand aus, sondern auch über den Zeichner selbst. Es werden einerseits die praktischen Fähigkeiten offenbar, andererseits treten Persönlichkeitszüge hervor, die ohne zeichnerische Tätigkeit nur schwer eruierbar wären. Zum Ausdruckswert einer Zeichnung soll schon LEONARDO DA VINCI gesagt haben: »Die Person, welche zeichnet oder malt, neigt dazu, ihren Figuren die eigenen, körperlichen Empfindungen zu verleihen, sofern sie sich nicht durch ein langes Studium davor zu schützen vermag« (nach SCHETTY, 1974, S. 10).

Durch die Erforschung individueller Anmutungserfahrungen, die in die kindliche Präsentationsform des Objektes einfließen, ist es dem Erwachsenen möglich zu erkennen, wie das Kind das dargestellte Objekt erlebt. Dieses Erleben ist wörtlich zu nehmen. Der erwachsene Zeichner oder Maler kann erzählen, was er sich bei der Darstellung eines Objekts gedacht hat, dagegen ist das Kind meist noch nicht fähig, einen entsprechenden mündlichen Kommentar abzugeben. Dies muß weitgehend die Zeichnung selbst leisten, eigentlich: ersetzen (vgl. Kap. 9 – *Vom Zeichnen zur Therapie*).

Gehen wir einen Schritt weiter. Wenn festgestellt ist, was Objekt der Zeichnung ist, gilt es, die Größe, Gestalt und Farbe der Personen, Tiere oder Gegenstände zu berücksichtigen. Man kann z. B. aus einer Zeichnung, die Mutter, Vater und Kind darstellt und den Vater unverhältnismäßig groß abbildet, die These ableiten, daß dieser als autoritäre Person empfunden wird.

Aus der Möglichkeit, zeichnen und malen zu dürfen, ergibt sich für das Kind die Chance, bei entsprechend kompetenter Betreuung durch Erwachsene, sich selbst in seiner Umwelt zurechtzufinden und wohlzufühlen, da es die Dinge und damit sich selbst in ein Verhältnis zur Umgebung setzt und diese auf solche Weise subjektiv bewältigt.

Wir haben bisher festgestellt, daß die Kinderzeichnung Ausdruckswert im Sinne eines Erzählens über Anmutungen hat, das heißt, sie impliziert Anmutungsqualitäten, die das Kind sozusagen den dargestellten Gegenständen ›anhängt‹. WIDLÖCHER und SCHETTY sehen darin – tiefenpsychologisch formuliert – die Qualität einer Projektion (vgl. SCHRAML, 1970[3]). Für WIDLÖCHER (1974, S. 99) stellt »die Zeichnung in gewisser Weise einen Projektionsversuch dar, weil (sie) die Sehweise des Kindes widerspiegelt. (...) Das Kind projiziert sich in der Zeichnung, weil wir, wenn wir sie betrachten, von dem Kind ein bestimmtes psychologisches Portrait entwerfen können«. Es werden dabei vier Ebenen unterschieden, die den Ausdruckswert der Zeichnung ausmachen: zeichnerische Gebärde, Behandlung der Zeichenoberfläche, Wahl der Formen und Wahl der Farben.

Die zeichnerische Gebärde schließt ein, daß wir das Kind beim Zeichnen beobachten und in etwa Auskunft über sein Temperament und seine emotionalen Reaktionen bekommen. Beides, zeichnerische Gebärde und emotionale Reaktion, muß zusammen gesehen werden. Zögernder, unterbrochener Strich läßt sich von einem Aggressionsduktus verhältnismäßig leicht unterscheiden. Dabei ist auf die enge Verbindung zur Graphologie und auf die Untersuchungen von Rose ALSCHULER und B. WEISS HATTWICK hinzuweisen (vgl. WIDLÖCHER, 1974). Beide stellten fest, daß Kinder, die geraden Linien und Winkeln den Vorzug geben, realistische, oft auch aggressive und opponierende Kinder sind. Gebogene, barocke Formen werden dagegen von sensiblen und phantasievollen Kindern bevorzugt, die sich bemühen, von den Eltern bzw. den Dauerbezugspersonen anerkannt zu werden, denen es jedoch an Selbstvertrauen mangelt. Der Gebrauch von Kreisformen läßt auf Unreife schließen. Ausgeglichenheit und gezügelte Impulsivität signalisiert ein gleichgewichtiger Gebrauch von Kreisformen und vertikaler Linie. Auch die Frage der Raumnutzung ist ein Bestandteil der Betrachtung. Die Tendenz der Oberflächenüberschreitung ist als Zeichen mangelnder Kontrolle zu werten und zugleich als Zeichen für Unreife, für obstruktive, rebellische Haltung gegenüber der Autorität. Aber auch das systematische Ausfüllen der gesamten Oberfläche ist oft ein Indiz für Unreife. Andererseits wird von vielen Kindern nur ein Teil der zur Verfügung stehenden Oberfläche als Zeichengrund benutzt: Liegt die ausgenutzte Fläche außerhalb der Mitte und ist sie zudem noch sehr klein, könnte eine gewisse Unausgeglichenheit des Kindes vorliegen. Wird die obere Seite des Blattes benutzt, läßt dies auf eine Tendenz zum Stolz, wird die untere Seite benutzt, läßt dies auf eine Tendenz zur Stabilität schließen.

WIDLÖCHER (1974) schätzt diese Ergebnisse nicht besonders hoch ein, da sie auch von kaum erfahrenen Beobachtern getroffen werden können. Dieser Meinung pflichten wir nur zum Teil bei. Aufgrund der eingesetzten Methoden ist es möglich, Ergebnisse zu erzielen, die, wenn schon nicht allgemeingültig, so doch von mittelfristiger Reichweite sind. Allerdings ist der methodische und theoretische Hintergrund der Aussagen kritisch zu durchleuchten.

SCHETTYs (1974) Projektionsbegriff ist weitgehend der gleiche wie der WIDLÖCHERs. Ausgehend vom Bedeutungsgehalt des Begriffs Projektion führte SCHETTY anhand von Kinderzeichnungen eine empirische Untersuchung durch. Wir halten diese Untersuchung für bedeutsam, weil sie einerseits im Untersuchungsvorfeld detailliert Auskunft über Ergebnisse verschiedener Zeichentests (S. 12–18), über die in der Kinderzeichnung häufig vorkommenden Themata (S. 48–54), über die großen Archetypen sowie über die anatomische Symbolik von K. MACHOVER (S. 58–64) gibt und weil sie andererseits an Familienzeichnungen von 180 Kindern beiderlei Geschlechts im Alter von acht bis zehn Jahren durchgeführt wurde. Familienzeichnungen von Kindern, die verhaltensgestört waren, wurden mit solchen verglichen, die von normalen Kindern stammten. Es stellten sich dabei signifikante Unterschiede heraus: Von den gestörten Kindern wird nur der Zeichnungsauftrag ohne jede eigenständige Anfügung ausgeführt; es dominiert die Profildarstellung; die Familie erscheint in einer lockeren Gruppierung; der Farbauftrag ist schwächer und oft unrealistisch; es zeigen sich Entwicklungsverzögerungen in der Raumausnutzung – es wird weniger Raum für die Zeichnung verwendet, Figuren erscheinen auf dem Blattrand, die Figuren haben oft große Köpfe, nicht ausgezeichnete Hände und unplastische Finger (SCHETTY, 1974, S. 169 f.).

Auf diese Ergebnisse zu verweisen, ist nicht zuletzt deshalb auch wichtig, weil sich nach SCHETTY (1974, S. 165) in ihnen das herauskristallisiert, was allgemein der Analyse und Diagnostik von Kinderzeichnungen dient: »Die inhaltliche Deutung einer Zeichnung ist immer von der spezifischen Situation des Zeichners, den Umständen, unter welchen die Zeichnung entstanden ist, und der Erfahrung und Weltanschauung des Deutenden be-stimmt. Bei der Untersuchung der formalen Aspekte müssen das Alter, die Entwicklungsstufe, das sozioökonomische Milieu und das intellektuelle Niveau des Zeichners berücksichtigt werden. Die formalen Aspekte sind qualifizierbar und quantifizierbar und bilden somit Betrachtungsweisen, die vergleichbar sind« (vgl. STAUDTE, 1977).

Kinderzeichnungen sind bei genauer Beobachtung und Betrach-tung geeignet, Einblick in die Selbstverwirklichung von Kindern zu gewähren und sollten daher vom pädagogisch Tätigen bei seinen Erziehungsmaßnahmen mehr Berücksichtigung finden.

9 Vom Zeichnen zur Therapie

Zeichnungen und Bilder von Kindern gewinnen zunehmend an Bedeutung innerhalb therapeutischer Prozesse. Wenn von Therapie die Rede ist, so muß geklärt werden, was mit welchen Mitteln nach welchen Gesichtspunkten therapiert werden kann. Es stellt sich also das Problem einer Theorie, die jedem therapeutischen Eingriff vorausgeht, der sonst nicht legitim als' ein solcher bezeichnet werden kann.

Wir ordnen den Bereich der Kunsttherapie der Psychoanalyse zu, weil diese Schule in Zeichnungen und Bildern die Möglichkeit der Manifestation unbewußter Konflikte sieht. FREUD, der Begründer der Psychoanalyse, geht bekanntlich von einem psychischen Apparat mit den drei Instanzen: Es, Ich und Über-Ich aus, denen unterschiedliche Inhalte und Funktionen zugewiesen werden. Da die Grundzüge der psychoanalytischen Theorie bereits im vierten Kapitel (vgl. dort) referiert worden sind, können wir uns hier auf den Hinweis beschränken, daß der therapeutische Ansatz dieser Richtung sich eine heilsame Aufdeckung der unbewußten, aus einer ungenügenden bzw. gescheiterten Versöhnung gegensätzlicher psychischer Interessen und Ansprüche hervorgegangenen Strebungen (Verdrängungen) zum Ziel setzt. Die klassischen therapeutischen Mittel dabei sind Traum- und Assoziationsdeutung. Auch bei der Kinderzeichnung liegt die Möglichkeit der Therapie weitgehend in der deutenden Erhellung.

Warum eignen sich Kinderzeichnungen als therapeutisches Mittel? Zeichnungen/Bilder weisen unterschiedliche Kommunikationsqualitäten aus. Sie sind grundsätzlich eine non-verbale Kommunikationsform. Auf den Zeichen-/Malprozeß bezogen kann diese a-verbal sein, das heißt, das Bild entsteht ohne Kommentar, oder para-lingual, das heißt, der Zeichen- oder Malprozeß wird von sprachlichen Mitteilungen begleitet (SPITZ, 1960²). An diese spezifische Kommunikationsform von Zeichnungen und Bildern ist die ›Bildsprache‹ (vgl. Kap. 8 – *Kinder zeichnen*) im Gegensatz zur ›Wortsprache‹ der Erwachsenen gebunden. Kinder im Alter von ca. vier bis elf Jahren können beim Zeichnen und Malen häufig mehr an innerem Konfliktstoff austragen, als es ihnen mittels der ›Wortsprache‹ möglich ist. Dies hat seinen Grund teilweise in einer noch nicht allzu differenzierten Sprache, teilweise aber auch darin, daß der Zeichen- oder Malprozeß es erlaubt, ohne bewußte Kontrolle und Zensur des Ichs Konfliktsituationen zum Ausdruck zu bringen. Darstellungen auf Zeichnungen und Bildern gehören allerdings nicht nur dem Unbewußten, sondern auch dem Bewußten an. Man muß davon ausgehen, daß die Gedanken, die sich bei einer Zeichnung als Erinnerung, als Vorstellung manifestieren, in keiner Weise ausschließlich die Produktion des Unbewußten sind. Was ist daran trotzdem als Indiz für das Unbewußte zu bezeichnen? Nehmen wir folgendes Beispiel: Ein Kind wird von seinen Eltern zum Therapeuten gebracht. Der Therapeut, eine dem Kind unbekannte Person, fordert es auf, ohne Aufgabenstellung bei freier Wahl der Ausdrucksmittel eine Zeichnung anzufertigen. Es ist naheliegend, daß eine derartige Situation dem Kind aufgrund des Kindergarten- oder Schulbesuchs nicht fremd ist, weiter, daß ein Thema gewählt wird, das das Kind ›fest im Griff‹ hat. Es stellt z. B. die familiäre Situation nach seinem Empfinden dar. Der Teil, der nun als Produktion des Unbewußten zu bezeichnen ist, liegt in der Anordnung und Konkretisierung der vorgegebenen Rolle, die das Kind zeichnerisch vornimmt, verbal jedoch (noch) nicht formulieren könnte.

Psychoanalytisch gesprochen erlaubt die Zeichnung zwar eine partielle Befriedigung der Empfindungen, der Phantasie, doch ist eine volle, also realisierte Befriedigung mit ihr nicht erreichbar. An die spezifische Kommunikationsqualität von Zeichnungen und Bildern ist auch die Therapie von behinderten Menschen gebunden, die unter anderem durch bildnerisches Gestalten mit ihrer Umwelt in Kontakt treten. LINDSAY (1973) sieht darin vor allem eine Möglichkeit, körperlich und geistig behinderten Kindern helfen zu können, bei denen meist nicht nur eine, sondern mehrfache Störungen auftreten. Beobachtet man z. B. ein behindertes Kind beim zeichnerischen Gestalten, so kann man häufig feststellen, welche Arten von Störungen vorliegen und wie diese sich ineinander verzahnen.

Die Abwehrmechanismen

Um den Verlauf einer Therapie mit dem Mittel der Kinderzeichnung (Zeichnung/Bild) genauer bestimmen zu können, müssen wir noch näher – wie beim Arbeiten mit dem Mikroskop – auf die Abwehrmechanismen eingehen und deren Funktion innerhalb des psychischen Apparats kennzeichnen.

Die Abwehrmechanismen gehören zur Ich-Instanz, und ihre Fehlfunktion führt zu Fehlentwicklungen in der Steuerung der Handlungsabläufe. Die einfachste und wohl vom Ich am häufigsten eingesetzte Abwehr ist der Wechsel der Aufmerksamkeit, um einen Anspruch des Es zu neutralisieren.

Über die Gesamtzahl der Abwehrmechanismen des psychischen Apparats sind sich die Vertreter der Psychoanalyse nicht einig. BRENNER (1967, S. 114–115) äußert sich zu ihrem Vorhandensein folgendermaßen: »Sie sind sämtlich in mehr oder weniger starkem Grad bei der normalen psychischen Entwicklung und im normalen psychischen Geschehen wirksam, und ebenso bei verschiedenen psychopathologischen Zuständen.«

Ein Abwehrmechanismus muß eigens erwähnt werden: der Mechanismus der Sublimierung, »d. h. Verfeinerung, Sozialisierung und Kultivierung der Triebe...« (SCHRAML, 1970[3], S. 31–32). BRENNER (1967, S. 116) formuliert: »Wir können genausogut sagen, daß sie (die Sublimierungen, *Anm. d. Verf.*) sämtlich Manifestationen – auf verschiedenen Altersstufen – der normalen Ichfunktion sind, die darauf abzielt, die Forderungen des Es und die der Außenwelt möglichst vollständig und mit größtmöglicher Effizienz zu harmonisieren und zu befriedigen.« Tritt ein oder treten mehrere Abwehrmechanismen mit einer größeren Intensität auf, als es zur Regulierung der normalen Ichfunktion nötig ist, so kommt es zu Funktionsstörungen im psychischen Apparat in Form von Neurosen oder Psychosen. Um diesen Störungen auf die Spur zu kommen, also psychische Störungsinhalte ausfindig zu machen, »die verdrängt oder sonstwie durch die Abwehrtätigkeiten des Ichs vom Bewußtsein und von der Entladung abgehalten worden sind« (BRENNER, 1967, S. 176), nutzen wir Darstellungen auf Zeichnungen und Bildern, die uns durch ihre Kompromißhaltung zwischen Ich und Es festzustellen erlauben, Inhalte welcher Art das Ich beeinträchtigen und in welchem Maße (Sammeln von Zeichnungen/Bildern über einen gewissen Zeitraum).

Bezüglich der Genese von Neurosen nimmt FREUD an, daß diese bis zum sechsten Lebensjahr entstehen. Spätere Neurosen bauen auf den in der Kindheit erworbenen auf. Eine Ausnahme bilden traumatische Neurosen, die infolge eines Schocks, schwerer körperlicher Krankheiten usw. entstehen. »Die Neurosen sind (...) Affektionen des Ichs, und es ist nicht zu verwundern, daß das Ich, solange es schwach, unfertig und widerstandsunfähig ist, an der Bewältigung von Aufgaben scheitert, die es späterhin spielend erledigen könnte. (...) Das hilflose Ich erwehrt sich ihrer durch Fluchtversuche *(Verdrängungen),* die sich später als unzweckmäßig herausstellen und dauernde Einschränkungen für die weitere Entwicklung bedeuten« (FREUD, 1972, S. 42). FREUD führt im Anschluß daran ein Beispiel an, um »das Ausmaß der Schädigungen des Ichs durch seine ersten Erlebnisse« einsichtig zu machen. Er verweist auf den Versuch von ROUX, der mit einer Nadel einen Stich in eine Anzahl von in Teilung befindlichen tierischen Keimzellen ausführte. Dies zog den Tod oder zumindest starke Schäden des betreffenden Organismus nach sich. Bei einem erwachsenen Tier wäre die Verletzung dagegen natürlich nur geringfügig.

Wir haben weiter oben auf etwaige Funktionsstörungen innerhalb des psychischen Apparats verwiesen, die auf eine Fehlfunktion eines oder mehrerer Abwehrmechanismen zurückführbar sind. Folge der Fehlfunktion ist das Ansteigen von unkontrollierten Es-Anteilen in den jeweiligen Handlungsabläufen. Aufgabe der Therapie ist nach SCHRAML (1970³, S. 57), »unbewußte Motive bewußt machen zu helfen, um damit der individuellen und kollektiven Selbsttäuschung zu begegnen«. Insgesamt handelt es sich dabei immer um das Prinzip der Deutung. Gedeutet werden z. B. Träume, Fehlleistungen oder Werkgestaltungen. Bei Werkgestaltungen spielt es keine Rolle, ob diese nach ästhetischen Gesichtspunkten geplant, intuitiv oder spontan entstanden sind. Zwei Wege hat die Psychoanalyse gefunden, um die genannten Phänomene einsichtig und der Therapie zugänglich zu machen:

Der eine, von C. G. JUNG beschritten, ist gekennzeichnet durch die Herausarbeitung von Symbolen, wie sie in Mythologie, Mystik, Alchimie und Astrologie auftreten. Die Symbole repräsentieren in diesem Fall das der ganzen Menschheit gemeinsame ›kollektive Unbewußte‹, dessen Elemente mit dem Terminus ›Archetypen‹ bezeichnet werden. Auf den Therapieprozeß übertragen, heißt das: Hat ein Proband z. B. von einem Drachen geträumt, werden ihm Bilder aus der Mythologie, Sagenwelt usw. zur Komplettierung seines Traumbildes gezeigt. Die Reaktion des Probanden auf das jeweils gezeigte Bild ergibt die Bedeutung, die das Symbol des Drachen in seinem individuellen Traum hatte. Der Terminus für dieses Verfahren ist ›Amplifikation‹ (vgl. JACOBI, 1969).

Der zweite Weg, der Weg FREUDS, ist der des freien Einfalls. Der Analytiker fragt den Analysanden – eingegrenzt auf unser Thema –, was ihm zur jeweiligen Zeichnung/zum jeweiligen Bild einfällt. Es ergeben sich daraufhin beim Analysanden Assoziationen, Assoziationsketten. Die Tätigkeit des Analytikers besteht dabei primär darin, auf dem Hintergrund seiner Theorie eine Deutung der Assoziationskette vorzuschlagen. Entscheidend ist jeweils die Reaktion, die sich durch Akzeptieren oder Ablehnen beim Analysanden zeigt.

Ein weiterer Therapieansatz ist die Methode von René SPITZ (1960²). Sie findet vor allem Verwendung bei der Therapie von

Kindern. Dem Therapeuten geht es dabei in erster Linie darum, die Bildproduktionssituation zu beobachten. Auf diese Weise wird es ihm möglich, die subjektive Wertschätzung des Kindes hinsichtlich der dargestellten Person/Personen bzw. der dargestellten Gegenstände zu erfahren und etwaige Defizite festzustellen. Als Maßstab dient z. B. die in den Bildern und Zeichnungen visualisierte Über- bzw. Unteranpassung an die in der jeweiligen Gruppe oder jeweiligen Gesellschaft angestrebten Erziehungsziele.

Wie bereits ausgeführt, erweist sich das Zeichnen und Malen als Möglichkeit, Konflikte aufzudecken. Es »ermöglicht, tief in das Unbewußte einzudringen« und »begünstigt das Abreagieren von Affekten, ermöglicht eine überraschende Katharsis und zeigt uns Versuche der Sublimierung von Trieben auf« (RAMBERT, 1969, S. 463). Gleichzeitig wird beim bildnerischen Gestalten eine Leistung verlangt, »die gewaltige Ansprüche an Ichfunktionen, z. B. Erlebnisfähigkeit, Vorstellungsvermögen, intellektuelles Verstehen und manuelle Geschicklichkeit stellt. Es ist daher notwendig, daß gleichzeitig mit der Verminderung starrer zwanghafter Abwehrmechanismen neue, der Situation entsprechende Bewältigungsmethoden einsetzen. Die Förderung solcher Bewältigungsmethoden ist eine der wichtigsten Aufgaben der Kunst-Therapie« (KRAMER, 1969, S. 478). Das Zeichnen und Malen ist demnach schon Teil der Therapie. Um diese therapeutischen Funktionen einer Zeichnung zu verstehen, ist es notwendig, nicht nur die Denkweise von Kindern, sondern auch die Symbolik kennenzulernen, die Kinder benutzen und die sich von der der Erwachsenen unterscheidet. Erschwert kann die Bedeutungsfindung dadurch werden, daß ein und dasselbe Symbol für mehrere Bedeutungen steht oder mehrere Symbole ein und denselben Bedeutungsgehalt haben.

Was den Wert der Kinderzeichnung innerhalb einer Therapie anbetrifft, schließen wir uns WIDLÖCHER (1974, S. 123) an: Was die symbolische Deutung der Träume für das Unbewußte des Erwachsenen leistet, das leistet die Entzifferung des Spiels, der Zeichnungen und die Deutung der Phantasiegeschichten beim Kind.

Erinnern wir uns an die Rolle des Therapeuten während der Sitzungen. Er verhält sich kommentarlos, ist jedoch nicht unfreundlich und ermuntert bisweilen das Kind, über die Zeichnungen zu sprechen. Ansonsten übt er weder Kritik, noch spendet er Lob. Voraussetzung für die therapeutische Situation sind Vertrauen und Sympathie. Beide sind unbedingt notwendig, da es sonst nicht zu einer für das Kind spannungsfreien Atmosphäre kommt. Nicht unwichtig ist dabei die jeweilige Sprache, das jeweilige Sprachverhalten. Gemeint ist, daß es für einen Therapeuten, der nur die Hochsprache beherrscht, sehr schwer ist, ein Kind, das nur Dialekt spricht, zu behandeln. Sind diese Grundbedingungen erfüllt, kann im Verlauf einer Therapie die Konfliktstruktur des Kindes auf den neutralen Therapeuten übertragen werden. Was nun eintritt, ist, daß das in der Vergangenheit Erlebte in der jeweiligen Zeichnung reproduziert wird und in der Beziehung zum Therapeuten zur Austragung kommt. Zunehmend gibt sich das zeichnende Kind diesem Zustand hin. Erleichtert wird die Möglichkeit der Übertragung dadurch, daß sich der Therapeut als Gesprächshilfe versteht, indem er sich auf die verbalen Fähigkeiten des Kindes einstellt. Die jeweilige ›Bildbesprechung‹ ist ein wichtiger Schritt innerhalb der Therapie.

Auf einem Bild ist beispielsweise die Familie des Kindes abgebildet. Der Vater erscheint darauf ganz groß. Es kommt zu folgendem Gespräch:

Therapeut: »Das ist also deine Familie?«

Kind: »Ja.«

Therapeut: »Kannst Du mir sagen, an welchem Platz nun die einzelnen Personen Deiner Familie abgebildet sind?«

Kind: »Das ist der Vater, mein Bruder, meine Schwester und meine Mutter.«

Therapeut: »Dein Vater ist aber ziemlich groß, wenn ich mir das Bild so anschaue.«

Dazu wird das Kind sicher Stellung nehmen und neben anderen Hinweisen auch auf die dominierende Rolle des Vaters innerhalb der Familie zu sprechen kommen. Dabei kann sich zeigen, daß die Dominanz des Vaters vom Kind nicht nur positiv, sondern auch negativ empfunden wird. In der Größe der Darstellung des Vaters steckt also ein gut Teil Reaktionsbildung. Die Größe macht zunächst glauben, das Kind achte, respektiere, verehre geradezu den Vater. In Wirklichkeit ist auch Ablehnung, ja vielleicht sogar Haß in die Abbildung eingeflossen. Dieser Umstand wird während des Gesprächs mit dem Therapeuten über das Bild zum Ausdruck gebracht. Parallel kann es während des Gesprächs dazu kommen, daß das Verhalten dem Vater gegenüber, gegebenenfalls also Haß und Opposition, auf den Therapeuten übertragen wird. Dieser muß sich seinerseits bemühen, durch geschickte Gesprächshilfe die Übertragung zu neutralisieren, da sonst die Therapie in ihrem Verlauf stark gefährdet ist.

Nicht selten ist festzustellen, daß die erste Zeichnung – ähnlich dem ersten Traum in der Erwachsenenanalyse – ziemlich komprimiert die Problematik enthält, die in den folgenden Arbeiten weniger dicht, doch immer wieder, aufgenommen wird (WIDLÖCHER, 1974). Gemessen an der ersten, verlieren die folgenden Zeichnungen allmählich an Logik, andererseits ist eine Anreicherung des projektiven Gehalts festzustellen. Anders ausgedrückt, der Anteil des Bewußten nimmt proportional dem des Unbewußten ab. Die Zeichnung ihrerseits stellt eine Kompromißlösung dar: Das Visualisierte, das Erscheinungsbild der Zeichnung ist als der Anteil des Bewußten zu bewerten und ist zugleich ein Ergebnis des Unbewußten. Um diesem Ergebnis näher zu kommen, ist auf zwei weitere Voraussetzungen hinzuweisen:

1 Eine Anzahl von Zeichnungen und/oder Bilder ein und desselben Kindes müssen über einen längeren Zeitraum gesammelt und der Therapie zugrunde gelegt werden.

2 Die soziale Situation des jeweiligen Kindes (z. B. Elternhaus, Wohnsituation, Freundeskreis, Verwandtschaft und Bekanntschaft usw.) muß dem Therapeuten bekannt sein.

Der Erfolg einer Therapie läßt sich gut überprüfen, wenn nach bestimmten Zeiträumen bei entsprechender Motivation die gleichen Bildmotive von den Kindern thematisiert werden. Eine veränderte Einstellung den Personen bzw. den Dingen gegenüber zeigt sich an der unterschiedlichen Verarbeitung der Motive: daran, wie die Motive in Beziehung gesetzt werden, welche Größe sie in Relation zu anderen haben usw.

Über die vielleicht eher der psychoanalytischen Theorie immanenten Voraussetzungen für eine Therapie hinaus gilt als unumgänglich, daß der Therapeut Kenntnis der strukturellen Merkmale der Kinderzeichnung hat, weil mit ihr der zeichnerische bzw. malerische Entwicklungsstand des jeweiligen Kindes beurteilt werden kann (vgl. Kap. 8 – *Kinder zeichnen*).

Vor allem zwei Kindergruppen sind es, für die sich die Notwendigkeit einer Therapie angeben läßt:

– vernachlässigte Kinder, deren Bedürfnisse nicht befriedigt wurden, und

– zu sehr behütete Kinder, deren Bedürfnisse nicht erfüllt wurden, weil sie nie etwas allein unternehmen durften.

Beide Gruppen sind auf ein hohes Maß an Einfühlungsvermögen seitens des Erwachsenen angewiesen.

Vernachlässigte Kinder mißtrauen dem Erwachsenen und halten ihn für einen Lügner und Unterdrücker. Diese Kinder haben ein geringes Selbstvertrauen und wagen sehr selten, etwas Neues anzufangen, um Mißerfolge zu vermeiden. Sie geben sich mit stereotypem Verhalten zufrieden, zumindest nach außen hin. Dadurch vermeiden sie es, den Erwachsenen, den sie immer als Mahner und Befehlshaber erleben, auf sich aufmerksam zu machen. Für den pädagogisch-therapeutisch Tätigen bedeutet das, dem Zeichner zu helfen, bevor er in das stereotype Verhalten verfällt. Dies setzt jedoch voraus, daß man das Kind schon über längere Zeit kennt. Die erwähnte Hilfe kann schon damit einsetzen, daß der Erwachsene ein ›verunglücktes‹ Bild rettet, und zwar bevor der Zeichner dazu kommt zu sagen, daß ihm an dem Bild nichts liegt. Anlaß zum Helfen ist gegeben, wenn plötzlich schlampig gearbeitet, die Farbe blindwütig auf das Papier verteilt oder das Papier mit der Zeichnung bzw. dem Bild zerrissen wird. Über Lob und Aufmunterung hinaus kann sich in diesem Fall der Erwachsene am Herstellungsprozeß des Bildes beteiligen.

Hat er darauf aufbauend ein Vertrauensverhältnis geschaffen, ist zu beachten, daß keine neue Abhängigkeit entsteht. Dieses Problem muß jeweils von Fall zu Fall gelöst werden. Anzeichen der Abhängigkeit sind: Das Kind weigert sich, Handlungen auszuführen, die es längst beherrscht; das Kind fängt an, den Erwachsenen auszunützen; das Kind verfällt in frühere störende Verhaltensweisen, die beim Erwachsenen Mitleid auslösen.

Zu sehr behütete Kinder lernen nie das Gefühl kennen, daß ein Erwachsener, falls sie in eine schwierige Situation kommen, ihnen hilft. Dies bedeutet, Kinder unabhängiges Handeln trainieren zu lassen und ihnen zugleich das Gefühl der Sicherheit zu vermitteln. KRAMER (1975, S. 111) schildert hierzu folgenden Fall: »Als ich *Tonio* alle möglichen Materialien anbot, räumte ich betont alles, was ihm nicht gefiel, aus dem Wege. Dadurch machte ich ihm die Notwendigkeit anschaulich, Dinge klar und deutlich zurückzuweisen. Gleichzeitig machte ich ihm aber auch klar, daß ich ihn zwar dazu ermutigte, unbekanntes Material, das ihm möglicherweise ekelhaft sein konnte, anzufassen, daß ich aber auch bereit war, ihn davor zu beschützen, indem ich solche Dinge schnell außer Reichweite räumte, so daß er nicht Gefahr laufen konnte, auch nur zufälligerweise einmal mit ihnen in Berührung zu kommen.«

Anhaltspunkte für eine Therapie

Im folgenden soll das bisher Erörterte an Beispielen erläutert werden. Uns geht es dabei in erster Linie darum, den Umschlag der Theorie in die Praxis anschaulich zu machen.

Die folgenden Bildbeispiele sind Teil einer Therapie gewesen. Wir haben diese Beispiele und die jeweils dazugehörigen Interpretationen zum Teil übernommen und ergänzt, und zwar deshalb, weil sie wiedergeben, wie ein Kunsttherapeut Zeichnungen und Bilder innerhalb einer Therapie verwendet. Wir beziehen uns auf RAMBERT (1969, S. 470–473).

Textabbildung 35 stammt von einem siebenjährigen Buben, der allgemein als verschlossen gilt. Seine Schulleistungen sind schlecht. Das Bild zeigt einen See oder einen Fluß, an dem eine Burg steht. Die gesamte Familie hat dorthin einen Ausflug gemacht. Alle Familienmitglieder haben einen Spazierstock bei

35 Kinderzeichnung ›Familienausflug zur Burg‹

sich. Eine Reihe von Zeichnungen mit dem gleichen Inhalt folgt.
Den Inhalt der Zeichnung zu wiederholen, macht dem Buben
offensichtlich Spaß. Andererseits erregt diese Darstellungsart
allmählich die Aufmerksamkeit der Therapeutin. Sie kommt zu
dem Schluß, daß dahinter mehr stecken muß, als daß das Kind
lediglich Freude an der Darstellung von Spazierstöcken hat.

Nach mehreren Monaten, als wiederum ein Bild mit diesem
Inhalt – Personen mit Spazierstöcken – entstanden ist, erklärt
der Bub, was der Spazierstock bedeutet, ohne zu wissen, daß
dies der Grund für seine Qualen war. »Sein kleiner Freund ist
beschnitten worden, und er hat eine schreckliche Angst, daß ihm
das gleiche passieren könnte. Diese Furcht wird durch die Empfindungen, die der Junge seinem Vater gegenüber hegt, aufrecht-
erhalten und bestärkt.« Die Spazierstöcke dienen dem Buben als
Mittel, um das männliche Glied darzustellen. Wohlwissend, daß
›es sich nicht gehört‹, das männliche Glied abzubilden. Der Spazierstock wird zum Symbol des männlichen Gliedes. Allein schon

224

36   Eiffelturm als Penissymbol

die Findung des Symbols und dessen Bedeutung hat kathartische Wirkung, da der Bub über einen längeren Zeitraum, um seinen Konflikt, seine Angst aus- und abzutragen, dieses Symbol immer wieder in die Zeichnungen aufnimmt. Eine zweite Zeichnung desselben Buben ist in diesem Zusammenhang zu sehen. Das Symbol wechselt, doch aufgrund des bisherigen Informationsstands verfolgt die Therapeutin mit besonderer Aufmerksamkeit die Darstellungen auf den Zeichnungen. Textabbildung 36 zeigt die Sonne als Symbol für den Vater, während der Eiffelturm für das Glied des Buben steht. Das Kind gibt hierzu folgenden Kommentar: »Die Sonne will den Eiffelturm abbeißen, weil er sie daran hindert vorbeizugehen. Sie wäre glücklich, wenn man ihn dort (oben) abschneiden würde, aber noch glücklicher, wenn man es ganz unten tun würde.« Die Abbildung ist also ein ausdrucksstarkes Beispiel des Kastrationskomplexes. Das Kind glaubt, ihm drohe vom Vater die gewalttätige Entfernung des Gliedes.

Durch die Bewußtmachung und Bewußtwerdung des Konflikts mittels der Zeichnungen, der Gesprächshilfen, die die Zeichnungen in Form von Dialogen mit dem Kind begleitet haben, und durch die Beteuerungen der Eltern, daß die Ängste unbegründet sind, konnte der Bub von seinem Konflikt befreit, der psychische Zustand ausbalanciert werden. Die Berechtigung dieser Annahme bezeugt Textabbildung 37. Auf dem Bild sind zwei Buben dargestellt, die zelten, während eine freundlich aussehende Sonne (Symbol für den Vater) vom Himmel scheint. Nicht nur die Zeichnung zeigt das veränderte Verhalten eines fröhlichen, mit sich zufriedenen Buben, auch der Umgang des Kindes mit den Freunden ist ausgeglichen, und seine Leistungen in der Schule werden zunehmend besser.

Die folgende Zeichnung entnehmen wir KOPPITZ (1972, S. 300), auf deren Interpretation wir uns auch teilweise beziehen, wobei wir jedoch der Auffassung sind, daß Ergänzungen der Vollständigkeit halber angeführt werden können. Textabbildung 38 stammt von Henry (9 Jahre). Er kommt aus zerrütte-

37 Kinderzeichnung ›Im Zeltlager‹

«Das ist meine Baby-Schwester.
Auch sie schreit, weil Daddy
sie verprügelt hat.»

«Der Rest der Familie
ist in dem Haus.»

«Ich schreie, weil das
Baby mir den Lutscher
weggenommen hat.»

38 Kinderzeichnung ›Familie‹

ten Familienverhältnissen. Sein Vater ist Alkoholiker. Henry
litt an einer hirnorganischen Schädigung, ist das jüngste Kind
von sechs Geschwistern und konnte auf die Zuneigung seiner
Mutter bis zur Geburt eines Babys seiner Schwester rechnen.
Obwohl ungepflegt, ist Henry bei seinen Lehrerinnen beliebt.
Ziemlich plötzlich ändert sich das freundliche Wesen des Kindes.
Daraufhin fordert die Therapeutin Henry auf, ein Bild seiner
Familie zu zeichnen.

Der Kommentar des Kindes zum Bild: »Das bin ich, ich
schreie, weil das Baby mir meine Lutscher weggenommen hat.
(. . .) Das ist meine kleine Schwester, sie schreit auch, weil ihr
Vater sie verhauen hat. (. . .) Der Rest der Familie ist im Haus.«

Die Zeichnung weist mehrere beachtenswerte Züge auf. Erkun-
digungen ergaben, daß Henry keine kleinere Schwester besitzt,
daß aber seine ältere Schwester ein Baby bekommen hat. Der
weggenommene Lutscher dient als Symbol für die Mutter. Henry
glaubt, das Baby habe sie ihm weggenommen. Schließlich läßt
er den Vater das Baby schlagen. Henry projiziert seinen Wunsch,
das Baby zu strafen, auf den Vater. Das Baby weist keine Gesichtszüge auf – wie es, gemessen an der zeichnerischen Entwicklung (vgl. Kap. 8 – *Kinder zeichnen*), eigentlich zu erwarten

wäre –, so daß man in diesem Fall auch vom Wunsch des Ungeschehenmachens sprechen kann. Ob vermutet werden darf, daß
sich eine feindselige Haltung des Kindes gegenüber dem Vater
darin ausdrückt, daß dieser die Strafe ausführt, ist zu bezweifeln,
da zwischen Vater und Sohn keine besondere Bindung bestand.
Die Vermutung ist jedoch nicht grundsätzlich zurückzuweisen.
Daß die übrigen Familienmitglieder getrennt voneinander und
nicht vollzählig auf dem Bild erscheinen – was der zeichnerischen
Entwicklung des Kindes entsprechen würde, zumal angesichts der
detaillierten Wiedergabe der Hausfassade –, läßt ebenfalls auf
den Mechanismus des Ungeschehenmachens schließen.

Wie schon erwähnt, stammen die besprochenen Bildbeispiele
aus Therapien mit Kindern. Wir haben dabei die Information
über die soziale Lage der einzelnen Kinder übernommen und
uns teilweise auf die entsprechende Interpretation bezogen, doch
waren wir – was die ursprünglichen Interpretationen vermissen
ließen – vor allem darum bemüht, den jeweiligen Abwehrmechanismus in Form seiner Überfunktion herauszuarbeiten.

Als Beispiel der Regressionsfeststellung wäre folgende Situation denkbar: Ein älteres Kind, das bestimmte Phasen im zeichnerischen Gestalten längst hinter sich hat, sich jedoch, was Lob
seitens der Mutter angeht, gegenüber dem jüngeren Geschwister
zurückgestellt fühlt, wird im zeichnerischen Gestalten ›rück-
fällig‹, um auf diese Weise die Aufmerksamkeit wieder auf sich
zu lenken. Die zweite Ebene der Feststellung einer Regression
kann inhaltsgebunden sein, dergestalt beispielsweise, daß sich
das ältere Kind plötzlich als an der Flasche saugendes Baby darstellt. Beide Regressionsfeststellungen unterscheiden sich qualitativ: zum einen liegt sie im formalen, zum andern im inhaltlichen
Bereich.

Einschränkend müssen wir darauf verweisen, daß nicht jede
Zeichnung Auskunft über den jeweiligen Konflikt gibt, in dem
sich der Zeichner befindet. Zudem darf/muß man davon ausgehen, daß ein Kind zunächst zeichnet und malt, weil es seine
Fertigkeiten fördern sowie auch demonstrieren will, weil es
Freude am Zeichnen und Malen hat, das heißt, etwas abbilden
will. Wir haben die Beispiele deswegen gewählt, um deutlich zu

machen, was zeichnerisches Gestalten für den kunsttherapeutisch Tätigen an Information beinhaltet. Nicht immer ist der jeweilige Konflikt, an dem ein Kind leidet, so leicht ›lesbar‹ wie in den angeführten Fällen von sehr hohem Deutlichkeitsgrad; häufig bedarf es einer langen Beschäftigung mit dem Kind und dessen Zeichnungen, um psychische Spannungen festzustellen.

Es wäre zu überlegen, ob nicht auch unter verhaltenstherapeutischen Gesichtspunkten das zeichnerische Gestalten Aufschluß für therapeutische Maßnahmen zu geben vermag. Dies könnte ein weiterer Beitrag zur Komplettierung einer Theorie der Kunsttherapie sein.

10 Zeichnen als Test - Test des Zeichnens

Der Bereich Kunst liegt testtheoretischen Überlegungen weniger nahe als andere, weil über das Wesen künstlerischen Schaffens keine Übereinstimmung zu erzielen ist. Dennoch finden wir auch hier Testverfahren. Wie sind sie zu bewerten? Bevor wir darauf eingehen, sind über die Leistungsfähigkeit, den Sinn und Zweck von Tests einige grundsätzliche Aussagen vorauszuschicken. Nur unter dieser Voraussetzung kann auch im Bereich Kunst (vgl. Kap. 1 – *Bedürfnis Kunst*) zu Recht von Tests gesprochen werden. Anschließend werden wir dann eine Aufteilung vornehmen, deren Ziel es ist, die verschiedenen Tests nach deren unterschiedlichen Meßzielen vorzustellen.

Versuchen wir zunächst die Bedeutung von Tests in der Psychologie zu klären. HORST (1971) ist in einem grundlegenden testtheoretischen Werk folgender Ansicht: Es ist ein Irrtum anzunehmen, die Psychometrie sei ein Zweig der Psychologie, vielmehr gehört sie konstitutiv zur Psychologie, da die »Messung allgemein für jede wissenschaftliche Untersuchung von Bedeutung ist«. Weiter formuliert er, daß das »Ausmaß des Fortschritts in einem speziellen Bereich der Psychologie direkt proportional zu dem Grad ist, in welchem die Quantifizierung eingeführt wird und psychologische Meßverfahren in der richtigen Art angewendet werden«. Was ist damit gemeint? Nichts anderes, als daß mit Hilfe naturwissenschaftlicher Meßmethoden der Bereich des Psychischen erforscht wird. Die Tests liefern die Meßlatte (Dimension), auf der Probanden quantifizierend verglichen werden. Damit dies möglich ist, muß der Test seinerseits bestimmte Bedingungen erfüllen bzw. Eigenschaften aufweisen. Tests bestehen grundsätzlich aus Reizelementen, deren Adressat der Proband ist. Mit bestimmten Reizelementen werden bestimmte Reaktionen beim Probanden ausgelöst. Aus den jeweiligen Reaktionen setzt sich das Testergebnis zusammen. Als wichtigste, als legitimierende Eigenschaften eines Tests gelten: *Reliabilität, Validität* und *Objektivität*.

Reliabilität (Verläßlichkeit, Zuverlässigkeit) meint, daß ein Test bei wiederholten Messungen unter gleichen Bedingungen das gleiche Ergebnis auswirft. Unterzieht sich z. B. heute jemand einem Intelligenztest, so muß er das gleiche Ergebnis in einem kurze Zeit später vorgenommenen Test wieder erreichen – vorausgesetzt, daß sich das Merkmal nicht verändert hat. *Validität* (Gültigkeit) meint, daß ein Test tatsächlich das mißt, was er messen soll. Ideal wäre, aufgrund eines Leistungstests eben jene Leistung vorhersagen zu können, die später in der Praxis erzielt wird. *Objektivität* gibt an, ob verschiedene Testleiter bei derselben Person zu gleichen oder aber verschiedenen Ergebnissen kommen.

Wir unterscheiden im Bereich der visuellen Wahrnehmung Tests, die sich auf Gestalt- bzw. Farbvorgaben beziehen, und Tests, die bestimmte Aufgabenstellungen beinhalten bzw. dem Probanden freie Gestaltungen erlauben. Diese lassen sich ihrerseits in zwei Gruppen aufteilen, in:
– Leistungstests und
– projektive Tests.

Unter Projektion versteht man, daß eigene Strebungen, deren man sich nicht bewußt ist, z. B. in mehrdeutigem Testmaterial benannt werden.

In unserem Zusammenhang sind alle die Tests relevant, die aus gestalterischen Aktivitäten oder Urteilsprozessen diagnostische Rückschlüsse ziehen, daneben Tests, die versuchen, künstlerische Fähigkeiten zu erfassen. Selbstverständlich kann die Zusammenstellung nicht alle Tests auf diesem Gebiet berücksichtigen.

Projektive Tests und Verfahren zur Persönlichkeitsdiagnostik

Der in der Öffentlichkeit bekannteste Test zur Beurteilung der Persönlichkeit ist wohl der LÜSCHER-*Test* (1974), der seine Schlüsse aus der Farbwahl des Probanden ableitet. Acht Farben sind das Kernstück des Tests. Die Farben werden mittels Sympathie-Wahl paarweise in eine Rangfolge gebracht und nach der von LÜSCHER entwickelten Funktionspsychologie beurteilt. Daneben gibt es den klinischen LÜSCHER-Test, von dem der Acht-Farben-Test nur ein Teil ist. Er arbeitet mit sieben Farbtafeln zu je 73 Farbfeldern aus 25 verschiedenen Farben; 43 verschiedene Farbwahlen müssen vom Probanden aus diesem Angebot getroffen werden. »Das ganze Testprotokoll dauert sieben bis zehn Minuten und bietet eine Fülle von Informationen, die die bewußte und unbewußte psychische Struktur der Person aufdecken« (LÜSCHER, 1974, S. 12). Zur Gültigkeit und Zuverlässigkeit des Farbentests meint LÜSCHER (1974, S. 16): »Farben wechseln niemals ihre Grundbedeutungen – die Struktur bleibt konstant. Ihr Stellenwert (Funktion) in der Farbreihe modifiziert jedoch die Aussage.«

Nach Angabe seines Autors hat der LÜSCHER-Test große Anerkennung im Bereich der Diagnostik und Therapie gefunden (vgl. LÜSCHER, 1974), doch ist nach HEIMENDAHL (1961, S. 187) zu bedenken: »Seine Argumentation ist eine reine Gedankenkonstruktion, die je nachdem, auf welche Kategorien es LÜSCHER ankommt, auf der Zusammensetzung einzelner Merkmale und Komponenten einer Farbwahl beruht.« Weiter sei daran erinnert, daß Farbe ohne Gegenstandsbezug (vgl. Kap. *6 – Reiz ›Farbe‹*) ein theoretisches Konstrukt ohne Realitätsbezug zur visuellen Wahrnehmung ist.

Einen grundlegenden, jedoch nicht zufriedenstellenden Unterschied zu LÜSCHER markiert der von PFISTER entworfene und von HESS und HILTMANN veröffentlichte *Farbpyramiden-Test* (vgl. HEIMENDAHL, 1961). Der Unterschied besteht darin, daß der Proband während des Tests aus 15 kleinen farbigen Quadraten eine formvorgegebene Pyramide erstellt. Er ist also beim Gestalten der Pyramide selbst aktiv. Insofern bekommt jede Farbe aufgrund der bewußten Setzung entweder an die Spitze, ins Mittelfeld oder an den Sockel der Pyramide einen bestimmten Stellenwert. Dem liegt die Annahme zugrunde, daß zwischen Farbwahl und Farbposition ein kausaler Zusammenhang besteht. »Man kam zu dem Ergebnis, daß Blau die Farbe der durchschnittlich Angepaßten sei, Rot die Farbe der Stimulierten und Grün die der mangelhaft bzw. anomal sich Verhaltenden! Für die sehr befremdende Beurteilung des Grün – die doch wohl aller gewohnten Erfahrung widerspricht – ist die Bedeutung dieser Farbe für Geisteskranke und Künstler maßgebend gewesen« (HEIMENDAHL, 1961, S .191). Entsprechend den Ausführungen von BRICKENKAMP (1975) wurde der Farbpyramidentest methodisch verfeinert und erweitert (vgl. HOUBEN, 1971[3]).

Obwohl hier das Moment der eigenen Gestaltung des Probanden berücksichtigt wird, ist doch zweifelhaft, ob es ausreichend zum Tragen kommt: Es liegt wie beim LÜSCHER-Test die Vermutung nahe, daß dem Farbton eine zu starke Gewichtung im Sinne einer »sinnlich-sittlichen Wirkung« (GOETHE) beigemessen wird. Von FRIELING (1977) stammt ein sogenannter *Kurztest* auf der Basis von 32 Farbpaaren. Der Proband sucht auf den Farbtafeln das Farbpaar aus, das ihm am meisten zusagt. Neben allgemeinen Bemerkungen zu diesem Farbpaar stehen persönliche, die dem Probanden Auskunft geben über die Art, wie er seine gesteckten Ziele erreicht. Anschließend wird ein zweites sympathisches Farbpaar gesucht. Dieses gibt unter der Rubrik ›Persönlich‹ Auskunft über »das Material, aus dem Sie gemacht sind« (FRIELING, 1977[7], S. I). Ob freilich bei einer so gehaltenen Testanlage noch von einer ›Persönlichkeitsbestimmung‹ gesprochen werden kann, ist wohl mehr als zweifelhaft. Auch hier wird GOETHE zum Vater des Gedankens (FRIELING, 1977[7]). Die Aussagen GOETHES werden in wissenschaftliche ›Beweiskraft‹ umgemünzt. Ist dieses Stadium erreicht, ist es ein leichtes, einen Farb-Kurztest zu konstruieren (vgl. Kap. 6 – *Reiz ›Farbe‹*).

Neben den Farbtests gibt es eine Reihe von Tests, deren Basis das zeichnerische Gestalten ist. SEHRINGER (1971[3]) liefert einen ausführlichen Bericht über die historische Entwicklung von Zeichentests und deren Verbindung zur jeweiligen psychologischen

Schule. Jedoch sind zu den Faktoren: Alter, Geschlecht, Status, Kultur und Intelligenz im zeichnerischen Gestalten nur »sporadische Untersuchungen« vorhanden (SEHRINGER, 1971³, S. 722). Diese Aussage bezieht sich auf die schon genannten und noch folgenden Tests.

Der *Baum-Test* von KOCH (1972⁶) liefert in Verbindung mit anderen Verfahren Hinweise zur Erfassung der Persönlichkeitsstruktur eines Menschen (vgl. BRICKENKAMP, 1975). KOCH sieht den Baum als Symbol, das der Mensch für Projektionen benutzt. Der Test ist vom sechsten Lebensjahr ab anwendbar. Die Aufgabenstellung an den Probanden lautet: »Zeichnen Sie bitte einen Obstbaum nach Ihrem Belieben.« Eine Zeitbegrenzung ist nicht vorgesehen. Während des Tests protokolliert der Testleiter den Zeichenverlauf. Um bei kleineren Kindern eine ›Baumschablone‹ (vgl. Kap. 8 – *Kinder zeichnen*) zu vermeiden, fordert der Testleiter die Kinder auf, einen Baum zu zeichnen, der anders aussieht als die üblichen. Dem Test liegt eine ausführliche Merkmalsliste für die Auswertung bei.

Der *Haus-Baum-Mensch-Test* von BUCK (vgl. SEHRINGER, 1971³) gibt Auskunft über die Persönlichkeitsstruktur, die Intelligenz, Abwehrmechanismen und neurotische Konflikte.

Der *Familie-in-Tieren-Test* (BREM-GRÄSER, 1970²) bindet die Testperson ebenfalls an eine bestimmte Aufgabe. Man geht dabei davon aus, daß bei der Aufgabenausführung emotionale Gehalte in die Zeichnung einfließen, die Rückschlüsse auf die projektiven Vorgänge in der Testperson zulassen. Nach dieser Auffassung eröffnen vor allem Tierdarstellungen Kindern die Möglichkeit, ihre Sympathien bzw. Antipathien der Umwelt gegenüber kundzutun. Die Aufgabenstellung sieht folgendermaßen aus: Alle Familienmitglieder einschließlich des Zeichners werden in Form von Tieren dargestellt. Dabei kommt es nicht auf eine genaue Wiedergabe des jeweiligen Tieres an, sondern darauf, wer durch welches Tier repräsentiert wird. Eine Zeitbegrenzung ist nicht vorgesehen. Aufgabe des Testleiters nach Fertigstellung der Zeichnung ist es, mit dem Zeichner über die jeweilige Repräsentation und die damit verbundene Vorstellung zu sprechen. Da der Test bei Kindern von vier Jahren ab bis in die Pubertät hinein einsetzbar ist, muß auf die formalen Gesichtspunkte (vgl. Kap. 8 – *Kinder zeichnen*) im gleichen Maße Rücksicht genommen werden wie auf die inhaltlichen. Eine gute Einführung in den Test liefert AVÉ-LALLEMANT (1976).

Von besonderem Interesse ist der *Zeichne-einen-Menschen-Test* von KOPPITZ (1972), der auf dem von GOODENOUGH (1926) entwickelten Intelligenztest beruht – wir werden darauf noch zu sprechen kommen –, jedoch die Dimension der projektiven Deutung von MACHOVER (1949, 1953, 1960) aufnimmt und diese mit der ›Interpersonal Relationship Theory‹ von H. STACK SULLIVAN modifiziert. Der Test kann als Einzel- oder als Gruppentest durchgeführt werden. Er eignet sich vor allem für Kinder. Als Testmaterial ist ein leerer Bogen Papier im DIN-A-4-Format und ein Bleistift mittlerer Härte vorgesehen. Die Arbeitsanleitung für das Kind lautet: »Zeichne bitte auf dieses Blatt Papier eine ganze Person. Achte darauf, daß es kein einfaches Strichmännchen wird.« Die Testdauer ist nicht beschränkt. Der Testleiter soll das Verhalten der Kinder beim Zeichnen sorgfältig beobachten und ungewöhnliche Vorgänge protokollieren. Bei diesem Test wird angenommen, daß in der Zeichnung bestimmte Entwicklungsmerkmale und emotionale Faktoren des jeweiligen Kindes zum Austrag kommen. Ausführliche Definitionen und Wertungstabellen stehen dem Benutzer zur Verfügung. Ebenfalls werden die Entwicklungsmerkmale und die emotionalen Faktoren differenziert vorgetragen und erläutert. Eine weitere Verwendung findet der Test im klinisch-psychologischen Bereich, wenn es um die Diagnose und um die Heilung eines Patienten geht. Drei Themenbereiche stehen dabei im Mittelpunkt (KOPPITZ, 1972, S. 104):

»1. WIE hat das Kind seine Gestalt oder Gestalten gezeichnet?

2. WEN hat das Kind in seiner Darstellung gezeichnet? und

3. WAS will das Kind damit sagen?«

Diese Vorgehensweise setzt ein sorgfältiges Studium der Zeichnungen voraus und macht einen Vergleich mit der jeweiligen Krankengeschichte und dem Verhalten des Klienten notwendig. Ebenso ist die Kenntnis der Familie und der sozialen Verhältnisse Voraussetzung.

Neben den thematisch gebundenen gibt es eine Reihe von ungebundenen Tests.

Der *Mehrdimensionale Zeichentest* von BLOCH, MEIER und SCHMID (BLOCH, 1971) macht eine ausführliche Vorbereitung der Testsituation notwendig. Neben sieben verschiedenfarbigen Filzstiften sind ein Notizblock (DIN-A 6-Format), ein Bleistift und eine Stoppuhr erforderlich. Die Testaufgabe besteht darin, unter Zeitdruck freie Einfälle zeichnerisch festzuhalten. Den Probanden ist dabei bekannt, daß sie während des Tests je eine Minute pro Zeichnung zur Verfügung haben. Insgesamt werden 30 Zeichnungen angefertigt. Die Autoren sehen in diesem Test vor allem eine Möglichkeit, die Versuchspersonen zur Assoziationsbildung zu führen. Während des Tests sollte sich der Testleiter möglichst weitgehend zurückhalten. Nach Ablauf der Zeichenzeit werden in schneller Folge die einzelnen Zeichnungen betitelt. Der Test eignet sich für Jugendliche und Erwachsene. Bei der Auswertung bleiben Farbtonbenutzung und Graphologie der Zeichnung unberücksichtigt. Auswertungskriterien sind formal-quantitative Aspekte, von denen auf inhaltlich-qualitative Aspekte geschlossen wird. Der weiteren Auswertung dienen ausführliche Hinweise der Autoren. Der Test hat wie die bereits erwähnten Verfahren projektiven Charakter. Der Gesamtzeitaufwand pro Test beträgt ca. 38 Minuten.

Der WARTEGG-*Zeichen-Test* (1968[2]): Auf einem DIN-A-5-Blatt sind acht quadratische Felder zweireihig angeordnet. Sie sind scharf umgrenzt und heben sich deutlich von einem dunklen Untergrund ab. Jedes Feld enthält ein Zeichen, dem eine archetypische Funktion zugesprochen wird (vgl. Kap. 4 – *Psychoanalyse)* und das zeichnerisch von dem Probanden ergänzt werden soll. Ziel des Tests ist nach BRICKENKAMP (1975, S. 561) folgendes: »Durch die Darbietung planmäßig variierter Reizgegebenheiten im optischen Bereich (= Anfangszeichen im Vorlagebogen) soll der damit intendierte Ausgleich der Antriebs- und Empfindungsfunktionen erfaßt und meßbar gemacht werden, der gefügehafte Aufbau der geistig gesteuerten Gesamtpersönlichkeit erkennbar werden.« Der Proband hat die Aufgabe, die begonnenen Zeichen fortzusetzen, wobei es nicht auf zeichnerische Fertigkeit ankommt, sondern auf die Idee. Die Zeichnungen sind aus der freien Hand anzufertigen. Der Test soll nicht länger als 30 Minuten dauern. Zur Auswertung steht ein ausführlicher Begleittext zur Verfügung.

Der WARTEGG-BIEDMA-*Test* (1959) geht von zwei Zeichenvorlagen aus. Beide sind so aufgeteilt wie beim WARTEGG-Test. Die Aufgabenstellung lautet bei diesem Test: »Ergänzen Sie bitte die vorgegebenen Zeichen mit einer Zeichnung, deren Bedeutung Sie besonders beschäftigt.« Die Autoren geben für die Testdauer keine Zeitbegrenzung an. Ein ausführlicher Auswertungsschlüssel liegt dem Test bei.

Neben den zeichnerischen Tests gibt es Verfahren, die auf Formdeutung beruhen und sich auf diese Weise ein Bild von der Persönlichkeitsstruktur eines Probanden zu verschaffen suchen.

Das bekannteste dieser Verfahren ist der RORSCHACH-*Test* (1962[8]). BRICKENKAMP (1975) verweist auf über 4000 Publikationen, die zu diesem Test erschienen sind. Außerdem gibt es noch eine beträchtliche Anzahl von Verfahren, die ähnlich konstruiert sind. Zum Test gehören zehn Bildtafeln, auf denen zufällig entstandene und symmetrisch angeordnete Klecksographien abgebildet sind. Jede der Bildvorlagen hat einen unterschiedlichen Aufforderungscharakter. Ziel des Tests ist es, Erinnerungsbilder (Engramme) – ausgelöst durch die jeweilige Bildvorlage – an gegenwärtige Empfindungskomplexe anzugleichen, um auf diese Weise mit Hilfe der Deutung Rückschlüsse auf die Persönlichkeitsstruktur eines Menschen zu ziehen. Der Test wird als Einzeltest durchgeführt und ist ebenso einfach wie die bereits erwähnten Verfahren. Der Testleiter gibt dem Probanden der Reihenfolge entsprechend die ›Bildtafeln‹ mit der Frage: »Was könnte das sein?« Dem Probanden ist es dabei erlaubt, die ›Bildtafeln‹ zu drehen. Aufgabe des Testleiters ist es festzuhalten, an welcher Stelle der Proband mit der Deutung begonnen hat. Die Protokollierung kann auf Tonband erfolgen. Ein ausführlicher Auswertungsschlüssel berücksichtigt sowohl formale als auch inhaltliche Gesichtspunkte. Die inhaltliche Auswertung orientiert sich dabei stark an der psychoanalytischen Schule.

Der *Diapositiv-Test* (1955²) besteht aus drei Diapositiven, auf denen Klecksbilder abgebildet sind. Er eignet sich als Gruppentest und ist ein Ausleseverfahren, das heißt, er dient dazu, aus einem größeren Kreis eine bestimmte Gruppe von Personen in die engere Auswahl zu ziehen. Die Anwendung des Testes erfolgt folgendermaßen: Die Dias werden für jeweils 15–20 Sekunden bei Verdunkelung an die Wand projiziert (Bildgröße ca. 1–1,20 m). Das jeweilige Dia bleibt auch bei Licht noch so lange im Projektor, bis alle Probanden auf ihren Protokollbögen das ›Bild‹ gedeutet haben. Der Testleiter macht darauf aufmerksam, daß es keine falschen und richtigen Antworten gibt. Weiter ist anzugeben, an welcher Stelle des ›Bildes‹ der Proband mit der Deutung beginnt. Der Test ist an keine Zeitbegrenzung gebunden. Die Auswertung entspricht weitgehend der beim RORSCHACH-Test.

Neben dem RORSCHACH-Test ist der TAT (Thematic-Apperceptions-Test) nach KORNADT (1971³) das meistbenutzte projektive Testverfahren, obwohl er nicht nach allgemein verbindlichen Regeln auswertet. Kerngedanke bei diesem Test ist, daß menschliche Handlungen von Bedürfnissen und Anforderungen abhängen. Die Bedürfnisse entwickeln sich unter den Anforderungen der Umwelt, und unbewußte Wünsche, Ängste und Konflikte prägen das Verhalten der Menschen (vgl. Kap. 4 – *Psychoanalyse;* Kap. 9 – *Kunsttherapie*). Erfaßt werden mit dem TAT vor allem Motive, ihre Verbindungen zueinander und ihr Inhalt. Der Proband erhält aus einem Bestand von 31 schwarzweißen Bildern zwei Serien von je zehn Stück. Auf den meisten Bildern sind soziale Situationen dargestellt. Ein Bild ist ein leeres Blatt, einige Abbildungen zeigen Landschaften. Der Test eignet sich nach MURRAY, seinem Autor, schon für Kinder von sieben Jahren ab. Die zwei Bildserien sollten dem Probanden im Abstand von mindestens einem Tag vorgelegt, die verbalen Reaktionen auf die Bilder möglichst wörtlich festgehalten werden. Zur Auswertung wird von KORNADT (1971³) auf KUTASH (1952) verwiesen. Da eine Standardisierung des Tests fehlt, kann der Leser allerdings keine Aussagen über die Validität erwarten.

Ähnliches gilt für die Frage nach Reliabilität, denn man weiß nicht mit Sicherheit, ob das, was der Test erfaßt, von ihm zuverlässig erfaßt wird. Obwohl der TAT entsprechend den heutigen Anforderungen nicht befriedigend erscheint, werden doch in Zukunft entsprechende verfeinerte Techniken von Bedeutung sein.

Leistungstests

Neben den projektiven Tests gibt es, wie schon erwähnt, eine Reihe von Leistungstests, die der Prüfung der Intelligenz dienen.

Die bekanntesten sind wohl der *Zeichne-einen-Menschen-Test* von GOODENOUGH (1926) und der *Haus-Baum-Mensch-Test* von BUCK (1948).

Aufgrund von umfangreichen Voruntersuchungen stellte GOODENOUGH unter dem Aspekt eines zunehmenden Schwierigkeitsgrades 51 Merkmale für die Zeichnung eines Menschen auf. Die meisten Merkmale betreffen das Vorhandensein und die richtige Zahl der Körperteile bzw. deren richtige Proportionen. Der Test eignet sich für die Altersstufe der Vier- bis Dreizehnjährigen. Der Intelligenzquotient wird durch Verrechnung der in Intelligenzalter-Äquivalente aufgeteilten Punktwerte mit dem Lebensalter ermittelt. Die Aufgabenstellung bei diesem Test lautet: »Zeichne einen ganzen Menschen. Bemühe Dich bitte, keine Strichmännchen zu zeichnen.« Als Zeichenvorlage soll ein Blatt Papier im Format DIN-A-4 zur Verfügung stehen. Der Test nimmt einschließlich der Auswertung je Proband nicht mehr als ca. 15 Minuten in Anspruch. In den USA lag 1946 nach COHEN (1971³) der Zeichne-einen-Menschen-Test innerhalb der psychometrischen Verfahren in der Verwendungshäufigkeit auf dem dritten Platz nach dem STANFORD-BINET- und dem WECHSLER-BELLEVUE-Test.

Der *Haus-Baum-Mensch-Test* von BUCK (1948) ordnet die einzelnen Zeichnungsmerkmale bestimmten Intelligenzstufen zu. Auf diese Weise kommt es zu vier unterschiedlichen Intelligenzquotienten. COHEN (1971³) berichtet, daß MARKHAM (1954) die Merkmale für das Haus und KOCH die Merkmale für den Baum in großer Übereinstimmung mit den Ergebnissen von BUCK erforscht haben. Allerdings muß angemerkt werden, daß aufgrund von Untersuchungen die Vermutung naheliegt (COHEN, 1971³), daß Geübtheit im Zeichnen zu einer überhöhten Intelligenzeinstufung und damit zu einer Verzerrung des objektiven Sachverhalts führen kann.

Beide Tests erfassen in kurzer Zeit und ohne großen Aufwand »– allerdings unzuverlässig und ungeschieden – eine Vielzahl perzeptiver, motorischer, intellektueller, emotionaler und sozialer Faktoren«. Insofern können sie dem Diagnostiker eine vorzügliche Hilfe bei seiner Fragestellung und Hypothesenbildung sein. Eine Überprüfung der visuellen Wahrnehmungsentwicklung leistet der FROSTIG-*Test* (1961³). Kernstück dieses Testes sind: »(1) Visuo-motorische Koordination (VM); (2) Figur-Grund-Unterscheidung (FG); (3) Formkonstanz-Beachtung (FK); (4) Erkennen räumlicher Lage (RL); (5) Erfassen räumlicher Beziehungen (RB)« (REINERT, 1971³, S. 327).

Einer »ersten Orientierung über Entwicklungsstand der Motorik von Kindern und Jugendlichen« (REINERT, 1971³, S. 315) dient der OSERETZKY-Test (1929a, 1929b, 1931, 1955). Zur weiteren Untersuchung der Motorik sollen neurologische Erhebungen durchgeführt werden. Eine Verbesserung des ursprünglichen Tests leistete SLOAN (1955), in dessen Testverfahren durch die Aufgabenstellungen eine enge Verbindung zwischen Wahrnehmung und Motorik angenommen wird. Basis für diese Annahme sind klinische Beobachtungen an hirngeschädigten Kindern. Insgesamt enthält der Test 57 Kategorien, die sich in fünf, jeweils durch einen Subtest abgedeckte Bereiche gliedern:

16 für die visuo-motorische Koordination,
17 für die Figur-Grund-Unterscheidung,
 8 für die Form-Konstanz-Beachtung,
 8 für das Erkennen räumlicher Lage,
 8 für das Erfassen räumlicher Beziehungen.

Der Test läßt sich als Einzel- und als Gruppentest einsetzen. Er eignet sich vor allem für Kindergartenkinder und Kinder in den ersten Schuljahren. Die Testanweisungen sind dem jeweiligen Alter angepaßt. Die Kategorienbewertung erfolgt je nach Ausführung. Dem Testleiter steht hierzu ein ausführlich gehaltener, durch Abbildungen anschaulicher Auswertungskatalog zur Verfügung. Die Testkonstruktion und die Sorgfalt, mit der sie erstellt wurde, erscheint vielversprechend, doch müßte der Test noch an einer anders strukturierten Stichprobe überprüft werden. Bisher geschah dies nur an Kindern aus Südkalifornien, deren Eltern der Mittelklasse zuzurechnen sind (REINERT, 1971[3]).

Tests künstlerischer Begabung

Im folgenden befassen wir uns mit Tests, die die künstlerische Begabung betreffen. Obwohl dieses Feld viel Aufmerksamkeit bei den Testautoren gefunden hat, scheint es doch schwierig zu sein, so komplexe Sachverhalte, Fähigkeiten und Fertigkeiten mit Hilfe von Tests hinreichend aufhellen zu können. Daß diese Tests vor allem bei Künstlern und Kunstwissenschaftlern auf Mißtrauen stoßen, sei gleich eingangs erwähnt.

Die Tests zur Bestimmung von Musikalität überprüfen weitgehend das Melodie-, Harmonie- und Rhythmusempfinden der Probanden. Der jeweilige Test ist auf Schallplatten bzw. Tonband abspielbar (REVESZ, 1920; ALIFERIS, 1954; WING, 1958[2]). »Bei allen Tests ist die Reliabilität befriedigend, die Validität aber nicht ganz klar« (MERZ, 1971[3], S. 453). Ansätze zur qualitativen Bestimmung im Gegensatz zur eben erwähnten quantitativen Bestimmung von Musikalität stammen von WELLEK (1939). Nach MERZ (1971[3]) entsprechen sie jedoch noch keiner Testkonstruktion im strengen Sinne.

In den Tests zur Bestimmung der Begabung für Bildende Kunst treten ästhetische Momente in den Vordergrund. Die Kriterien, die der Messung dienen, sind daher verhältnismäßig schwer erfaßbar. MERZ (1971[3], S. 453) zitiert MEILI (1961), der meint, »die Beurteilung solcher Zeichnungen wird immer subjektiv bleiben«.

Der MEIER-*Art-Judgement-Test* (1939) sieht vor, dem Probanden 100 Tafeln mit schwarz-weißen Abbildungen vorzulegen. Die meisten Bilder zeigen Abbildungen oder Zeichnungen berühmter Meister mit Vasen oder Vasenbildern. Auf jedem der paarweise zusammengehörigen Bilder ist einmal das Original abgebildet und daneben das Original in abgewandelter Form. Die Abwandlung bezieht sich auf die Symmetrie, Balance, Einheit oder den Rhythmus des Bildes. MEIER sieht in diesen Merkmalen den Schlüssel zum künstlerischen Talent. Aufgabe des Probanden ist es jeweils, das ›bessere‹ Bild auszuwählen. Später sind die erwähnten Merkmale teilweise durch folgende ergänzt oder ersetzt worden: handwerkliche Fähigkeit, konzentrierte Ausdauer, ästhetische Intelligenz, Wahrnehmungsfähigkeit, ›schöpferische‹ Phantasie und ästhetisches Urteilsvermögen. Mit dieser Merkmalskombination dürfte eine erhöhte objektive Aufhellung der Verbindung zwischen ästhetischem Urteil und der Qualität künstlerischer Produktion hergestellt sein.

Beim GRAVES-*Design-Judgement-Test* (MERZ, 1971[3]) werden dem Probanden 90 gegenstandsfreie Muster vorgelegt. Basis dieses Vorgehens ist, daß die Muster der übereinstimmenden Beurteilung von Kunstlehrern, Kunststudenten zufolge einer inneren Konsistenz der Einzelaufgaben entsprechen.

Der HORN-*Art-Aptitude-Inventory-Test* (HORN, 1951–1953) stellt sozusagen die jüngste Revision innerhalb dieser Tests dar. Er konzentriert sich darauf, die kreativen künstlerischen Fähigkeiten zu messen und läßt eine Beurteilung der Bewerber für Kunstschulen zu.

Der Test besteht aus drei Teilen:

1   Prüfung der Zeichenfähigkeit: Der Bewerber ist angewiesen, 20 einfache Gegenstände, z. B. Buch, Gabel, Haus usw., in einer Zeit von jeweils 20 Sekunden pro Abbildung zu zeichnen. Damit soll dem Bewerber einerseits Selbstvertrauen vermittelt werden, andererseits zeigt sich die Beherrschung der Linienführung, das Übertragen von Proportionen und die Fähigkeit der Komposition und des Arrangements von Gegenständen auf einem Blatt Papier.

2 Die Freie-Zeichnung-Übung: Der Bewerber ist angewiesen, einfache abstrakte Kompositionen zu zeichnen, und zwar unter Zuhilfenahme von vorgegebenen Figuren: z. B. sechs Dreiecken, einem Rechteck, das durch zwei Linien aufgeteilt ist, usw. Dieser Testteil ähnelt dem GRAVES-Design-Judgement-Test, obwohl in diesem Fall der Bewerber seine eigenen Zeichnungen anfertigt, anstatt vorgegebene zu beurteilen.

3 Prüfung der Phantasie: In diesem Testteil werden 12 Rechtecke vorgegeben. In jedem sind einige Linien eingezeichnet, die sozusagen die ›Eselsbrücke‹ der künstlerischen Komposition sein sollen und vom Probanden als Hilfslinien benutzt werden.

Eine ausführliche Auswertungstabelle zu diesem Test steht zur Verfügung. Jedenfalls scheint das HORN-Verfahren durch Berücksichtigung der sehr komplexen und kreativen Aspekte der künstlerischen Fähigkeiten auf einem relativ hohen Niveau vielversprechend zu sein. Man kann an den Grundvoraussetzungen kritisieren, daß der Test sich an überkommene, traditionelle Muster anlehnt und diese sogar stabilisiert. Zusammenfassend kann gesagt werden, daß die drei Testteile notwendige Fähigkeiten und Fertigkeiten für die künstlerische Produktion überprüfen, aber nicht ausreichend sind, künstlerische Produktion zu qualifizieren. Mit dem Test wird in keiner Weise der Anspruch erhoben, die ›Kunst‹ zu beurteilen. Es geht lediglich um die Überprüfung von Fähigkeiten und Fertigkeiten. Solche Tests sind vor allem an Instituten notwendig, die den künstlerischen Nachwuchs ausbilden. Gewiß ist es nicht sinnvoll, allein per Test die künstlerische Fähigkeit und Fertigkeit überprüfen zu wollen, doch kann und sollte der Test ein integraler Bestandteil innerhalb der Gesamtbeurteilung sein. Zu den aufgeführten Tests gibt es jeweils Überprüfungen zur Reliabilität und Validität, die ziemlich unterschiedlich ausfallen. Detaillierte Auskunft über viele Tests und die jeweils für einen bestimmten Test angeführte Literatur gibt BRICKENKAMP (1975).

Wir hoffen, trotz der kritischen Anmerkungen, die zu jedem Test gemacht werden können, gezeigt zu haben, daß im Rahmen der

Kunstpädagogik angesichts einer Vielzahl von Tests mit ihren spezifischen Objektbereichen eine bewußte Reflexion der gegebenen Möglichkeiten einsetzen sollte. Auf diese Weise könnten noch weitere pädagogische Maßnahmen neben den üblichen im Interesse der Kinder und Jugendlichen genutzt werden. Um ein Mißverständnis grundsätzlich auszuschließen: Es geht uns nicht darum, aus dem Kunstpädagogen einen Kunstpsychologen zu machen, vielmehr ist uns daran gelegen, daß der Kunstpädagoge Kenntnis davon hat, welche Tests speziell in seinen Bereich gehören. Ist diese Voraussetzung gegeben, ist es für ihn ein leichtes, mit dem Schulpsychologen Kontakt aufzunehmen, um entsprechende Einzel- oder Gruppentests durchzuführen.

11 Fragmente zur psychologischen Ästhetik - Ausblicke

Eine psychologische Ästhetik muß faktischer sein als philosophische Ästhetik, muß sich auf das Feststellen der Wirkungsgesetze von Kunstwerken konzentrieren und gewinnt dem Gegenstand so eine neue Fragestellung ab, die zwar mit der philosophischen Tradition eng verwandt ist, jedoch neben ihr behandelt werden kann. Die Frage muß lauten: Was finden Menschen individuell oder allgemein ›schön‹, welche Werke werden aus welchen Gründen bevorzugt, weniger: Welche Werke sollten von einem übergeordneten Standpunkt aus hergestellt werden.

Ansatz einer psychologischen Ästhetik

Das Wort ›schön‹ als ›Eigenschaftszuschreibung‹ bzw. als ›Empfindungskennzeichen‹ wird sicher nicht so einheitlich gebraucht wie etwa die Eigenschaft bzw. der Empfindungswert ›rot‹.

›Das ist aber schön‹, kann meinen, daß etwas angenehm ist, daß ein Gegenstand unser Wohlgefallen erregt. Unabhängig von der Sinnesqualität können wir von einem ›schönen Urlaub‹, von einem ›schönen Bild‹ oder von ›schöner Musik‹ sprechen. Der Sprachgebrauch ist recht vage, man könnte die Bedeutung von ›schön‹ mit der von angenehm gleichsetzen. In dieser sehr allgemeinen Bedeutung wäre es jedoch wenig sinnvoll, nach den Merkmalen zu suchen, die Dinge gemeinsam haben, die wir ›schön‹ nennen.

Allerdings gibt es eine Kernbedeutung von schön, nämlich ästhetisch wohlgefällig, von angenehmer Form. Etwas, das man gern betrachtet oder hört, sieht schön aus bzw. klingt schön. Die Frage, ob es objektive Regeln des ›Schönseins‹ gibt, ist ebensooft gestellt wie unterschiedlich beantwortet worden. Einige Autoren sind der Meinung, daß Schönheit für jeden Menschen anders zu bestimmen sei und verweisen darauf, daß verschiedene Menschen unterschiedliche Stile und unterschiedliche Kunstwerke schön finden. Andere nehmen allgemeine Gesetze an, die für schöne Dinge gelten müssen und verweisen darauf, daß über die Schönheit großer Kunstwerke im allgemeinen weitgehende Übereinstimmung herrscht. Die Kontroverse soll hier nur benannt und nicht weiter belegt werden: In den grundlegenden Werken über Philosophiegeschichte bzw. über die Geschichte der Ästhetik finden sich zu dem Problem umfangreiche Analysen.

Zu welchem Resultat kommen wir nun nach einer Analyse kunstpsychologischer Beiträge? Konnten Merkmale des Schönen nachgewiesen werden oder konnte geklärt werden, daß das ästhetische Empfinden allein von subjektiven Faktoren abhängt?

Auch im Verlauf der Betrachtung der kunstpsychologischen Ergebnisse und Theorien wurde die Möglichkeit objektiver ästhetischer Kriterien oder Gesetze, die für jedes Objekt und für jede Person gelten, nicht wahrscheinlicher.

– Es konnte gezeigt werden, daß verschiedene Persönlichkeiten (im psychologischen Sinne) unterschiedliche Bevorzugungen haben. Diese Feststellung läßt sich hier durch den Hinweis auf Experimente ergänzen, deren Ergebnissen zufolge auch Kinder und Erwachsene bzw. mit Kunstwerken erfahrene und weniger erfahrene Personen zu unterschiedlichen ästhetischen Bevorzugungen kommen.

– Es konnte weiter gezeigt werden, daß unterschiedliche Gegenstände, z. B. Gesichter und die menschliche Figur oder aber auf der anderen Seite abstrakte Strichzeichnungen, durch unterschiedliche Merkmale im Betrachter das Empfinden ›schön‹ anregen. Das, was uns die Schönheit der Natur bewundern läßt, scheint etwas anderes zu sein als das, was uns dazu bewegt, von der Schönheit eines menschlichen Gesichtes zu schwärmen.

– Schließlich – soweit wir die Einteilung von FECHNER zugrunde-
legten – gingen wir davon aus, daß assoziative, also deutlich
subjektive Faktoren für das Schönheitsempfinden eine Rolle
spielen. Ein Bild, von dem ich weiß, daß es von einem berühmten Maler stammt, werde ich eher als schön empfinden als
eines von einem unbekannten Meister – der Kunstmarkt lebt
von diesem Phänomen. Ein Objekt, von dem ich weiß, daß es
sehr alt ist, wird leichter mein Wohlgefallen erregen als eine
Imitation, auch wenn diese dem Original äußerlich vollkom-
men gleich ist.

Insgesamt muß die Frage, ob es allgemein-objektive und unum-
gängliche Merkmale des Schönen gibt, in zweifacher Hinsicht
verneint werden: Weder gibt es objektive, also für alle Personen
und alle Zeiten gleiche Merkmale, noch gibt es für alle Dinge
gleichermaßen geltende Regeln des ›Schönseins‹. Ist diese Verneinung aber gleichbedeutend mit einer Leugnung alles Regel-
haften und noch eines Minimums an ästhetischer Objektivität?

Für verschiedene Gegenstandsbereiche gibt es objektive, also
allgemeingültige Regeln ›schöner‹ Darstellung oder Verwirklichung. Allgemeingültigkeit heißt dabei, daß sie nicht für nur
eine Person gelten, sondern im Prinzip für alle Personen, wenn
auch unterschiedliche Lernerfahrungen in diesem Zusammenhang
zu unterschiedlichen Regeln führen können. Diese angesprochenen
mehr oder weniger allgemeinen Regeln reichen aber nicht aus,
um das ästhetische Erleben völlig aufzuklären. Hinzu kommen
individuelle Determinanten, nämlich Assoziationen und Persönlichkeitsmerkmale. Dieses Zusammenwirken von generellen Regeln für verschiedene Bereiche und individuellen Bestimmungs-
stücken kann die große Übereinstimmung zwischen Kulturen,
Zeitepochen und den unterschiedlichsten Menschen über die
›großen‹ und ›schönen‹ Werke, andererseits aber auch die Tatsache erklären, daß ein Bild von dem einen Beurteiler hoch
geschätzt, vom anderen nicht beachtet oder gar abgelehnt wird.
Die generellen Regeln und die Ursachen individueller Unterschiede sollen jetzt noch einmal, neu klassifiziert, vorgestellt werden.

Erinnerungen, Kenntnisse, allgemeine Assoziationen, die durch das ästhetische Objekt aktualisiert werden, können einen wichtigen Einfluß auf das ästhetische Erleben haben. Das Reiseandenken, das den Kaminsims schmückt, hat für den Besitzer einen Erinnerungswert, der es ihm erlaubt, den Anblick zu genießen. Assoziative Faktoren können ausschließlich individuell sein. Es kann aber auch Assoziationen geben, die einer Gruppe von Menschen gemeinsam sind und die daher wahrscheinlich ähnlich auf das ästhetische Erleben wirken. So kann eine Gruppe von Menschen gemeinsam den Künstler VAN GOGH als großen Maler schätzen und entsprechend ein bisher unbekanntes Werk, das diesem Künstler zugeschrieben wird, bewundern, obwohl das Werk möglicherweise ohne die Kenntnis der Autorschaft widersprüchliche Reaktionen hervorgerufen hätte.

Solche Assoziationen gehören vielleicht auch dem Bereich unbewußter Informationsverarbeitung an: Das dargestellte Haus kann von einer großen Gruppe der Betrachter als symbolisch für eine Person aufgefaßt werden, die Darstellung des Drachenkampfes aktiviert nach der Auffassung JUNGS den im kollektiven Unbewußten vorhandenen Archetyp des Drachenkampfes. Nach der Theorie des kollektiven Unbewußten könnten hier assoziative Faktoren wirken, die alle Menschen gemeinsam beträfen. Eine wichtige Assoziation kann vom Alter oder der Originalität eines Werkes ausgehen. Leider liegen keine systematischen Forschungen darüber vor, wie (fiktive) Alters- oder Originalitätsangaben die Wertschätzung oder das ästhetische Erleben verändern. Dennoch kann die Wirkung nicht geleugnet werden. Fälscher hätten kein so einträgliches Handwerk, erfreute sich das ›altehrwürdige‹ Original nicht ungleich höherer Wertschätzung als die moderne, optisch völlig gleiche Kopie.

Inhaltliche Faktoren

Sowohl Symbolbeziehungen als auch eventuell angeborene Auslöser bestimmen die Zustimmung oder Ablehnung, die ein bildnerisches Werk erfährt. In allen bekannten Kulturen spielt der menschliche Körper eine hervorragende Rolle in der darstellenden Kunst. Viele Kulturen finden Symbole für die lichtspendende Kraft der Sonne, die die emotionale Reaktion des Betrachters in ähnlicher Art beeinflussen. In den Kapiteln über die Beiträge der Psychoanalyse und der vergleichenden Verhaltensforschung wurden Inhalte, die bei verschiedenen Personen zu gleichen Reaktionen führen, benannt und untersucht.

Formale Faktoren

Schließlich sind formale Faktoren zu erwähnen, die allgemein das ästhetische Empfinden beeinflussen. Solche Faktoren wurden in den Kapiteln über die Beiträge der Gestaltpsychologie und über die Informationsästhetik aufgeführt. Für den Menschen ist es wesentlich, die große Informationsmenge der Umwelt schnell und rationell zu verarbeiten. Vermutlich ist er ständig bemüht, Regelmäßigkeiten zu finden, die es zulassen, eine Vielzahl von Reizsituationen auf einen gemeinsamen Nenner zu bringen. Das Auffinden solcher Regelmäßigkeiten, wie z. B. Symmetrie und Harmonie der Proportionen, in künstlerischen Darstellungen – die Superzeichenbildung – löst unabhängig vom Inhalt der Darstellung Gefühle des Wohlgefallens aus.

Naturschönheit und ästhetisches Erleben

Am Beispiel des Naturschönen sollen einige generelle Faktoren des ästhetischen Erlebens vorgestellt werden. Wenn die in den verschiedenen Kapiteln dieses Buches besprochenen kunstpsychologischen Ansätze tatsächlich einen Beitrag zur Erklärung ästhetischen Rezipierens und Reagierens leisten, so müssen sie das Phänomen erschließen helfen, daß besonders die belebte Natur – Literatur und Kunst belegen es in reichem Maße – zu allen Zeiten einen starken ästhetischen Reiz ausübte und die Vollkommenheit der Naturschönheit sicher nicht nur aus religiösen Gründen über alles ›Menschenwerk‹ gestellt wurde.

Bereits bei einer ersten flüchtigen Betrachtung fällt auf, daß die Schöpfungen der Natur in hohem Maße symmetrisch und regelmäßig sind. Das Blatt eines Baumes hat meistens zwei, immer aber eine Symmetrieachse. Überhaupt ist es in hohem Maße geometrisch-regelhaft aufgebaut. Wenn ein Blatt auch nicht, was die Struktur betrifft, mit dem nächsten deckungsgleich übereinstimmt, so sind doch die Konstruktionsprinzipien die gleichen, und wenn man von kleinen, zufälligen Abweichungen der Blätter untereinander absieht, läßt sich in jedem das gleiche Grundmuster erkennen, das es hier wie überall ermöglicht, die Gegenstände der Natur bestimmten, immer gleichen bzw. ähnlichen Klassen zuzuordnen.

Es handelt sich dabei nicht um die langweilige Regelmäßigkeit der identischen Reproduktion und nicht um die hohe Unordnung eines Chaos von beliebig vielen Formen, sondern um ein im Individuellen immer wiederkehrendes Gesamtprinzip, das der Betrachter ohne allzugroße Anstrengung herauslösen kann. Der Anknüpfungspunkt zur theoretischen Betrachtung ist klar: Es geht um die Analogie zur Superzeichenbildung und zum Informationsfluß zwischen ästhetischem Objekt und Künstler. Die Möglichkeit der Superzeichenbildung scheint eine Grundlage des ästhetischen Erlebens zu sein. In der belebten Natur sind solche Möglichkeiten in besonderer Vielfalt gegeben.

Darüber hinaus erfüllen natürliche Gegenstände hervorragend immer auch eine Bedingung, die wir in gleichem Maße an den Werken der Malerei schätzen (BERLYNE, 1972): Sie befinden sich in einem Gleichgewicht, was ihre Raumlage anbelangt. Wäre das Gleichgewicht gestört, würde sich die Konstellation sofort ändern, um unmittelbar in einen neuen Gleichgewichtszustand überzugehen. Jedes Blatt hängt so am Baum, daß die Kräfte des Windes, der Biegungsgrad des Stengels und die Schwere des Blattes genau ›richtig‹ zusammenspielen, das heißt alle diese Kräfte in einem tatsächlichen Gleichgewicht sind. Jede Änderung einer der Kräfte führt schnell zu einer Wendung des Blattes. Jede Anhäufung von Gegenständen, z. B. von Erdklumpen, kann ›natürlicherweise‹ immer nur so erfolgen, daß die Druckkräfte einen stabilen Ausgleich erzeugen. Im Gegensatz zur künstlerischen Abbildung sind die Phänomene der Natur immer im Zustand des Gleichgewichtes. Das Kunstwerk, das unserem Auge dieses Gleichgewicht abbildet, findet den größten Gefallen. Auch das Zusammenspiel der Schattierungen folgt immer der Gesamtgesetzmäßigkeit, es ist nicht durch eine menschliche Abbildung verzerrt und falsch geworden. Auch hier erlaubt die wahrgenommene Szene mit jeder Schattierung, mit jeder Farbnuance Superzeichenbildungen, die zu richtigen Schlüssen führen. Jeder Schatten an jeder Stelle des Waldbodens erlaubt, auf den Stand der Sonne zu schließen. Nur wenige Künstler vermochten das komplizierte und dennoch gesetzmäßige ›Projektionsspiel‹ der Schattenbildung im Bild einzufangen (REMBRANDT galt darin als Meister). Noch etwas kommt hinzu. Der Funktionskreis belebte Natur ist nicht unabhängig von uns, er ist auf unsere Sinnesfunktionen bzw. auf die Sinnesfunktionen anderer Spezies angelegt, die den unseren sicher prinzipiell weitgehend gleichen. Er prangt in Farben, die dem Auge im Zusammenklang besonders harmonisch scheinen, wobei dies vor allem solche Farben sind, die eine optimale Differenzierung zwischen den Konturen ermöglichen (in der Evolutionsgeschichte halten sich z. B. nur solche Blumen, deren Signalfarbe die befruchtende Biene anlockt). Wir wissen, daß die Unterscheidbarkeit der Form auch ein Kriterium des Wohlgefallens sein kann. Ganz allgemein aber scheint es den höheren Wirbeltieren (man vergleiche hier auch die Experimente an Menschenaffen) eigentümlich zu sein, helle, leuchtende Farben zu bevorzugen. Der Italienfahrer ist nicht zuletzt deswegen von der Schönheit der Landschaft so beeindruckt, weil die strahlende Sonne auf den oft gewiß tristen Bergen ein Farbenspektrum entwickelt, wie es so reich im Norden ungewöhnlich ist; aber auch dort wird die Schönheit des Sommers gelobt, der im Jahresvergleich die helleren Farben hervorbringt. Jeder Wintersportler wird von der Schönheit einer Schneelandschaft zu berichten wissen, die im Glanze der Sonne liegt.

Im Verlauf der Abhandlung über die Determinanten des ästhetischen Erlebens wurde eine auffallende Tatsache nur einmal kurz im Kapitel über die Ergebnisse der vergleichenden

Verhaltensforschung gestreift: Glänzende Flächen von Steinen, Preziosen, Metallen oder auch Wasseroberflächen wurden recht generell als ›schön‹ erlebt (vgl. HUXLEY, 1957). Auch Gebrauchsgegenstände tragen glänzenden Schmuck, der für den Verkauf nicht unwesentlich zu sein scheint, wie z. B. die Stoßstangen der Autos oder die Stahlelemente in der modernen Küche.

Der Tourismus zum Meer, insbesondere in sonnige Länder, wird möglicherweise nicht allein durch die Badegelegenheit begünstigt, sonst wäre nicht zu erklären, warum Campingplätze und Hotels auch an solchen Orten überfüllt sind, an denen das Meer mangels Sandstrand oder Sauberkeit nicht zum Bade lädt. Die Schönheit der glatten und glitzernden Oberfläche mag das Ihre zur Attraktivität der Meereslandschaft beitragen. Dies gilt auch für den Tropfen, der auf einem Blatt glänzt, oder für den Feuchtigkeitsfilm, der eine Wiese zum Schimmern bringt.

Ob die Eigenart des ›Glänzenden‹ durch das schnelle Lichtspiel von Helligkeit und Schattierung, durch die prismatischen, wechselnden Farben oder ausschließlich durch die Bewegung gegeben ist, auf jeden Fall ist Glanz wie wenige andere Einzelmerkmale in der Lage, ästhetische Empfindungen auszulösen.

Diese Ausführungen über die Naturschönheit können das Phänomen sicherlich nicht hinreichend erklären. Ihr Ziel wäre erreicht, wenn gezeigt werden konnte, daß die besprochenen Faktoren des ästhetischen Erlebens nicht nur für Bilder, Plastiken und artifizielle Produkte in Anschlag gebracht werden, sondern auch auf andere Bereiche des ästhetischen Erlebens angewandt werden können.

Einige psychologische Aspekte der Kunstgeschichte

Theorien der Ästhetik mußten sich schon immer mit dem Problem befassen, daß Kunst eine Geschichte hat, daß zu verschiedenen Zeiten unterschiedliche Stile geschaffen bzw. vorgezogen wurden. Ändert sich die Auffassung vom Schönen? Und wenn ja, lassen sich bestimmte Gesetzmäßigkeiten des Wandels erkennen?

Der Psychologe und Kunsthistoriker GOMBRICH (1967) über-
zeugt den Leser in seinem wichtigen Buch ›Kunst und Illusion‹,
daß Kunstgeschichte genauso eine Geschichte der Entdeckungen ist
wie die Geschichte der Wissenschaften. Es ist nicht selbstevident,
wie eine illusionistische Darstellung angefertigt wird, wie die
Perspektive, wie die Glanzlichter gezeichnet werden müssen, um
einen Eindruck zu erwecken, den auch wirkliche Gegenstände
hervorrufen würden. Ein Wandel der Schönheitsideale ist nicht
unbedingt festzustellen, wenn sich die Darstellungsformen
ändern. Es kann eben auch sein, daß das Schema, nach dem die
Zeichnung angefertigt wurde, und das jeder Malschüler lernen
mußte, sich verändert hat und z. B. neue Möglichkeiten der Gestaltung individueller Gesichter in sich birgt. GOMBRICH zeigt
überzeugend, wie die gemalte und auch die gesehene Form von
dem Schema abhängt, das der Maler vom Gegenstand gebildet
hat. Das läßt erkennen, wie das Wissen die Zeichnung und auch
die Wahrnehmung beeinflußt. Tierdarstellungen wurden zunächst an das Schema des Menschen assimiliert: »So haben schon
in alter Zeit die Kunsthistoriker festgestellt, daß verschiedene
berühmte Maler des Altertums in der Darstellung von Pferden
einen seltsamen Fehler gemacht hatten. Sie gaben ihnen Wimpern
am unteren Augenlid, wo sie nur bei Menschen zu finden sind,
nicht bei Pferden« (GOMBRICH, 1967, S. 105).

Die Malkonventionen, die Mittel, illusionistische Bilder herzustellen, lassen sich zwar der Natur abschauen, werden aber
gerade, wenn es sich um neue Kunstgriffe handelt, nur von
wenigen großen Entdeckern gesehen. Nach der Entdeckung wird
die Verwirklichung einfach: Die historisch späteren Künstler
lernen an den Bildern ihrer Vorgänger, wie diese bestimmte
Effekte verwirklichten. So baut jede Generation im künstlerischen Können auf den Errungenschaften der vorhergehenden
Malergeneration auf, verbessert diese so, daß eine ›Stilge-
schichte‹ daraus resultiert. Dabei, das führt GOMBRICH dem Leser
immer wieder vor Augen, kann ein Bild niemals eine wirkliche
Übereinstimmung mit dem abgebildeten Gegenstand erzielen. Es
bietet nur genug Reizelemente, um dem informationsverarbei-
tenden Betrachter eine Deutung zu erlauben, die beim Bild und

beim wirklichen Gegenstand zu den gleichen oder ähnlichen Ergebnissen führen kann.

Wenn eine Zeitlang ein und derselbe Stil, ein und dieselbe Art der Darstellung vorherrschte, wird die Deutung einfacher, eingeübter. Im Kapitel zur Informationsästhetik wurde als eine Hauptschlußfolgerung herausgestellt, daß der Prozeß der Superzeichenreduktion wesentliche Gemeinsamkeiten mit dem ästhetischen Erlebnis hat. Wird ein Stil zu bekannt, führt die Deutung nicht mehr zum Verarbeitungserlebnis, und die Kunstrichtung vermag das ästhetische Empfinden nicht mehr so stark anzusprechen. (Interessanterweise kann ein vergangener Stil – denken wir z. B. an den Jugendstil – nach einigen Jahren oder Jahrzehnten seinen Reiz von neuem geltend machen.)

So ist wohl nicht nur die fortschreitende Verbesserung der Malschemata, der Kenntnis von Wiedergabetechniken für einen Stilwandel verantwortlich, sondern auch ein ›Überlernen‹ der Deutungsanforderungen eines Stils. Der Stil wird ›langweilig‹, das heißt, er bietet dem Betrachter zu wenig Information, zu wenig Überraschungswert. Ein Teil jener Freude an ästhetischen Gegenständen, die darin besteht, aus der zunächst konfusen Menge der Elemente Sinneinheiten auszugliedern, wird selbstverständlich, das genußvolle Phänomen des Entdeckens entfällt.

Der bekannte Wechsel der Modefarben oder der Farbpalette der Automobilhersteller weist ebenfalls darauf hin, daß ein gewisser Überraschungswert, eine gewisse Neuartigkeit von den Käufern bevorzugt wird.

Auch Primaten, sogar niedere Wirbeltiere, wechseln die Farbbevorzugungen. Das alles spricht für die Theorie BERLYNES (1972), daß eine gewisse Abweichung vom erwarteten Ereignis befriedigend ist und den Organismus auf dem optimalen Aktivitätsniveau hält.

So sind Moden vielleicht mehr als nur das Ergebnis von Verführungskünsten absatzinteressierter Industrien – es liegt sicher eine Bereitschaft vor, in einem gewissen Rahmen von Ähnlichkeit wechselnde Formen zu bevorzugen.

Das Ende der realistischen Darstellung überlappt mit den Anfängen der Fotografie. Man spricht vom ›Fotoschock‹: die

Kunst des Abbildens wird effizienter und oft genauer von der Kamera übernommen. Die Kunst muß neue Wege suchen. Auch ihre heutige Entwicklung kann in weiten Bereichen noch als Suche nach Möglichkeiten künstlerischer Gestaltung unter Verzicht, Modifikation oder aber auch durch Überspitzung (beispielsweise im Hyperrealismus) natürlicher Abbildung gesehen werden.

Inzwischen zeichnen sich verschiedene Lösungsansätze ab, die schon zu stabilen Schulen einer neuen, von der Fotografie nicht bedrohten Richtung geworden sind: Surrealistische Kunstwerke, wie sie von DALI, MAGRITTE oder in Ansätzen – und mit anderem emotionalen Grundton – auch von naiven Malern geschaffen werden, verändern die tatsächliche Welt, schematisieren sie oder elaborieren sie. Realistische Elemente verschmelzen zu neuen nichtfotografierbaren Elementgruppen. Das gleiche gilt für die Collage.

Ihre Interpretation läßt sich zum Teil von psychoanalytischen Ansätzen aus, zum Teil unter Kenntnis der Beiträge der vergleichenden Verhaltensforschung vornehmen.

Eine zweite Richtung soll hier als Kunst der ›Überraschungskunstwerke‹ bezeichnet werden. Die Kombination von Elementen an sich ist wenig ausgearbeitet, aber die Zusammenstellung ist sehr ungewöhnlich und überraschend: BEUYS' Filz- und Fett-Materialisationen seien hier als Beispiel genannt. CHRISTO verpackt, das traditionelle Kunstverständnis attackierend, Landschaften. Gerade in den letzten zwanzig Jahren ist eine Kunst entstanden, zu deren deklarierten Zielen das Aufbrechen konventioneller Sicht- und Rezeptionsweisen, zu deren Strukturelementen die Innovation gehört. Solche Werke werden eher unter informationsästhetischem Gesichtswinkel zu interpretieren sein. BERLYNE (1972) führt aus, daß für den Menschen Informationsaufnahme ähnlich wichtig ist wie die Aufnahme von Nahrung: Entsprechend ist es befriedigend, Umweltorte mit hoher Information zu finden und zu verarbeiten. Charakteristischerweise sind solche ›Überraschungskunstwerke‹ Einmalkunstwerke. Ist die Überraschung einmal ausgelöst, wird sie ein zweites Mal nicht entstehen, weil man den Effekt kennt.

Eine dritte Richtung ist die künstlerische Fotografie oder der künstlerische Film. Die große Beliebtheit der heutigen Fotokunst in Form von Plakaten, eigenen Fotografien oder auch Fototapeten weist darauf hin, daß gerade auch die gegenständliche Darstellung wichtige Bedürfnisse der Konsumenten erfüllt, die durch ›Überraschungskunstwerke‹ oder Farbkompositionen, die einen formal wohlgefälligen Farb-Formklang herstellen, nicht ausreichend befriedigt werden können.

Kurz noch ein Wort zur Methode der Interpretation. Ein Interview z. B. mit BEUYS würde vermutlich nicht zu dem Ergebnis führen, daß der Künstler sein Publikum überraschen möchte. Möglicherweise würde er ausführen, daß es sein Ziel ist, zu zeigen, daß Kunst von jedem auch ohne technische Fertigkeiten hergestellt, ›gemacht‹ werden kann. Es muß nicht sein, daß die Interpretation des Künstlers und die Ursache für seinen Erfolg zusammenfallen. Was BEUYSsche Werke aller ›Kunstlosigkeit‹ zum Trotz eben doch attraktiv macht, ist der hohe Überraschungswert – so soll es wenigstens hier verstanden werden.

Möglicherweise wird es einmal eine wissenschaftliche Kunst geben – erste Ansätze sind in der Computergrafik verwirklicht –, eine Kunst, die ihre Werke auf den erforschten Effekten der Beeinflussung des menschlichen Wahrnehmungsapparates aufbaut. ESCHER könnte einen solchen Ansatz begründet haben: Seine Werke entstanden aus der Kenntnis wichtiger psychologischer Gesetze. Die Werbung setzt seit längerem solche Kenntnisse ein, allerdings zweckgebunden. Heute ist die Kunst, wie ehemals die ›Kunst‹ der Heilpflanzenkunde, noch eine weitgehend intuitiv begründete Talentäußerung, vielleicht wird sie einmal zu einer rationalen Wissenschaft, so wie die Pharmazie die ›Kunst‹ der Heilkunde ablöste. Eine mögliche, aber nicht notwendige Entwicklung.

Literaturhinweise

1 Bedürfnis Kunst

ARNHEIM, R., Anschauliches Denken, Köln 1974². – MORRIS, C., Significance, signification and painting, in: R. LEPLEY (ed.), The language of value, Columbia 1957. – PAIVIO, A., On the functional significance of imagery, in: Psychol. Bull. 1970, 73, 385–392. – PIAGET, J., Die Entwicklung des räumlichen Denkens beim Kinde. Studienausgabe, Bd. 6. Stuttgart 1975 (1948). – PIAGET, J., Gedächtnis und Intelligenz, 1974. – PRATT, C. C., Aesthetics, in: Ann. Rev. Psychol. 1961, 12, 71–92. – THOMAE, H., Das Individuum und seine Welt, Göttingen 1968. – THURSTONE, L., The measurement of values, Chicago 1959.

2 Künstler als Manipulatoren der Wahrnehmung – Beiträge der Gestaltpsychologie

ARNHEIM, R., Art and visual expression, New York 1954. – ARNHEIM, R. Anschauliches Denken, Köln 1972. – BEKESY, G. von, Sensory inhibition, Princeton 1967. – BRUNSWIK, E., REITER, L., Eindruckscharaktere schematisierter Gesichter, in: Zeitschrift für Psychologie 1938, 142, 67. – EHRENFELS, Chr. v., Über Gestaltqualitäten, in: Vierteljahresschrift für wissenschaftliche Philosophie 1890. – GREGORY, R.L., The intelligent eye, London 1970. – KÖHLER, W., Psychologische Probleme, Berlin 1933. – LIPPS, T., Aesthetische Einfühlung, in: Zeitschrift für Psychologie 1900, 22, 415–450. – METZGER, W., Gesetze des Sehens, Frankfurt 1953. – PICKFORD, R., Psychology and the visual aesthetics, London 1972. – ROHRACHER, H., Einführung in die Psychologie. Wien 1965. – ROHRACHER, H., Kleine Charakterkunde, Wien 1969. – SANDER, F., Elementarästhetische Wirkung zusammengesetzter Figuren, in: Wundts Psychol. Studien 1913. – SANDER, F., Gestaltpsychologie und Kunsttheorie. Ein Beitrag zur Psychologie der Architektur, in: Neue Psychol. Studien 1931, 8, 311–334. – SCHETTY, S.A., Kinderzeichnungen – eine entwicklungspsychologische Untersuchung. Eine Vergleichuntersuchung, Zürich 1974. – TEUBER, M.L., Sources of ambiguity in the prints of Mauritius C. Escher, in: R.C. ATKINSON (ed.) Psychology in Progress, New York 1975. – WERTHEIMER, M., Gestaltpsychologie, in: SAUPE (Hrsg.), Einführung in die neuere Psychologie, 1927.

3 Mathematik in der Kunst – Beiträge der Informationsästhetik

BENSE, M., Ästhetica: Einführung in eine neue Ästhetik, Baden-Baden 1968. – BIRKHOFF, G.D., Einige mathematische Elemente der Kunst, New York 1968 (1931). – BERLYNE, D.E., Aesthetics and psychobiology, New York 1972. – BRÖG, H., Semiotische und numerische Analyse zweier Holzschnitte von Albrecht Dürer, Diss. Universität Stuttgart, 1968. – DÖRNER, D., VEHRS, W., Ästhetische Befriedigung und Unbestimmtheitsreduktion, in: Psychol. Rev. 1975, 37, 321–334. – EYSENCK, H.J., The empirical determination of an aesthetic formula, in: Psychol. Rev. 1941, 42, 83–92. – FANTZ, R.L., The origin of form perception, in: Scientific American 1961, 204, 66 ff. – FECHNER, G. Th., Vorschule der Ästhetik, Leipzig 1876. – FRANK, H., Informationsästhetik. Grundlagenprobleme und erste Anwendungen auf die mime pure, Quickborn 1968. – FRANK, H., Über grundlegende Sätze der Informationspsychologie, in: Grundlagenstudien aus Kybernetik und Geisteswissenschaft 1960, 1, 25–32. – FRANKE, H.W., Phänomen Kunst, Köln 1974. – FRITH, C.D., NIAS, D.K., What determines aesthetic preference? in: J. gen. Psychol. 1974, 91, 163–173. – FREUD, S., Der Moses des Michelangelo (1914), Frankfurt o. J. (= Freud Studienausgabe Bd. 10), 195–228. – FUCHS, W., Mathematische Analyse von Werken der Sprache und der Musik, in: Physikalische Blätter 161, 452. – FUCHS, W.R., Knaurs Buch der Denkmaschine, 1968. – GREGSON, R.A., An aesthetic hedonic contrast paradox, in: Austr. J. Psychol. 1968, 20, 225–232. – HECKHAUSEN, H., Complexity in perception: Phenomenal criteria and information theoretic calculus – a note on D.E. BERLYNES ›complexity effects‹, in: Canad. J. Psychol. 1964, 18, 168–173. – HERON, W., DOANE, B.K., SCOTT, T.H., Visual disturbances after prolonged perceptual isolation, in: Canad. J. Psychol. 1956, 10, 13–18. – HUBEL, D.H., The visual cortex of the brain, in: R.C. ATKINSON (ed.), Psychology in Progress, New York 1975, 3–27. – LINDSAY, P.H., NORMAN, D.A., Human information processing, New York 1972. – MC WINNIE, H.J., A review of research on aesthetic measure, in: Acta Psychologica 1968, 28, 363–375. – MILLER, G.A., BRUNER, J.S., POSTMAN, L., Familiarity of letter sequences and tachistoscopic identification, in: J. gen. Psychol. 1954, 50. – MIX, R., Die Entropieabnahme bei Abhängigkeit zwischen mehreren simultanen Informationsquellen und bei Übergang zu Markoff-Ketten höherer Ordnung, untersucht an musikalischen Beispielen, Forschungsberichte des Landes Nordrhein-Westfalen Nr. 1768, Köln 1967. – MOLES, A., Informationstheorie und ästhetische Wahrnehmung, Köln 1971. – NAKE, F., Ästhetik als Informationsverarbeitung, Wien 1974. –

NEISSER, U., Kognitive Psychologie, Stuttgart 1974. – OSBORNE, J.W., The relationship between aesthetic preference and visual complexity in abstract art, in: Psychonomic Science 1970, 19, 69–70. – PFEIFFER, G., Kunst und Kommunikation, Köln 1972. – PRATT, C.C.: Aesthetics, in: Ann. Rev. Psychol. 1961, 12, 71–92. – RAAB, E., Bildkomplexität, Farbe und ästhetischer Eindruck, Graz 1976. – ROHRACHER, H., Einführung in die Psychologie, Wien 1965. – STEINBUCH, K., Automat und Mensch, Heidelberg 1971. – WALKER, E.L., Psychological complexity and preference: A hedgehog theory of behavior, in: BERLYNE (ed.), Pleasure reward preference, New York 1973.

4   Wodurch Kunstwerke wirken – Beiträge der Psychoanalyse

ARGELANDER, H., Ein Versuch zur Neuformulierung des primären Narzißmus, in: Psyche 1971, 25, 359–373. – BADER, A., Zugang zur Bildnerei der Schizophrenen vor und nach Prinzhorn, in: BADER (Hrsg.), Geisteskrankheit, bildnerischer Ausdruck und Kunst, München 1975, 107–120. – BADER, A., Geisteskranker oder Künstler? Der Fall Friedrich Schröder-Sonnenstern, München 1972. – BAUMANN, H.H., Betrachtungen über die Symbolik der Pyramiden, in: Psychologischer Club Zürich (Hrsg.), Die kulturelle Bedeutung der komplexen Psychologie, Berlin 1935, 327–348. – BRENNER, CH., Einführung in die Psychoanalyse, München 1969. – BÜRGERPRINZ, H., Über die künstlerischen Arbeiten Schizophrener, in: BUMKE (Hrsg.), Handbuch der Geisteskrankheiten Bd. 9, Berlin 1932, 668–704. – BRÖG, H., SCHUSTER, M., Ein Grundlagenfragment zur Kunstdesignpädagogik, Z.f.K. 1977, 1. – EISSLER, K., Leonardo da Vinci – Psychoanalytic notes on the engima, New York 1955. – EISSLER , K., Talent and genius 1971. – EHRENZWEIG A.. The hidden order of art. Berkeley 1969. – FISCHER, R., The perception-hallucination-meditation-continuum. A carthographie of conscious states, in: SIEGEL und WEST, Hallucination, New York 1974. – FREUD, S., Studienausgabe Bd. 1–12, Frankfurt 1975. – FREUD, S., Das Unbehagen in der Kultur (1930), Studienausgabe Bd. 9. – FREUD, S., Das Unbewußte und das Bewußtsein (Zur Psychologie der Traumvorgänge) Studienausgabe Bd. 2. – FREUD, S., Eine Kindheitserinnerung des Leonardo da Vinci, Studienausgabe Bd. 10. – FREUD, S., Der Moses des Michelangelo (1914), Studienausgabe Bd. 10. – GOMBRICH, E.H., The use of art for the study of symbols, in: American Psychologist 1965, 20, 34–50. – GOMBRICH, E.H., Kunst und Illusion, Köln 1967. – JONES, E., Die Theorie der Symbolik, II und IV, in: Psyche 1972, 26, 581–622. – JUNG, C.G., Der Mensch und seine Symbole, Olten 1968. – JUNG, C.G., Gesammelte Werke, Bd. 12, Olten 1968. – JUNG, C.G., Psychologie und Alchemie, 1944. – JUNG, C.G., Symbole der Wandlung, Ges. Werke, Bd. 5, Zürich 1952. – KRAMER, E., Kunst als Therapie mit Kindern, München 1975. – KRIS, E., Psychoanalytic explorations in art, New York 1952. – KRIS, E., Die Charakterköpfe des Franz Xaver Messerschmidt. Versuch einer historischen und psychologischen Deutung, in: Jahrbuch der Kunsthistorischen Sammlungen Wien, 1932. – LEUNER, H., HORN, G., KLESSMANN, E., Katathymes Bilderleben mit Kindern und Jugendlichen, München 1977. – LEUNER, B., Psychoanalyse und Kunst, Köln 1976. – MÜLLER-BRAUNSCHWEIG, H., Psychopathologie und Kreativität, in: Psyche 1974, 28, 600 ff. – MÜLLER-SUUR, W., Das Schizophrene in künstlerischen Produktionen von Schizophrenen, in: BADER (Hrsg.), Geisteskrankheit, bildnerischer Ausdruck und Kunst, Bern 1975. – NAGARA, U., Vincent van Gogh, München 1973. – NAVRATIL, L., Über Schizophrenie und die Federzeichnungen des Patienten O.T., München 1974. – PRINZHORN, H., Bildnerei der Geisteskranken, Berlin 1922. – RANK, O., Das Inzestmotiv in Dichtung und Sage, 1912. – RENNERT, H., Eigengesetze des bildnerischen Ausdrucks bei Schizophrenie, in: BADER (Hrsg.), Geisteskrankheit, bildnerischer Ausdruck und Kunst, Bern 1975. – STERBA, R., The problem of art in Freuds writings, in: Psychoanal. Quart. 1940, 9, 256–268. – WAELDER, R., Psychoanalytic Avenues to Art. Psychoanalytic Epitomes, 1965, 6. – WEITBRECHT, H.J., Psychiatrie im Grundriß, Berlin 1968.

5 Biologisch bedeutsame Abläufe und ihre Bilder – Beiträge der vergleichenden Verhaltensforschung

EIBL-EIBESFELDT, I., The expressive behavior of the deaf and blind born, in: M. V. CRANACH und I. VINE (ed.), Nonverbal behavior and expressive movements, New York 1973. – EIBL-EIBESFELDT, I., Der vorprogrammierte Mensch, Wien 1973. – EIBL-EIBESFELDT, I., Grundriß der vergleichenden Verhaltensforschung, München 1972. – FANTZ, R.L., The origin of form perception, in: Scientific American 1961, 204, 66 ff. – FAST, J., Körpersprache, Hamburg 1971. – FECHNER, G.TH., Vorschule der Aesthetik, Leipzig 1876. – FEININGER, A., Die neue Fotolehre, Düsseldorf 1969. – GIBSON, E.,WALK, D.R., The ›visual cliff‹, in: ATKINSON, R.C. (ed.), Psychology in Progress 1975, S. 51–58. – GOMBRICH, E.H., The mask and the face: the perception of physiognomic likeness in life and in art, 1972. – GOMBRICH, E.H., Kunst und Illusion, Köln 1960. – HAHN, M.L., Die Funktion der AAMS im Bereich der Mode und Kosmetik. Examensarbeit an der PH Köln, 1977. – HUXLEY, A., Himmel und Hölle, München 1957. – ILIFFE, A.H., A study of preferences in feminine beauty, in: British J. Psychol. 1970, 51, 267–73. – KLEITER, F., Über verhaltensbiologische Wurzeln der mimisch-physiognomischen und der ästhetischen Beeindruckbarkeit des Menschen, in: F. KLEITER (Hrsg.), Verhaltensforschung im Rahmen der Wissenschaften vom Menschen, Göttingen 1969. – KNUSSMANN, R., Das Partnerleitbild in vergleichend biologischer Sicht, in: Vita Humana 1965, 43 ff. – KOENIG, O., Urmotiv Auge. Neuentdeckte Grundzüge menschlichen Verhaltens, München 1975. – LERSCH, Gesicht und Seele, München 1961[5]. – LEYHAUSEN, P., Antriebe tierischen und menschlichen Verhaltens, München 1972. – LORENZ, K., Gesammelte Abhandlungen Bd. 1 und 2,

München 1966. – MORRIS, D., Der malende Affe, München 1968. – MORRIS, D., Der nackte Affe, München 1970. – PAPOUSSEK, H., Zusammenhänge von kognitiver Entwicklung, Sozialverhalten und Lernen. Vortrag auf dem Internationalen Forschungsseminar für Entwicklungspsychologie in Trier 1977. – RENSCH, B., Ästhetische Faktoren bei Farb- und Formbevorzugungen von Affen, in: Zeitschrift für Tierpsychologie 1957, 14, 71–99. – RENSCH, B., Die Wirksamkeit ästhetischer Faktoren bei Wirbeltieren, in: Zeitschrift für Tierpsychologie 1958, 15, 447–461. – VALENTINE, C.W., The experimental psychology of beauty, London 1962.

6 Reiz ›Farbe‹

ALLESCH, G.J. VON, Die ästhetische Erscheinungsweise der Farben, in: Zeitschr. f. Psychol. Forsch., Bd. VI, 1925, 1–91 u. 215–281. – BIRREN, F., Color Psychology and Therapy, New York 1950. – COHN, J., Experimentelle Untersuchungen über die Gefühlsbetonung der Farben, Helligkeiten und ihrer Kombination, in: Phil. Stud. 1894, 10, 562–602. – COHN, J., Gefühlston und Sättigung der Farben, in: Phil. Stud. 1900, 15,279. – EXNER, F., Zur Charakteristik der schönen und häßlichen Farben, in: Zeitschr. f. Physiol. Sinnesphysiol. 1904, 36. – FRIEDLÄNDER, M.J., Von Kunst und Kennerschaft, Berlin (West) 1957. – FRIELING, H., Menschen und Farbe. Wesen und Wirkung von Farben in allen menschlichen und zwischenmenschlichen Bereichen. Mit Farbtest zur eigenen Persönlichkeitsbestimmung, München 1977. – GERRITSEN, F., Farbe: optische Erscheinung, physikalisches Phänomen und künstlerisches Ausdrucksmittel, Ravensburg 1975. – GROB, W.O., Farbenlehre für Malende mit Farbkurs, Zürich 1972. – HEIMENDAHL, E., Licht und Farbe. Ordnung und Funktion der Farbwelt, Berlin 1961. – HOUBEN, A.M., Farbwahl- und Farbgestaltungsverfahren, in: HEISS, R. (Hrsg.), Handbuch der Psychologie. Psychologische Diagnostik, Bd. 6, Göttingen 1971[3]. – ITTEN, J., Kunst der Farbe. Subjektives Erleben und objektives Erkennen der Wege zur Kunst, Ravensburg 1961. – JACOBI, J., Vom Bilderreich der Seele. Wege und Umwege zu sich selbst, Freiburg im Breisgau 1969. – KÜPPERS, H., Farbe. Ursprung, Systematik, Anwendung, München 1973[2]. – KÜPPERS, H., Die Logik der Farbe. Theoretische Grundlagen der Farbenlehre, München 1976. – METZGER, W., Gesetze des Sehens. Die Lehre vom Sehen der Form, der Dinge des Raumes und der Bewegung, Frankfurt/M. 1975. – MÜLLER, C.G., Licht und Sehen, New York 1969. – MÜLLER-FREIENFELS, R., Zur Theorie der Gefühlstöne der Farbempfindungen, in: Zeitschr. f. Psychologie 1908, 49, 241. – NORMAN, R.D., ESCOTT, W.A., Color and affect. A review on semantic evaluation, in: Journal of Gen. Psychology 1952, 44, 114–125. – RAAB, E., Bildkomplexität, Farbe und ästhetischer Eindruck, Graz/Austria 1976. – RENNER, P., Ordnung und Harmonie der Farben. Eine Farbenlehre für Künstler und Handwerker, Ravensburg 1964. – STEFANESCU-GOANGA, Experimentelle Untersuchungen zur Gefühlsbestimmung der Farben, in:

Philosophische Studien 1912, Bd. VII, 284–335. – WASHBURN, M.F., The effect of area on the pleasantness and unpleasantness of colors, in: American Journal of Psychology 1934, 46, 638. – WILSON, H., Color preferences of school children, in: Britain Journal of Psychology 1898, 3, 42.

7 Zum Streit über den Geschmack

ARNHEIM, R., Anschauliches Denken. Köln 1974[2]. – BARRON, F., Personality style and perceptual choice, in: Journal of Personality 1951/1952, 20, 385–401. – BERLYNE, D.E., Aesthetics and Psychobiology, New York 1971. – CARDINET, J., Préferences estétiques et personalité, in: Année Psychologique 1958, 58, 45–69. – EYSENCK, H.J., ›Type‹-Factors in Aesthetic Judgement, in: Brit. Journ. of Psychology 1940/41, 31, 262–70. – JAMISON, K., A note on the relationship between extraversion and aesthetic preferences, in: Journal of General Psychology 1972, 87, 301–302. – JUNG, C.G., Psychologische Typen, Zürich 1920. – LIPPS, Th., Ästhetik, Hamburg 1903/1906. – ROUBERTOUX, P., CARLIER, M., CHAGUIHOFF, J., Preference for non objective art: personal and psychosocial determiners, in: Brit. Journ. of Psychology 1971, 62, 105–110. – VALENTINE, C.W., The experimental psychology of beauty. London 1962. – WORRINGER, W., Abstraktion und Einfühlung. München 1911. – WUNDT, W., Grundzüge der physiologischen Psychologie. Leipzig 1903.

8 Kinder zeichnen

ARNHEIM, R., Anschauliches Denken, Köln 1974[2]. – BAREIS, A., Vom Kritzeln zum Zeichnen und Malen. Bildnerisches Gestalten im Vorschulalter. Mit einem Arbeitsbericht aus dem Kindergarten, Donauwörth 1972. – BEISL, H., Semiotik und Kinderzeichnung, in: BRÖG, H., (Hrsg.), Probleme der Semiotik unter schulischem Aspekt, Ravensburg 1977. – BRITSCH, G., Theorie der bildenden Kunst, hrsg. von Egon Kommann, München 1930[2]. – BRÖG, H., Betrachtungen zur ›Kritzelsequenz‹ vor semiotischem Hintergrund. Unveröffentlichtes Manuskript eines Vortrags zum dritten europäischen Colloquium für Semiotik an der Universität Stuttgart im Februar 1977. – DEREGOWSKI, B., Pictorial perception and culture, in: Psychology in Progress. Scientific American 1975. – EBERT, W., Zum bildnerischen Verhalten des Kindes im Vor- und Grundschulalter. Ein Beitrag zur Grundschuldidaktik des Kunstunterrichts, Ratingen 1967. – EICHMEIER, J., HÖFER, O., Endogene Bildmuster, München 1974. – FRIELING, R., Das Gesetz der Farbe, Göttingen 1968. – GRÖZINGER, W., Kinder kritzeln, zeichnen und malen. Die Frühformen kindlichen Gestaltens, München 1970[4]. – HARTLAUB, G.F., Der Genius im Kinde, Breslau 1922. – KRAMER, E., Kunst als Therapie mit Kindern, München/Basel 1975. – MEYERS, H., Stilkunde der naiven Kunst, Frankfurt/M. 1960. – MEYERS, H., Fröhliche Kinderkunst. Analyse und Methode, München 1960. – MEYERS,

H., Die Welt der kindlichen Bildnerei, Witten 1973[5]. – MÜHLE, G., Entwicklungspsychologie des zeichnerischen Gestaltens. Grundlagen, Formen und Wege in der Kinderzeichnung, München 1967[2]. – OERTER, R., Moderne Entwicklungspsychologie, Donauwörth 1973[12]. – OZINGA, C., Die schöpferische Belebung des Kindes durch die bildende Kunst, Kreiensen 1971. – PIAGET, J., INHELDER, B. et al., Die Entwicklung des räumlichen Denkens beim Kinde, Stuttgart 1975. – RICHTER, H.-G., Anfang und Entwicklung der zeichnerischen Symbolik. Eine Gegenüberstellung der Theorien über den Ursprung und Verlauf der bildhaft-symbolischen Aktivitäten im Kinder- und Jugendalter, Kastellaun 1976. – SCHALLER, J., HARRIS, L. J., Perception and Psychophysis, Bd. 17, 179 – SCHENK, T., Das sensible Chaos, Stuttgart 1976[4]. – SCHETTY, S. A., Kinderzeichnungen – eine entwicklungspsychologische Untersuchung. Eine Vergleichsuntersuchung, Zürich 1974. – SCHRAML, W. J., Einführung in die Tiefenpsychologie für Pädagogen und Sozialpädagogen, Stuttgart 1970[3]. – SEITZ, R., Zeichnen und malen mit Kindern. Vom Kritzelalter bis zum 7. Lebensjahr, Ravensburg 1974. – SOLLEY, C. M. and HAIGH, G., A note ton Santa Claus, T.B.R. The Menninger Foundation, 18, 1–5. – STAUDTE, A., Ästhetisches Verhalten von Vorschulkindern. Eine empirische Untersuchung zur Ausgangslage für ästhetische Erziehung, Weinheim und Basel 1977. – STRAUSS, M., Von der Zeichensprache des kleinen Kindes, Stuttgart 1976. – SULLY, J., Untersuchung über die Kindheit. Psychologische Abhandlungen für Lehrer und gebildete Eltern, Leipzig 1897. – VOLKELT, H., Primitive Komplexqualitäten in Kinderzeichnungen, in: SANDER, F., VOLKELT, H., Ganzheitspsychologie, München 1962. – VOLKELT, H., Fortschritte der experimentellen Kinderpsychologie, in: SANDER, F., VOLKELT, H., Ganzheitspsychologie, München 1962. – WESTRICH, E., Die Entwicklung des Zeichnens während der Pubertät, Frankfurt/M. 1968. – WIDLÖCHER, D., Was eine Kinderzeichnung verrät. Methode und Beispiele psychoanalytischer Deutung, München 1974.

9 Vom Zeichnen zur Therapie

AXLINE, V. M., Play Therapy, Boston 1947 (Deutsche Ausgabe: Kinder-Spieltherapie in nichtdirektivem Verfahren, München 1971, 1972[2]). – BRENNER, Ch., Grundzüge der Psychoanalyse, Frankfurt/M. 1967. – FREUD, A., Das Ich und die Abwehrmechanismen, München 1964. – FREUD, S., Abriß der Psychoanalyse. Das Unbehagen in der Kultur, Frankfurt 1975. – HOFSTÄTTER, P. R. (Hrsg.), Fischer-Lexikon: Psychologie, Frankfurt/M. 1972. – JACOBI, J., Vom Bilderreich der Seele. Wege und Umwege zu sich selbst, Olten 1969. – KRAMER, E., Kunst-Therapie mit Kindern, in: BIERMANN, G. (Hrsg.), Handbuch der Kinderpsychotherapie Bd. 1, München/Basel 1969. – KRAMER, E., Kunst als Therapie mit Kindern, München/Basel 1975. – LINDSAY, Z., Bildnerisches Gestalten mit behinderten Kindern, München 1973. – RAMBERT, M., Das Zeichnen als therapeutisches Mittel in

der Kinderanalyse, in: BIERMANN, G. (Hrsg.), Handbuch der Kinderpsycho-
therapie Bd. 1, München/Basel 1969. – SCHRAML, W. J., Einführung in die
Tiefenpsychologie für Pädagogen und Sozialpädagogen, Stuttgart 1970[3]. –
SPITZ, R., Die Entstehung der ersten Objektbeziehung, Stuttgart 1960[2]. –
WIDLÖCHER, D., Was eine Kinderzeichnung verrät. Methode und Beispiele
psychoanalytischer Deutung, München 1974.

10 Zeichnen als Test – Test des Zeichnens

ALIFERIS, J., Aliferis music achievement test: College entrance level,
Minneapolis 1954. – AVÉ-LALLEMANT, U., Kinder zeichnen ihre Eltern.
Erlebnis und Ausdruck in Tierbildern, Freiburg/Breisgau 1976. – BIEDMA,
D. J., und D' ALFONSO, P. G., Wartegg-Biedma Test, Bern 1959. – BLOCH, R.
(Hrsg.), Mehrdimensionaler Zeichentest, Bern 1971. – BREM-GRÄSER, L.,
Familie in Tieren, München 1970[2]. – BRICKENKAMP, R., Handbuch psycho-
logischer und pädagogischer Tests, Göttingen/Toronto/Zürich 1975. –
BUCK, J. N., The HTP-Technique, in: Journal of clinical Psychology 4,
1948, 319–396. – COHEN, R., Zeichentests zur Prüfung der Intelligenz, in: K.
GOTTSCHALDT (Hrsg.), Handbuch der Psychologie Bd. 6: R. HEISS (Hrsg.),
Psychologische Diagnostik, Göttingen 1971[3]. – FRIELING, H., Mensch und
Farbe. Wesen und Wirkung von Farben in allen menschlichen und zwi-
schenmenschlichen Bereichen. Mit Farbtest zur eigenen Persönlichkeits-
bestimmung, München 1977[7]. – FROSTIG, N., Development test of visual
perception, in: Percept. mot. skills, Los Angeles 1961[3]. – GOODENOUGH,
F. L., Measurement of intelligence by drawings. New York 1926. – GRAVES,
M., Design judgement test. New York 1948. – HEIMENDAHL, E., Licht und
Farbe. Ordnung und Funktion der Farbwelt. Berlin 1961. – HOUBEN,
A. M. J., Farbwahl- und Farbgestaltungsverfahren, in: K. GOTTSCHALDT
(Hrsg.), Handbuch der Psychologie, Bd. 6: R. HEISS (Hrsg.), Psychologi-
sche Diagnostik, Göttingen 1971[3]. – HORST, P., Messung und Vor-
hersage. Eine Einführung in die psychologische Testtheorie. Weinheim-
Berlin-Basel 1971. – KOCH, K., Baum-Test, Bern 1972[6]. – KOPPITZ, E., Die
Menschendarstellung in Kinderzeichnungen und ihre psychologische Auswertung. Stuttgart 1972. – KORNADT, H., Thematische Apperzeptionsver-
fahren, in: K. GOTTSCHALDT (Hrsg.), Handbuch der Psychologie, Bd. 6:
R. HEISS (Hrsg.), Psychologische Diagnostik. Göttingen 1971[3]. – LÜSCHER,
M., Der Lüscher-Test. Persönlichkeitsbeurteilung durch Farbwahl. Reinbek
bei Hamburg 1971. – MACHOVER, U., Personality projection in the drawing
of the human figure, Springfield 1949. – MACHOVER, U., Human figure
drawings of children, in: Journal of projective technique 17, 1953,
85–91. – MACHOVER, U., Sexdifferences in the developmental pattern of
children as seen in Human-Figure Drawings, in: RABIN/HAWORTH, Projective technique with children, New York 1960. – MEIER, N. C., The Meier
art tests: I. Art judgement, New York 1942. – MERZ, F., Tests zur Prüfung
spezieller Fähigkeiten, in: K. GOTTSCHALDT (Hrsg.), Handbuch der Psy-

chologie, Bd. 6: HEISS, R. (Hrsg.), Psychologische Diagnostik, Göttingen 1971³. – OSERETZKY, N., I. Psychomotorik. Methoden zur Untersuchung der Motorik, in: Zeitschrift für angewandte Psychologie, Leipzig 1931, Bh. 57. – OSERETZKY, N., Zur Frage der Untersuchung der Motorik von geisteskranken und psychisch minderwertigen Kindern und Jugendlichen, in: Psychiat. Neurol. med. Psychol. 1955, 7, 283–286. – OSERETZKY, N., Methodik der kollektiven Prüfung der Motorik bei Kindern und Minderjährigen, in: Zeitschrift für Kinderforschung 1929, 35, 232–373. – OSERETZKY, N., Zur Methodik der Untersuchung der motorischen Komponenten, in: Zeitschrift für angewandte Psychologie 1929, 32, S. 257–293. – REINERT, G., Entwicklungstests, in: K. GOTTSCHALDT (Hrsg.), Handbuch der Psychologie, Bd. 6: HEISS, R. (Hrsg.), Psychologische Diagnostik, Göttingen 1971³. – REVESZ, G., Prüfung der Musikalität, in: Zeitschrift für Psychologie 1920, 85, 163–209. – RORSCHACH, R., Rorschach-Test, Bern 1962⁸. – SEHRINGER, W., Zeichnerische Gestaltungsverfahren, in: K. GOTTSCHALDT (Hrsg.), Handbuch der Psychologie, Bd. 6: HEISS, R. (Hrsg.), Psychologische Diagnostik, Göttingen 1971³. – SLOAN, W., The Lincoln-Osetzky motor development Scale, in: Genet. psychol. Monogr. 155, 51, 183–252. – SPITZNAGEL, A. und VOGEL, H., Grundlagen, Ergebnisse und Probleme der Formdeuteverfahren, in: K. GOTTSCHALDT (Hrsg.), Handbuch der Psychologie, Bd. 6: HEISS, R. (Hrsg.), Psychologische Diagnostik, Göttingen 1971³. – WARTEGG, E., Wartegg-Zeichen-Test, Göttingen 1968². – WELLEK, A., Typologie der Musikbegabung im deutschen Volke, München 1939. – WING, H.D., Wings standardized tests of musical intelligence, 1958². – ZULLIGER, H., Diapositiv-Z-Test, Bern 1955².

11   Fragmente zur psychologischen Ästhetik – Ausblicke

ADORNO, TH.W., Ästhetische Theorie (Gesammelte Schriften 7), Frankfurt 1970. – BERLYNE, D.E., Aesthetics and psychobiology, New York 1972. – GOMBRICH, E.H., Kunst und Illusion, Köln 1967.

Abbildungsverzeichnis

Farbabbildungen

Schwarzweiß-Abbildungen
(Geschlossener Teil)

6 Maurice de Vlaminck, Stilleben mit Früchten. 1911
   60 x 73,5 cm
   Köln, Wallraf-Richartz-Museum

7 Bridget Riley, Tremor. 1962
   122 x 122 cm
   Sammlung David M. Winton

9 Michelangelo, Moses. Ab 1513
   Höhe 235 cm
   Rom, S. Pietro in Vincoli

10 Vincent van Gogh, Gauguins Stuhl. 1888
   90,5 x 72 cm
   Amsterdam, Stedelijk Museum

11 Vincent van Gogh, Vincents Stuhl. 1888/89
   93 x 73,5 cm
   London, Tate Gallery

12 Sandro Botticelli, Die Geburt der Venus. 1485/86
   175 x 278 cm
   Florenz, Uffizien

13 Meister der Georgslegende, Innentafel des Sankt Georgs-Altars.
   Um 1460–70
   Köln, Wallraf-Richartz-Museum

14 Unbekannter Meister, Himmlische Jagd (Ausschnitt). 15.-16. Jh.
   Köln, Diözesanmuseum

16 Bernard P. Woschek, Anthropomorphose. 1977
   44,5 x 62,5 cm
   Bonn, Privatbesitz

17 A. Ikele-Matiba, Baumanthropomorphose. 1976
   24 x 32,5 cm
   Köln, Privatbesitz

18 Henri Rousseau, Urwaldlandschaft mit untergehender Sonne –
   Neger, von einem Jaguar angefallen. Um 1909
   112 x 168 cm
   Basel, Kunstmuseum

19 Adolf Wölfli, Die göttliche Weisheit und Allmacht im Zenit. 1904
   75 x 100 cm
   Bern, Kunstmuseum, Adolf-Wölfli-Stiftung

20 Friedrich Schröder-Sonnenstern, Meta-Physik mit dem Hahn. Der
   Präsident des Mondstandesdünkelamts als Brautwerber. 1952
   102 x 73 cm
   Sammlung Alfred Bader

21 Ivar Arosenius, Arche Noah. 1902
   18 x 25 cm
   Stockholm, Nationalmuseum

22 Charles Lock Eastlake, Der Champion. 1824
   123,2 x 174,6 cm. Birmingham, Museum and Art Gallery

24 Utagawa Kuniyoshi, Abbildung aus der Serie der Helden des japanischen Volkes. Frühes 19. Jh.
18 x 27 cm
Köln, Privatbesitz

25 Stephan Lochner, Das Jüngste Gericht (Ausschnitt). Um 1435
122 x 171 cm
Köln, Wallraf-Richartz-Museum

27 Jean Fouquet, Madonna mit Engeln. Um 1451
93 x 85 cm
Antwerpen, Koninklijk Museum voor Schone Kunsten

28 Lucas Cranach d. Ä., Maria mit dem Kind und Traube

29 Paul Delvaux, Die Waldnymphen. 1966
150 x 240 cm
Köln, Wallraf-Richartz-Museum, Sammlung Ludwig

31 Kouros, Attika. Um 530–520 v. Chr.
Athen, Nationalmuseum

32 Ägyptische Statue einer Frau. Um 2000 v. Chr.
Höhe 104 cm
Paris, Louvre

33 Römische Büsten
Bonn, Akademisches Kunstmuseum

34 ›Venus von Willendorf‹. Paläolithikum
Höhe 11 cm
Wien, Naturhistorisches Museum

35 Aubrey Beardsley, Komödien-Ballett der Marionetten. 1894
(Ill. zu ›The Yellow Book‹, Bd. 2)

37 Knidische Aphrodite (Kopie nach Praxiteles). Mitte 4. Jh. v. Chr.
Rom, Vatikan

38 Hermes (Marmorkopie nach Praxiteles). Um 330–320 v. Chr.
Höhe 215 cm
Olympia, Archäologisches Museum

B Zeichnungen und Fotos

1, 5, 26 – Bernard P. Woschek, Bonn

3, 4 – D. Klein

8 – nach: S. Freud, Der Moses des Michelangelo, 1914. In: S. Freud, Bildende Kunst und Literatur. Bd. X der Studienausgabe, S. 212/213. S. Fischer Verlag, Frankfurt/M.

23, 30, 33, 39, 40, 41 – M. Schuster, Köln

36 – H. Kacher (aus: Konrad Lorenz, Über tierisches und menschliches Verhalten, Bd. 2, München 1967, S. 159/60)

Fotonachweis

Amsterdam, Stedelijk Museum   Abb. 10
Antwerpen, Koninklijk Museum   Abb. 27
Birmingham, Museum and Art Gallery   Abb. 22
Cleveland (Ohio), Salvador Dali Museum   Farbtafel 1
Den Haag, Haags Gemeentemuseum (Escher Stiftung)   Abb. 2
Florenz, Alinari   Abb. 9
Gauting b. München, Joachim Blauel   Farbtafel 8
Knokke-Le Zoute, Slg. Nellens   Farbtafel 7
Köln, Wallraf-Richartz-Museum   Abb. 6
London, Tate Gallery   Abb. 11
Leipzig, Farbenfotografie Reinhold   Farbtafel 5
Stockholm, Nationalmuseum   Abb. 21
Stuttgart, Staatsgalerie   Farbtafel 6

Textabbildungen

8 Archiv DuMont Buchverlag, Köln
14 aus: Abraham Moles, Kunst und Computer, Köln 1973, S. 98
18 aus: Konrad Lorenz, Über tierisches und menschliches Verhalten, München 1967, S. 157
20 aus: Frans Gerritsen, Farbe – optische Erscheinung, physikalisches Phänomen und künstlerisches Ausdrucksmittel, Ravensburg 1975
22–26 aus: Hans Meyers, Die Welt der kindlichen Bildnerei, Witten 1973[5], S. 48
27–29, 31 Kinderzeichnungen, Sammlung Beisl, Köln
30 aus: Max Kläger, Das Bild und die Welt des Kindes, München 1974, S. 56
32, 33 aus: Hans Volkelt, Fortschritte der experimentellen Kinderpsychologie, in: F. Sander und H. Volkelt, Ganzheitspsychologie, München 1962
34 aus: H. Frieling, Das Gesetz der Farbe, Göttingen 1968, S. 126
35–37 aus: R. M. Rambert, Das Zeichnen als therapeutisches Mittel in der Kinderanalyse, in: G. Biermann (Hrsg.), Handbuch der Kinderpsychotherapie, Bd. 1, München/Basel 1969, S. 470–473
38 aus: E. M. Koppitz, Die Menschendarstellung in Kinderzeichnungen und ihre psychologische Auswertung, Stuttgart 1972, S. 300

Alle übrigen Textabbildungen wurden gezeichnet von Bernard P. Woschek, Bonn.

Register

Personenverzeichnis

Stichwortverzeichnis

DuMont Taschenbücher

DuMont Taschenbücher

DuMont Taschenbücher

DuMont Taschenbücher

DuMont Taschenbücher